KB189832

걷고 보니 역사였네

걷고 보니 역사였네

발행 2025년 2월 22일

기획 _ 노동자역사 한내
글쓴이 _ 양규헌
펴낸이 _ 양규헌
출판 _ 노동자역사 한내 www.hannae.org
　　　주소 경기도 고양시 일산동구 공릉천로 493번길 61 가동
　　　전화 031-976-9744 팩스 031-976-9743
　　　등록 2009년 3월 23일(제318-2009-000042호)

표지·본문 디자인 _ 토가 김선태
인쇄·제본 _ 디자인 단비

ISBN : 979-11-85009-43-8 (03300)
값 18,000

걷고
보니
역사였네

기획 ― 노동자역사 한내
글 ― 양규헌

역사 속으로

돌아보며, 다시 걷는다

어느새 나이에 둔감한 시기가 되었나 보다. 가끔 누가 지금 나이가 어떻게 되냐고 물으면 솔직히 몇 살인지 선뜻 대답할 수가 없다. 그만큼 삶의 흔적이 덕지덕지 쌓였다는 얘기다. 노동조합운동을 시작한 시기도 손가락을 꼽아봐야 할 정도이니 삶의 기억은 끄집어낼 수 있는 것보다 지워진 부분이 훨씬 많은 게 당연하다.

자기 삶의 과정을 드러내는 데는 어려움이 따른다. 어린 시절과 사춘기 시절은 마음속에만 담아두고 싶은 이야기가 많고, 현재와는 다른 과거를 타인에게 적나라하게 공개한다는 것 자체가 내키지 않는다.

삶의 흔적이 부끄럽고 허접하다고 해도 내가 살아온 모습과 걸어온 길은 나의 역사다. 쉬운 일은 아니지만, 노동자 역사 쓰기의 중요성을 강조했던 장본인으로서 내 기억을 하나씩 정리해 본다.

성
장

내 고향 상주

나는 한국전쟁 막바지 피난에서 돌아왔을 때, 경상북도 상주에서 태어났다. 위로 누님이 세 분이고 형이 있었으며 여동생이 하나, 모두 6남매의 가정이었다. 내가 태어난 상주는 경상북도 내륙지방으로 낙동강 상류를 끼고 넓은 평야 지대를 이루고 있었다. 상주는 '삼백 고을'로 불리기도 했다. '삼백'은 3가지 하얀 물건을 말하는데 쌀과 누에고치와 목화로 유명하다는 뜻이다. 그러나 지금은 곶감이 목화를 대체해 상주의 특산물로 자리 잡았다. 상업성이 높아서 그런 거라 생각한다.

아울러 상주는 유림이 득세하는 보수적 기질이 강한 곳이기도 하다. 상주에 공군비행장이나 군부대 그리고 방송국이 들어오려고 할 때, 유림이 반대 시위를 해서 결국 비행장이나 방송국이 다른 지역으로 밀려갈 만큼 유림의 위력이 만만치 않은 지방이었다. 그리고 유난히 양반의 법도를 강조하는 특징도 있다. 따라서 본관과 조상의 이력에 대해 어려서부터 집

안 어른들에게 주입식 교육을 받아야 했다.

국민학교 때[1]였다. 결혼한 큰 누님 댁(사돈집)에 간 적이 있는데, 가기 전날 밤늦게까지 아버지로부터 교육을 받았다. 본관에서부터 무슨 종파의 몇 대손, 항렬 등등이다. 아버지는 행실에 대한 교육도 빠트리지 않았다. 사돈집을 가면 쌀밥을 한 그릇 주는데 그 밥을 절대 다 먹으면 안 되고 3분의 1은 남겨야 한다는 것이었다. 보리밥만 먹던 때라 귀한 손님이 왔다고 쌀밥을 해주는데 손님 밥상이 물리기를 기다리는 사람들이 있다는 것이며, 그 쌀밥을 다 먹어버리면 염치없다는 소리를 듣는다고 하셨다. 꽁보리밥이 익숙해진 터에 입에서 살살 녹는 쌀밥을 먹다가 염치 때문에 남겼던 일은 아쉬움으로 남아 그 후로도 오랫동안 눈앞에 하얀 쌀밥이 아른거렸다.

---

1   1996년부터 '일제의 잔재를 깨끗이 청산하고 민족정기를 바로 세우기 위해 국민학교의 명칭을 변경'(1995년 8월 11일, 교육부)해 초등학교로 바뀌었다.

철없던 국민학교 시절

내가 다닌 상주 동부국민학교는 한 학년이 60명 정도에 한 학급이었다. 2학년 4월 어느 날, 1교시 시작 전이었는데 교실에 들어선 나는 친구들을 불러 모아 "우리도 데모하자"라고 제안했다. 친구들이 어떻게 하는 거냐고 묻는다. 나는 그냥 걸상 한 개씩 들고 운동장으로 뛰어가면서 "데모야"라고 하면 된다고 했다. 호기심으로 가득 찬 친구들이 그러자고 해서 6명 정도가 나무 걸상을 들고 운동장으로 뛰어가며 마냥 "데모야"만 외쳐댔다. 그 일로 교무실에 불려 가 야단맞고 꿇어앉아서 의자 들고 벌을 서야 했다. 라디오[2]도 귀했고 유선방송이 전부였던 깡촌 시골에서 4.19 혁명 시기였던 당시 데모라는 뜻과

---

2 1960년대 유선방송은 영속적으로 일정한 지역의 주민에게 직접 청취 될 것을 목적으로 라디오방송이나 레코드음악을 각 가정에 송신하는 방송 형태를 말한다. 이른바 '삐삐(PP)선'이라고 하는 군 야전 통신선을 이용해 읍내에서 각 가정으로 보내는 선을 연결하고 각 가정에서는 마루 기둥이나 안방 앞에 가로세로 30cm 정도의 사각 스피커를 단다. 스피커에 채널을 선택하는 조절기는 없고 보내는 방송만 수신한다. 사용료는 봄, 가을에 보리와 벼로 한두 되씩 낸다.

소식을 어디서 어떻게 접했는지는 기억이 나질 않는다. 요구도 쟁점도 없이 "데모야" 소리만 반복했던 내 인생에서 첫 번째 데모는 아무런 의미 없는 장난이었다.

4학년 여름방학이었다. 일요일 아침 아버지가 나를 불러 집 뒤에 있는 논으로 데려가서는 시장 갔다 오는 동안 똥바가지로 둠벙(웅덩이) 물을 논에 가득 퍼 올리라고 하셨다. 우리 집 자체가 산 중턱이기 때문에 집 주변 논은 거의 천수답이었다. 논 아래 웅덩이의 높이는 내 키보다 훨씬 높았다. 다섯 바가지 정도 퍼 올렸을까. 물은 논으로 들어가는 거보다 내 머리 위로 떨어지는 양이 더 많았다. 가뭄으로 쩍쩍 갈라진 논에 물을 다 채우려면 며칠을 퍼 올려야겠다고 투덜거리며 나무 그늘에 앉아 쉬면서 잔머리를 굴리기 시작했다.

한참을 고민하던 중 우리 논 위의 논이 내 눈에 들어왔다. 윗논은 물이 가득 차 있었고 한쪽으로 웅덩이가 있었는데 웅덩이 물도 찰랑거릴 정도로 가득 차 있었다. 내 입가에는 미소가 감돌았다. 윗논 물을 빼서 우리 논에 대고 빠진 만큼 웅덩이 물을 퍼서 채워주면 그야말로 식은 죽 먹기다. 지게 작대기로 구멍을 뚫자 윗논 물이 콸콸 쏟아져 우리 논이 점점 젖어들었다. 아버지는 왜 내 키보다 높은 논에 물을 퍼 올리라고 했을까? 윗논 물을 빌리고 그 웅덩이 물을 퍼주면 쉬운 걸 왜 나한테 나이에 걸맞지도 않은 일을 시켰을까 생각하다 나무 그늘 밑에서 나도 모르게 잠이 들었다. 날이 저물어 어둑해지는 시간에 잠에서 깨어나 보니 우리 논에 물이 넘치고 있었다. 윗논에 뚫은 구멍이 엄청나게 커져 버렸다. 그 구멍을 메우고 윗논에 물을 퍼서 채우려니 이미 날씨가 어두워져 불가능했다.

캄캄한 밤에 아버지가 시장에서 돌아오셔서 물을 얼마나 퍼 올렸는지 가보자고 하여 양양대며 논으로 갔다. 아버지가 논에 물을 보더니 놀라시며 머리를 쓰다듬어 주셨다. 기헌(基軒, 집에서 부르는 내 원래 이름)이가 이렇게 일을 잘하는 줄 몰랐다고 하셨다. 나는 기세 좋게 한마디 더 보탰다. "물 대는 일은 다음에도 저를 시켜주세요."

다음 날 아침 학교 가려고 삽작문(사립문, 나뭇가지를 엮어 만든 문짝을 달아서 만든 문) 앞에서 책 보따리를 허리에 묶고 있는데 어디서 삽이 쌩하고 날아온다. 돌아보니 아버지가 한 손에 괭이를 들고 저 자식 죽여 버린다고 소리치며 쫓아오신다. 순간 '다 탄로 났구나' 생각하면서 양손에 검정 고무신을 움켜잡고 내달리기 시작했다. 일부러 동네 한가운데를 관통하여 내빼는데 아버지는 동네 사람들 아랑곳하지도 않고 쫓아오신다. 재를 하나 넘어 학교에 도착할 때까지 아버지는 손에 괭이를 든 채로 따라오셨다. 학교에서도 건물과 운동장 사이를 달리며 도망을 치고 있었다. 이 광경을 본 같은 반 친구가 웬 구경거리가 난 듯 내 옆에 같이 뛰면서 무슨 일이냐고 묻는다. 나는 잔소리 말고 교실 '걸레 뚜껑'(교실 마룻바닥에 청소도구를 넣고 덮는 뚜껑) 열라고 했다. 학교를 한 바퀴 더 돌고 교실로 들어가 걸레 뚜껑을 잽싸게 덮어서 위기를 모면했다. 하지만 수업 중간에 교무실로 불려 가 교장 선생에게 야단을 맞아야 했다. 학교 기성회 간부였던 아버지가 교장 선생에게 나를 혼내주라고 하셨단다.

집에 들어가서 혼날 생각에 공부가 머릿속에 들어올 리 없었지만 나는 도저히 아버지를 이해할 수 없었다. 어른도 아닌 국민학교 4학년 아들에게 어떤 생각에서 불가능한 일을 시켰을까. 학교를 마치고 바로 집으로 들어갈 수는 없었고 날이 어두워져 집 뒤에 있는 큰 감나무 위로 올라갔다. 부엉이는 울기 시작하고 짐승들 소리가 들려 무섭기는 했지만, 그보다 힘든 건 배고픔이었다. 살살 내려가서 부엌에 보니 밥이 한 그릇 있었다. 몰래 갖고 나와 집 뒤에 파놓은 무 구덩이에 들어가서 밥 한 그릇을 다 비우자 웅성거리는 소리가 들렸다. 아버지는 큰 소리로 밥이 없어졌다며 "이놈이 어디에 와 있다"고 소리를 치면서 등잔불을 드셨는데 집 뒤쪽으로 오는 초롱 불빛이 구덩이에서 보였다. 구덩이 마개를 덮고 있는데 금세 마개 빠지는 소리와 함께 등잔불이 구덩이 속을 비춘다. 나는 머리만 구석에 처박고 있다가 금세 잡혀 나왔다. 사랑방에 들어가자마자 아버지는 문고리를 걸었다. 내가 도망칠까 봐 문고리 위에 대못까지 끼우셨다. 방바닥에는 닥나무가 한 묶음 놓여 있었다. 아버지는 나를 목침 위에 세웠다. 최초로 받아보는 고문 같은 거였다. 닥나무 회초리로 종아리를 치면 잘 부러지지도 않고 착착 감긴다. 얼마나 맞았는지 종아리에선 피가 흘렀다. 문밖에선 어머니가 빨리 아버지에게 잘못했다고 빌라고 했다. 나는 빌기 싫었다. 계속되는 어머니와 외할머니의 외침에 난 딱 한 마디 했다. "그 일을 나에게 시킨 아버지가 잘못이라고!" 양쪽 종아리는 피딱지가 앉았고 며칠간 질뚝거리며 통증을 느껴야 했다.

노는 것과 어울리기를 좋아하는 나에게 오랜 기간 아쉬움으로 남는 기억은 국민학교 수학여행이었다. 내가 소풍과 수학여행을 좋아했던 이유는 안 가본 곳을 친구들과 함께 둘러볼 기회가 생긴다는 것과 이것저것 먹을 기회가 주어진다는 것이다. 그런데 하필이면 수학여행 가는 날, 우리 집 뒷산에서 벌목을 한다는 게 아닌가. 결국 나는 부모님이 시키시는 대로 벌목한 나무를 나르게 됐다. 뒷산은 전부 오리나무 숲으로 수십 년 된 나무들이다. 베어 놓은 나무를 찻길까지 옮기는 게 내 일이었다. 하나를 나르면 1원을 받은 거로 기억한다. 산에서 나무 밑동을 어깨에 메고 한쪽은 바닥에 질질 끌면서 찻길까지 나르면 십장이 손등과 팔에 도장을 하나씩 찍어주는데 나중에 찍힌 도장만큼 품삯을 받는다. 힘은 들었지만, 도장이 하나씩 늘어나는 게 보람으로 느껴졌다. 도장 숫자는 50개가량 됐다. 당시에 라면을 먹는다는 것은 꿈도 못 꾸던 시절인데 라면 한 개에 10원 정도 할 때였으니 내가 일한 품삯으로 라면

5개는 살 수 있었다. 하지만 그 돈을 어머니에게 건네면서 칭찬받는 것이 더 좋았다. 나는 중·고등학교 때도 수학여행이라는 걸 가본 적이 없다.

뒷산 오리나무를 팔아서 그 돈으로 동네 전기를 끌어들인다고 했는데 내가 서울로 이사 올 때까지 호롱불이었다.

어머니에 대한 기억

어떤 기억들은 깊고 아득한 곳에 숨어있다가 머릿속을 휘저으며 고개를 내밀곤 한다. 그 기억에는 뿌리칠 수 없는 그리움과 아픔이 깊게 자리한다. 엄마에 대한 나의 기억이 그렇다.

어린 시절 엄마에 대한 기억은 전대 찬 모습과 고통스러운 표정인데, 지금도 환영(幻影)으로 남아있다. 엄마는 젊은 나이에 장사를 시작해 전대를 늘 앞치마처럼 차고 다니셨다. 그리고 고통스러움에서 탄식하며 "배가 아프다"라는 독백을 버릇처럼 계속하셨다.

다른 기억은 뱀을 잡는 나를 무섭게 야단치시던 모습이다. 어린 시절 나는 뱀 잡는 것을 좋아했고 엄마는 내가 뱀을 잡아 끌고 다닐 때마다 엄한 어조로 무섭게 야단을 치셨다. 엄마의 꾸지람이 워낙 심해 그 당시에도 도저히 이해할 수 없었고 지금도 왜 그러셨는지 이해가 가진 않는다.

내 기억에는 없지만, 아버지는 읍내에서 잡화상을 하셨고 장사는 잘됐다고 한다. 그러나 잡화상에 세 번씩이나 불이 나는 바람에 장사를 접으면서 농사일을 하셨다. 읍내에서 외곽으로 이사를 하고 논 열 마지기와 밭 세 마지기에 농사를 짓는 소농이었다. 그 정도 땅으로 농사를 지어 6남매를 키우는 건 어려웠을 것이다.

어려운 형편을 극복하려고 아버지는 요꼬[3] 기계를 한 대 사다가 편직을 했고, 엄마는 편직물과 포목 장사를 시작하셨다. 고정된 가게가 아니라 상주, 점촌, 함창, 공검 오일장에 비단을 갖고 다니며 장사하셨다. 30대 후반이었던 당시 엄마의 모습을 상상하긴 어렵다.

엄마는 무거운 비단을 어깨에 걸치고 머리에 이고 4km 정도를 걸어서 다니셨다. 포목 장사를 5년 정도 할 즈음 엄마는 건강에 이상이 생기기 시작했다. 소화가 안 돼서 약을 달고 살았는데 당시 소화제는 소다였다. 소다를 먹으며 위장을 치료한다는 것은 말이 안 되고 오히려 위를 버리는 과정이었을 것이다. 소화 장애로 40대 초반에 엄마는 주변 사람들 권유로 담배를 피우기 시작했다고 한다. 늘 엄마 전대에서도 담배 냄새가 풀풀 났다. 엄마는 병환 때문에 포목 장사를 그만두고 채소 장사를 시작하셨다. 우리 밭에서 수확하는 채소를 손질해서 이른 새벽에 읍내로 싣고 나가 도매상들에게 파는 장사였다.

3　1960~70년대 유행했던 스웨터 짜는 기계로, 가로로 좌우를 오가며 편직하기 때문에 요꼬(よこ, 가로)라고 했으며 일본의 기계 명칭을 그대로 쓴 용어다.

상주는 낙동강 상류가 흐르는 지역이다. 강 뚝방(둑) 옆으로는 광활한 갯밭이 있었다. 갯밭은 규사(硅砂)로 이루어진 모래땅으로 가뭄에도 땅이 젖어있다. 우리 밭은 세 마지기였던 것으로 기억한다. 갯밭에서 계절마다 생산되는 채소가 가게에 도움이 되었고, 누에고치는 우리 집 경제에 상당한 도움이 됐다.

중학교에 입학하면서부터 엄마를 돕는다는 생각으로 채소 배달 일을 했다. 밭에서 거둬온 각종 채소를 밤에 손질한 다음 도랑물에 적셔서 잔디밭에 늘어놓으면 새벽에 싱싱해진다. 새벽 3시 반에 일어나 채소를 바구니에 담아 자전거에 싣고 읍내로 간다. 집에서 읍내까지 거리는 10리 길이지만 13살 나이에 짐 실은 자전거를 타기에는 무리여서 끌고 갈 수밖에 없다. 울퉁불퉁한 자갈길에 자전거 앞바퀴가 돌에 걸려 퉁겨지면 자전거는 넘어지고 뒤따르시던 엄마는 오늘 재수 없다며 한탄하신다. 그렇게 읍내를 향해 중간쯤 가다가 보면 통행금지 해제 사이렌이 울린다. 캄캄한 새벽길 자전거 뒤를 따르시던 엄마는 가끔 "내 배를 가르고 내장을 다 끌어내서 다른 내장으로 바꿀 수 있었으면 좋겠다"라고 혼잣말을 하곤 하셨다.

어떤 치료에도 병환이 호전되지 않음을 한탄하며 내뱉은 독백이었을 것이다. 그렇지만 나는 엄마 속마음은 물론 고통을 헤아리지 못했고, 한마디 위로의 말도 건네지 못했다. 오죽

하면 엄마가 저런 소리를 하실까 하는 생각보다 깊은 한숨과 "아이구 아이구!"하는 소리를 푸념으로만 받아들였고 그런 엄마의 신세 한탄을 싫어했던 것으로 기억한다. 지금 와서 생각하면 돌이킬 수 없는 죄송함으로 남아있지만, 아무런 소용이 없어졌다.

읍내장터에는 어두운 새벽에 채소를 팔려는 사람들과 사려는 사람들로 북적거린다. 문경에 있는 탄광촌(점촌)에서 온 도매상들이 상주에서 채소를 사 가서 판다. 내 역할은 채소배달 후 장사가 끝나면 몸이 불편하신 엄마를 자전거에 태워 다시 집으로 돌아오는 일이었다. 그래서 채소가 다 팔릴 때까지 장터에 어슬렁거리고 있을 수밖에 없다.

추운 겨울 남의 집 연탄아궁이 두꺼비집(연탄의 불길을 방구들로 유도하는 덮개)을 열고 연탄불을 쬐다가 야단맞기 일쑤였다. 또 시래기 해장국 냄새에 현혹되어 식당 문 앞을 어슬렁거리다 쫓겨나기도 했다.

엄마 지병에 대한 기억은 가물가물한데 다른 가족들의 얘기를 종합하면 심장과 신장, 위장질환에 시달렸고 나중에는 소화가 안 된다는 이유로 '칡침'까지 맞으셨다. 칡침이란 옛날에 칡넝쿨 끝에 솜을 감아 목으로 밀어 넣어 위와 내장에 있는 것을 토해내게 만드는 것이다. 내가 목격한 때에는 그보다 현대화됐다는데 50cm 길이 철사 끝에 솜 뭉치를 달아서 입에 밀어 넣었다. 그렇게 모든 걸 토해냈으니 엄마의 그 고통이 어땠을까. 아마 체기를 해결한다고 그렇게 한 것 같았는데 그런 방법이 효과가 있었겠는가. 엄마 병은 더 악화되고 있었지만, 나는 새벽마다 엄마와 함께 자전거에 채소를 싣고 읍내로 향했다.

그날은 내가 중학교 2학년이던 1967년 10월 28일이었다. 아버지와 누나는 새벽 장에 갖고 갈 수 있게 갯밭에서 뽑아 온 대파와 시금치를 마당에서 손질하고 나는 안방에서 습자지에 붓글씨 숙제를 하고 있었다.

안방 아랫목에는 검정 목화솜 이불이 놓여 있고 어머니는 여느 때처럼 그 이불 채에 기대어 계셨다. "기헌아, 니 옆에 비개(베개) 엄마에게 줄래?"

붓글씨에 집중하고 있는 와중에 엄마 말씀이 짜증스러웠나 보다. 나도 모르게 그 베개를 엄마에게 던졌다. 엄마는 "저 놈이 어떻게 배워 먹어서 지 엄마한테 물건을 던져?"라며 호통을 치셨다. 5분쯤 후, 엄마는 "아… 내가 왜 이러지…"라며 숨을 몰아쉬기 시작했다. 들숨소리가 쏴악 쏴악 하며 워낙 크게 들려 소름이 끼쳤다. 그렇게 세 번 들이쉬고 어머니 호흡은 완전히 멈추었다.

예상치 못한 상황에 바로 아버지와 누나가 방으로 들어오시고 뒷집에 자리한 외갓집에서 외삼촌과 외숙모도 오셨다. 외삼촌은 누워계시는 엄마 허리 밑으로 손을 넣어보고는 돌아가셨다는 진단을 내렸다. 그러나 나는 돌아가셨다는 사실을 믿을 수 없었다. 다시 일어나실 거 같았다.

엄마가 돌아가신 지 60년이 가까워지는 지금도 베개를 던졌던 내 행동이 부끄럽고 내 가슴에 깊은 아픔과 한으로 남아 있다. 그리고 엄마에 대한 죄책감과 그리움이 여전히 맘속에 깊게 똬리를 틀고 있다. 엄마를 향한 죄책감이 그 이후 내 인생에서 반항심은 물론 방황과 폭력을 동반했다고 하는 건 변명일 거다.

엄마가 돌아가신 후 채소 장사는 내 위 누나가 맡아서 했고 나는 역시 자전거를 끌어야 했다. 어두운 새벽 산모퉁이 자갈 길에 자전거를 끌고 갈 때면 엄마 목소리가 들리는 것 같아 캄캄한 새벽 신작로를 가며 울음소리를 삼키고 눈물을 흘리기도 했지만, 엄마는 다시 볼 수 없었다. 날이 어두워질 때면 가끔 엄마가 삽작문으로 들어오신다는 착각에 눈시울을 붉히기도 했다. "내 속을 활짝 열고 내장을 다 꺼내서 다른 내장과 바꿨으면 좋겠다" 하시던 엄마의 목소리는 지금까지도 내 귀에 어렴풋이 남아있다.

지금도 아주 가끔 깊은 잠결에 "기헌아, 엄마다!" 하고 엄마가 부르는 소리에 잠을 깨기도 한다.

외갓집과 나의 멘토 외삼촌

외갓집은 예전에 세도깨나 했던 집안이었단다. 늘 서재 한쪽에는 임금이 하사한 교지 원본을 액자에 걸어 놓았고 외할아버지는 서당을 하셨다. 외삼촌도 한학과 역사, 지리에 밝았으며 풍류를 좋아하는 분으로 길을 걸을 때도 늘 알아듣기 쉽지 않은 시조를 읊고 다니셨던 분이다. 외갓집 사랑채에는 큰 서재가 있었고 그 서재에는 한지 책에 붓으로 쓰거나 인쇄된 책들이 한 트럭 정도로 가득했다. 어렸을 때는 그 책을 몰래 뜯어 엽전에 제기를 만들어서 차기도 했고 우산대에 붙여 연을 만들어 날리기도 했다. 그 짓이 발각되어 외삼촌이 매를 드신 것도 한두 번이 아니다.

외삼촌과 아버지는 한국전쟁 시기의 아픈 기억 때문에 별로 사이가 좋지 않았다. 가끔 아버지는 외삼촌의 허물을 나에게 얘기해 주셨는데 외삼촌에 대한 칭찬은 단 한 번도 들은 기억이 없다. 외삼촌의 해방 직후 구체적 행적에 대해서는 들은 바가 없어 자세히 알 수 없지만, 한국전쟁 시기에는 완장을 차고 다니셨다고 한다. 외삼촌이 쓸 만한 물건에 "압수!"라고 하면 함께 온 일행들이 모조리 들고 갔는데, 아버지 자전거도 압수를 피하지 못했다고 한다. 처남 자전거까지 압수하는 사람에게 애정을 지워버린 아버지의 심정도 이해는 간다. 어쨌든 숱한 세월이 흐른 뒤에도 두 분은 화해하지 않았다.

외할머니는 동학에 관심을 가졌던 분이다. 외할머니 말에 따르면 인천상륙작전 이후 외삼촌은 '산사람'이 되었고, 가끔 외숙모가 보따리에 먹을거리를 싸서 캄캄한 새벽 시간에 외삼촌에게 다녀오곤 하던 와중에 외삼촌이 경찰서로 잡혀갔다고 한다. 한번은 외갓집 친척(한국전쟁 당시 헌병감이었고 이후에 중앙정보부에 근무한 사람) '빽'으로 풀려났고, 그 뒤에 또 한 번 잡혀갔는데 재판 직전 아버지가 판사 집에 쌀 두 가마니를 갖다주고 간신히 풀려났다는 게 아버지 말씀이다. 그러나 경찰서에서 풀려난 외삼촌의 몸은 모진 고문으로 만신창이가 됐고, 반송장이 된 외삼촌을 수레에 싣고 와서 바로 똥물을 몇 바가지 먹여서 목숨을 간신히 살렸다고 한다. 그 후로 고문 후유증은 외삼촌과 평생을 함께했다. 관절 통증 때문이라는 이유로 외삼촌은 밥보다 소주를 좋아하셨고 연못의 붕어를 안주 삼아 날이면 날마다 막소주를 드셨다. 내가 국민학교 6학년 때, 외삼촌이 관절염 때문에 꼼짝 못하는 와중에 외할머니가 돌아가셨다. 외삼촌은 외아들이어서 상여를 따라가야 했다. 앞에는 상여가 가고 뒤에는 가마를 탄 외삼촌이 상주 노릇을 하면서 장례를 치르는 광경이 펼쳐졌다.

외갓집은 외삼촌에서 대가 끊겨 뒤늦게 양자를 들였다. 외숙모는 나를 키워주신 분이다. 엄마가 포목 장사를 하는 동안 외숙모는 젖먹이인 나에게 쌀뜨물을 먹이며 키우셨다고 한다.

1978년 노동조합 간부를 하던 때 성묘 겸 고향을 찾았다. 외삼촌은 계속 마신 술 탓으로 몇 번 눈 수술을 했지만 결국 눈이 멀어 계셨다. 눈이 안 보이신다고 해서 목례만 하고 앉으려니 큰절을 하라고 하셨다. 앞에 앉은 나를 향해 너는 지금 무슨 일을 하냐고 물으신다. 좀 망설이다 사실대로 노동조합에 관심이 있다고 우물쭈물 대답했다. 외삼촌은 갑자기 내 손을 덥석 잡으시며 "넌 정말 기대에 어긋나지 않게 사람이 가는 길을 가고 있구나" 하시면서 어깨를 토닥거려 주시는데 당황스러웠다. 외삼촌은 아랑곳없이 구한말의 역사와 '전평' 얘기며 식민지 한국의 미래와 노동운동의 과제까지 일사천리로 1시간 이상 말씀하셨다. 1시간 내내 나는 외삼촌의 예상치 못했던 말씀, 역사적 지식과 그 맥락을 이어가는 논리와 식견에 놀라고 감탄하며 '장님'이 되어버린 외삼촌을 새로운 관점으로 바라보고 있었다.

나중에야 생각난 일이지만, 나는 외삼촌의 지혜로 죽을 고비를 넘긴 일이 있었다. 국민학교 3학년 때쯤, 늦가을에 외갓집 묘사(가을 추수 후 묘지에서 지내는 제사)를 다녀오는 길이었다. 전봇대를 고정하기 위한 줄이 잘려서 흔들거리고 있었다. 나는 그 줄을 잡고 높은 곳으로 올라가 타잔처럼 줄을 타기 시작했다. 순간 그 줄이 고압전선에 달라붙어 숨이 멈추는 느낌이 들며 귀에서는 갑자기 웅~하는 소리가 나고 사물이 희미하게 보이며 사람들 외치는 소리도 점차 작아졌다. 친척 형이 달려와 전깃줄에 붙은 나를 떼려고 내 손을 잡는 순간 그 형이 나가떨어졌다. 그때 외삼촌 목소리가 희미하게 들려왔다. "빨리 한 줄로 서서 손대지 말고 발로 차" 그 후로는 기억이 안 나지만 묘사에 다녀오는 친척 10여 명이 한 줄로 서서 전깃줄에 붙어서 달랑거리는 나에게 번갈아 발길질을 했다고 한다. 발길질을 당한 나는 몇 미터 날아가 떨어져 의식을 잃었고 한 달간 학교에 갈 수 없는 꼴이 되었지만, 외삼촌의 식견과 지혜가 아니었다면 내 목숨은 온전치 못했을 것으로 생각한다. 당시 시골에서는 전기를 접해본 경험이 없었으니까.

의지하던 형님과 생이별

내가 중학교 다닐 때 형님은 대학에 다니셨고 아버지의 희망은 오로지 형님이었다. 그래서 나한테는 중학교 졸업 후 농사일을 이어가라고 아버지가 말씀하셨다.

형님은 공부도 잘했는데 운동(태권도 4단)도 잘했다. 가끔 거울을 들여다보며 험악한 인상을 만들기 위해 노력했던 사람이다. 돌이켜 생각해 보면 형님은 좀 괴짜였다. 1주일에 몇 번씩 어두운 밤에 외갓집 사랑채 마당에서 나를 포함 동네 형들 3명에게 태권도를 가르쳤고 사내는 깡다구가 있어야 한다고 강조했다.

중학교 1학년 때 도로에서 지나가는 중3에게 싸움을 걸어 보라고 해 형이 시키는 대로 3학년과 길바닥에서 이유 없이 싸우기도 했다. 여러 번 싸움의 결과는 때리는 거보다 맞을 때가 더 많았다. 3학년이 1학년에게 맞고 가만히 있을 리는 만무다. 학교에서 점심시간에 3학년 교실로 불려 가 바께스(양동이) 뒤집어쓰고 집단으로 구타당한 적도 여러 번이었다. 누가 나를 때렸는지 모르게 하려고 바께스를 씌웠던 거다.

겨울방학 때는 형님과 아랫방에서 볏짚으로 가마니를 짜기도 했다. 가마니틀에 가는 새끼를 세로에 묶어 바디를 끼운다. 형님은 바디질을 하고 나는 바늘대에 짚을 넣어 밀어 넣고 당기는 역할이었다.

쿵쿵 가마니를 짜는 동안 형님은 내가 불안해 보였는지 많은 말씀을 하셨다. 태권도 정신을 강조하며 비겁하지 말고 용기와 도전정신으로 옳다고 생각했을 때는 피하지 말고 당당하라고 가르쳤고 불의와 정의에 대해서도 강조하셨다.

엄마가 돌아가신 지 1년, 상주군 체육대회가 있는 날 아버지가 운동장으로 넋을 잃은 표정으로 찾아오셨다. 나를 보자마자 "형이 죽었으니 빨리 집으로 가자"고 하셨다. 입대 1년 만에 돌아가셨다는 전보가 온 것이다. 강원도 인제 향로봉 어디에서 돌아가셨다는 전보였다. 평소 그렇게 강인하시던 아버지는 식음을 전폐하고 기진맥진이었다. 매형들이 강원도 인제로 가서 형의 시신을 확인했다. 여러 가지 의혹이 있었으나 그 당시는 의문을 제기할 수 있는 분위기가 아니었다. 지금 같으면 의문사라며 문제 제기할 여지가 있겠지만 박정희 정권의 위세 하에서는 그냥 죽으면 죽은 것이었다. 1년의 간격을 두고 어머니와 형이 돌아가셨으니 그렇게 모질고 강인하던 아버지도 견딜 수 없었던 모양이다.

아버지의 마음이 괴롭고 아팠던 이유는 한 가지가 더 있었다. 형은 군대 가는 날 아침에 아버지에게 지게 작대기로 한참을 맞았는데 전날 밤 동네에서 송별식 한다고 술 마시며 큰 소리로 놀았다는 게 이유였다. 군에 입대하는 날 얻어맞은 형의 서러운 마음은 형의 눈물에서 읽을 수 있었다. 그런 형 옆을 따라가며 철이 없던 나는 형에게 부탁까지 했다. "형! 군대 갔다 휴가 나올 때 나 '워카'(군화) 하나 갖다줘야 해"라는 부탁에 형은 "나 휴가 안 나올 거야"라고 짧게 대답했고 그것이 형과 나의 마지막이었다.

형은 동작동 국립묘지 18구역에 묻혔다. 집으로는 딸랑 얇은 손수건에 싼 병역 수첩과 군번줄, 사진 한 장과 볼펜 한 개만 도착했다. 부대 측이 매형들에게 설명한 사고 내용은 트럭에 부식을 싣고 파견부대로 가던 중 오르막에서 형님이 뛰어내려 차 바퀴에 가슴부위가 깔렸다는 거였다. 부대에서는 이렇게 얘기했으나 매형들을 포함하여 집안에서 그 말을 믿는 사람은 없었다. 억울하다며 중앙정보부에서 일하는 아재(어머니의 친척)에게 사망원인을 알아달라고 부탁했으나 답이 없었다.

형이 생각나서였을까. 나는 고등학교 재수 시절 남대문시장에서 중고 워카를 하나 사서 사계절을 신고 다녔다. 워카 바닥이 닳아 못이 발바닥을 찔러 피가 조금씩 나는데도 그 워카를 고등학교 내내 신고 다녔다. 워카 앞 코를 시멘트 바닥에 문지른 후 그 위에 '석양의 무법자' 같은 글씨를 굵게 펜으로 써서 신고 다녔다. 못에 찔려 난 상처가 오른쪽 발바닥에 몇 년 동안 남았으나 워카를 벗은 지 1년 만에 상처는 아물었다.

서울로 이사, 기타를 만나다

아버지는 어머니와 형과 생이별을 겪었던 상주가 정말 싫다는 말씀을 몇 번씩 되뇌셨다.

형님 대신 새로운 희망을 만들어야 한다는 생각에 아버지는 나를 공부시키겠다고 결심한 것 같다. 그러나 아버지의 판단은 그 후 나의 행적을 봤을 때 전혀 유효하지는 못했다. 공부에 집중하지 않던 내가 서울에 있는 고등학교에 시험을 본다는 건 그 자체가 무리였다. 담임선생의 만류에도 원서를 넣고 시험을 봤으나 보기 좋게 떨어지고 말았다.

내가 중학교를 졸업하자마자 서울로 이사를 왔다. 이삿짐은 화물로 부치고 아버지와 누나와 동생이랑 나는 새벽부터 기차를 타 어둑한 시간에 영등포역에 내렸다. 희미한 전깃불도 없던 곳에서 살다가 온 우리에게 휘황찬란한 네온사인이 돌아가는 영등포역 앞은 정신이 없었다.

서울에 아는 사람은 큰누님과 고모였다. 나는 영등포에서

고입 학원에 다니면서 친구들을 사귀게 되었는데 대부분이 시골 출신들이었다. 시골이라고 해야 경기도 쪽이었으니 내 사투리는 놀림감이 되기도 했다. 학원을 마치고 헤어질 때 내가 "잘 가제이" 하면 상대방 친구가 그 말을 따라 하는 게 왜 그렇게 약이 올랐는지 알 수 없다. 사투리 갖고 놀린다는 이유로, 또 그런저런 이유로 같은 재수생끼리 걸핏하면 치고받고 싸우면서 험한 서울 생활에 적응하고 있었다.

영등포 신길동과 대방동 경계인 산꼭대기(당시 해군병원 뒷담 쪽) 생활은 오래가지 못했다. 신길동은 임시거처였던 모양이다. 삼양동으로 이사해서 개천 위에 집을 짓고 그곳에서 아버지가 공동수도 사업을 시작했다. 가파른 골짜기 도랑 위에 집을 짓고 삼양운수 종점 평지에서 수도 배관을 5km 정도 끌어와 그 물 한 동이를 5원씩에 파는 물장사였다. 달동네는 공동수도라고 해도 낮이나 초저녁에는 물이 나오질 않는다. 평지에 사는 사람들이 수돗물을 쓰지 않을 때가 돼야 겨우 물이 나오니 물장사는 밤 9시 이후에나 가능했다. 밤 12시 넘어야 물이 나오는 경우도 허다했다. 초저녁부터 늘어선 바께스 줄은 끝이 어딘지 분간하기 힘들 정도였다. 당시 내 나이는 17살, 아버지는 새엄마랑 재혼하셨다.

집안 형편이 좋지 못한 탓에 나는 공부에만 매달릴 수는 없었다. 밤에는 물 배달을 하고 낮엔 학원에 다니는 생활이 반복되었다. 물을 직접 사 가면 한 통에 5원이지만 배달하면 10원씩 받았고, 밤중에 나는 물 배달을 하면서 아버지로부터 품삯을 받았다. 겨울철 산동네 계단에 물 배달을 하려면 짚으로 꼰 새끼가 없으면 어렵다. 물지게로 나르는 물은 출렁거림과 걸음 간의 리듬을 아무리 잘 맞춰도 바닥에 물이 떨어지기 마련이고 계단은 금세 얼어버린다. 그래서 신발을 새끼로 묶어야 미끄러움을 어느 정도 방지할 수 있다.

50년이 지난 지금 기억에도 삼양동에서는 공부했던 기억보다 물 배달했던 기억만 남아있는데 그건 산동네에도 일종의 계층이 있었다는 걸 느꼈기 때문이다. 직장을 다니거나 돈벌이가 되는 자영업 하는 사람들 바께스는 공동수도 앞에 줄을 서지 않고 잠을 잔다. 그들은 대부분 물을 배달시켜 먹고 물값도 특정한 날에 한꺼번에 목돈으로 지불한다. 배달시키는 집들은 부엌에 큰 항아리가 2~3개씩 있다. 항아리 물지게로 세 번(여섯 통)을 날라야 항아리 하나가 가득 찬다.

줄 서서 물을 받아 가는 사람들의 형편은 수입이 일정치 않고 살기 어려운 사람들이다. 물을 안 먹을 수가 없으니 밤잠을 뒤로 하고 수돗물을 사기 위해 줄서기 경쟁에 동참한다. 때로는 바께스를 바꿔치기도 하는데 새치기했다는 이유로 물통을 집어 던지며 한밤중에 싸움이 벌어지기도 했다. 물을 배달시켜 먹는 사람과 줄 서는 사람들의 차이는 계급이 달라서가 아니라 경쟁 구도 속에 갇혀 허우적거리는 일반적인 모습일 뿐이었다.

여름 어느 휴일, 우이동 산자락에 올랐다가 뮤지션을 만났다. 소리도 잘 들리지 않는 일렉기타(전자기타)로 펄시스터즈 노래 '커피 한잔' 전주곡을 치고 있었다. 그 선율에 매료되어 나도 기타를 쳐야겠다고 생각하면서 머릿속에 여운이 계속 남았다. 당시에는 그가 누구인지 몰랐는데, 한참 뒤에야 그가 '한국 록 음악의 대부' 신중현이라는 사실을 알게 됐다.

고등학교 1학년 때 친구 집에 갔는데 그곳에 세워진 기타를 보았다. 그 친구는 기타를 배우는 중이라고 했다. 시간만 나면 그 친구 집에 가서 기타를 가르쳐 달라고 했는데 그 친구도 가르칠 정도의 실력은 아니었다. 때론 친구에게 기타를 빌려서 집으로 가져와 6개의 현을 오가며 도레미파~를 연습하면서 감동과 희열을 느꼈다. 교본에 따라 연습하는 것이 아니라 6현의 음계를 찾아가는 정도였는데 옥타브를 오가며 도레미파~ 소리를 낼 수 있다는 것이 너무 대견하고 신기했다.

그러나 아버지가 기타 치는 걸 허락하지 않았다. "공부나 해야지 남사당패 할 거냐?"고 야단치며 기타를 부술 기세여서 바로 기타를 다시 친구에게 갖다 줬다. 시간 날 때면 친구 집에 찾아가 기타 쳐 보는 것이 그때 유일한 낙이었다. 당시 별도의 악보집이나 교본은 없었고 친구 집에 대중 가요집이 한 권 있었다. 그 책을 보며 음계를 익히고 리듬을 맞추면서 한 곡씩 반주를 맞춰 나갔다. 내 기타 실력은 이때 습득한 지식이 바탕이 되었다. 그 후에도 정규 교육이나 레슨을 받은 적은 없다. 가끔 친구들과 야유회를 가면 통기타를 치며 노래와 반주로 음률을 익혔다. 그런 경험이 기타를 배우는 과정이었다.

새엄마와는 별일 아닌 것으로 갈등을 겪기도 했고, 매사가 불편하던 차에 아버지도 분위기를 감지하셨는지 나를 영등포 누나네 집으로 보내셨다. 나는 누님 댁에서 학교에 다녔다.

경기도 광주대단지에서 목격한 투쟁

1960년대 후반부터 1970년대 초반에 박정희 정부는 서울의 무허가 판자촌 정리 계획을 세웠다. 이 계획 일부는 무허가 주택을 개량해서 양성화하고 새로운 주거지를 만들어 그쪽으로 이주시킨다는 것이다. 철거민 이주지는 서울 서남부나 동북부 지역 등 여러 곳이 물망에 올랐다가 경기도 광주군 중부면 일대(현 성남시 중원구·수정구 등)에 10만 명이 살 수 있는 규모의 대단지(광주대단지)를 조성해 이전하기로 결정됐다. 평평한 평지를 두고 중부면 야산 비탈에 이주민을 몰아넣은 이유는 농경지 보호 때문이었다.

이때 서울에서 10만 명이 넘는 빈민층들은 살 집을 준다는 말만 믿고 이사했다. 용산 철도 구역, 청계천과 서울역 일대와 서울 변두리 빈민촌에 살던 빈민들에게 "다시는 서울로 이사 오지 않겠다"라는 서약까지 받았다니 당시 상황을 알 만하다.

박정희 정부의 계획은 자급자족 도시를 만들겠다는 거였

다. 넓은 대지와 낮은 토지 보상료를 고려해 경기도 광주군 중부면에 부지를 마련하고 토지 측량을 시작했다. 이후 갈 곳이 없어진 철거민들을 이곳으로 이주시키고자 했다. 그러나 정부는 이주민들을 위해 살림집을 지어 놓은 것이 아니라 언덕배기에 금만 그어 가구당 60m² 가량의 땅바닥과 군용 천막 하나만 지급했다. 땅을 줬으니 집은 알아서 짓고 의식주도 알아서 해결하라는 것이었는데 상하수도 시설조차 없었다.

10만 이상의 인구를 밀어 넣은 지역에 제대로 된 도로도 없었다. 강북으로 가는 가까운 다리라곤 당시 광진교뿐이어서 광주대단지에서 서울 사대문 안으로 가려면 현재 위치 기준으로 장지역 부근을 지나 개롱역, 서하남IC 입구, 보훈병원, 길동사거리, 광진교, 광나루로를 거쳐야 했다. 서울로 가는 대중교통이라고는 천호동을 거쳐 을지로 6가까지 가는 서울 시영버스(시에서 운영하는 버스) 270번 하나뿐이었다. 그나마도 원래 3대뿐이었던 걸 간신히 6대까지 증차시킨 거였다. 열악한 도로망으로 인해 을지로 6가까지 무려 1시간 30분이나 걸렸다. 게다가 버스비는 70원이나 되었기 때문에 빈민들에겐 큰 부담이었다.

그런데 이런 곳에 생계 수단은 전혀 없었다. 정부가 애초 약속했던 일자리가 되어줄 공장도 물자를 공급해 줄 상가도 그 어떤 주민 편의시설도 없었다. 교통도 엉망이니 다른 지역으로 취업을 나갈 수도 물건을 구하러 나갈 수도 없었다. 그나마 간신히 서울에 일자리를 구한 사람들은 몇 시간이나 길바닥에 시간과 돈을 버려가며 출퇴근해야 했다. 아침마다 서울로 출근하는 사람들로 아수라장이 됐다. 대책 없이 대통령 말 한마디에 10만 명이 넘는 이주민들이 광주대단지 황무지에 버려진 꼴이었다.

이를 기획했던 사람들은 "인구 10만 명만 모아놓으면 어떻게 해서든 뜯어먹고 산다"라는 전제 아래 계획을 추진했다고 한다. '자급자족 도시'라는 명목하에 나온 무계획이었다. 이 논리는 광주대단지 조성에 중요한 역할을 했는데, 당시 정부는 "일단 10만 명을 모아서 뜯어 먹기 시작하면 땅값이 오를 것이고, 그렇게 오른 땅값 차액으로 부족한 시설 구축에 투자한다"라는 앞뒤가 맞지 않는 생각을 했다고 한다.

총선 직후인 1971년 6월에 광주대단지 관할 행정 당국인 경기도청은 주민들에게 토지 대금을 납부하라는 고지서를 발부했는데 그 금액이 처음 약속했던 가격의 최소 4배에서 최대 8배에 달했다. 처음 토지 대금은 20평씩 평당 2천 원이라고 약속했지만, 나중에 경기도가 청구한 금액은 평당 8천 원에서 1만 6천 원이었다. 또 이걸 일시불로 내야 했고 7월 말까지 일시불로 내지 않으면 6개월 이하 징역 또는 벌금 30만 원을 부과하겠다는 추신까지 붙어 있었다. 가구당 배정된 땅은 20평이었는데 땅의 위치에 따라서 적게는 20만 원 많게는 36만 원이었다. 돈이 없어서 비탈진 황무지까지 올라와 살던 주민들에게는 상상도 할 수 없는 거액이었다. 1970년대 당시는 소고기 한 근(600g)이 850원, 라면 20원, 짜장면 100원이었다.

배신감에 크게 분노한 주민들은 7월 19일 '분양지 불하 가격 시정 대책위원회'를 결성하여 평당 가격을 1,500원 이하로 내릴 것, 10년간 분할 상환할 것, 영세민 취로사업을 실시할 것 등을 요구했다. 그러나 이에 대해 서울특별시는 청구 최저가격을 평당 8천 원에서 1만 2천 원으로 되려 올려 버렸다. 주민들은 대책위원회를 투쟁위원회로 바꾸고 8월 10일을 '최후결단의 날'로 정해 대대적인 시위를 하기로 결의했다.

1971년 서울 삼양동 공동수도 집이 철거되었다. 삼양동 공동수도와 살던 집은 개천 위에 집을 지어 불법이라는 이유에서다. 우리 집도 어쩔 수 없이 경기도 광주대단지로 이사하게 됐다. 누님 댁에 있던 나는 여름방학에 광주대단지로 이주한 집을 찾아갔다. 집이 아니라 작은 산들을 파헤쳐 황무지가 된 곳에 자리한 임시 움막이었다. 경사가 가파른 산을 불도저로 밀어놓은 황무지 위에 다닥다닥 군용천막이 집이랍시고 쳐져 있었고 그 속에서 생활하는 철거민 가족들은 오밀조밀한 공간에서 견디는 상태였다. 천막의 한쪽 끝이 우리 집에 배정됐다. 내가 천막집을 찾아간 날은 비가 추적추적 내렸고 언덕배기에서 흘러온 빗물이 천막 안으로 밀려 들어와서 아수라장이었다.

철거민들에게는 딱지를 하나씩 나눠줬는데, 그 딱지는 택지 10평짜리였던 것으로 기억한다. 집 지을 돈이 마땅치 않았지만 집을 지으려면 20평의 택지를 확보해야 했다. 광주대단지에서 허가되는 주택은 최소 20평이기 때문이다. 줄줄 흘러내린 빗물에 휩쓸린 토사가 천막 안으로 밀려왔다. 천막 여기저기에서 "이런 데서 어떻게 살아?"라는 소리와 함께 욕설이 터져 나왔다. 그런 와중에서도 천막촌에서는 딱지를 사고파는 거래가 활발하게 진행됐다.

천막 바깥이 어수선해지며 시끌시끌한 소리가 점점 크게 들리기 시작했다. 천막 바깥으로 나가보니 구호가 뒤섞인 고함과 함께 사람들이 갑자기 몰려들기 시작했다. 시간이 갈수록 사람들 숫자는 헤아릴 수 없을 만큼 늘어났고 일부는 출장소로 일부는 파출소로 진격하고 있었다. 아버지의 만류에도 아랑곳없이 나도 그 대오를 뒤쪽에서 졸졸 따라갔다. 내가 따라간 대오는 파출소를 습격하고 있었다. 파출소를 향해 돌멩이를 던지고 각목을 든 청년들이 파출소 안으로 진격했다. 경찰들은 모두 피했는지 하나도 보이지 않고 파출소에 들어간 시위대는 벽에 걸린 박정희 사진을 내동댕이치고 발로 자근자근 밟아버렸다. 그리고 대오는 "철거민에게 땅을 달라" "배가 고파 못 살겠다"라는 현수막을 들고 황무지 같은 광주대단지를 휩쓸면서 경찰차를 모조리 부수고 불태웠다. 저녁 무렵 서울시장이 주민들의 요구를 100% 수용했다는 발표를 하면서 시위대는 승리의 함성을 지르고 손뼉을 치며 해산했다.

광주대단지 사건은 도시 빈민의 생존권 투쟁에 큰 족적을 남긴 해방 이후 최초의 대규모 도시 빈민 투쟁이었다. 민중들의 힘에 엄청난 위기감을 느낀 박정희 정부는 거주민들에게는 백기 투항이나 다름없는 약속을 했음에도 대외적으로는 이 사건을 철거민들의 폭동으로만 표현했고 이후 시위에 대해 더욱 신경질적인 대응을 하기 시작했다. 그리고 10월 유신 이후에는 모든 시위를 가혹하게 진압했다.

　아버지는 철거민 천막에서 10평짜리 딱지 한 장을 더 구입해서 광주군 중부면 단대리 C지구 20평 토지에 집을 지었다. 가게에 국화빵 기계를 사다 놓고 어머니가 풀빵을 구웠지만 사 먹는 사람들이 없어서 금세 접었다. 그 이후 우리 집은 중동 F지구(성호시장 쪽)로 이사했는데 그 집도 딱 20평짜리 땅에 13평의 건물을 지은 집이었다.

　영등포 누님 댁으로 돌아온 나는 친구 아버지가 하는 보일러 굴뚝 공사장에 나가 '남이 벽돌'(열에 견딜 수 있는 벽돌)을 나르기도 하고 사모래(시멘트와 모래를 섞는 일)도 하는 데모도(보조공) 일을 했다. 일이 없는 날은 벽돌공장에 가서 벽돌 찍는 아르바이트 했다. 벽돌과 부로크(블록)를 찍는 작업은 엄청난 체력을 요구했다. 전문적으로 벽돌을 찍는 사람들의 어깨는 울퉁불퉁한 알통이 잡혀있다. 벽돌과 부로크를 찍기도 했지만 주로 내가 하는 작업은 찍은 벽돌을 옮기고 건조된 벽돌을 담처럼 쌓아두는 일이었다.

고등학교 1학년 겨울방학 때는 을지로 4가 미싱(재봉틀) 조립공장에서 일하기도 했다. 호기심에 기술자 형들이 조립하는 것을 잠시 들여다보면 즉시 망치가 내 머리를 때렸다. "쨤밥도 안 되는 새끼가 건방지게 기술자를 넘봐"라며 욕을 했는데 때리면 얻어맞고 욕을 하면 먹어야 했다. 미싱 조립공장 경력으로 나중에는 스웨터 보세(수출을 위해 관세 부과를 유예하는 물품) 공장에 다녔다. 그 공장은 가공 파트 하청공장이었는데 편직해서 만들어 놓은 옷에 오바로크(휘갑치기)와 인터로크(서로 다른 두 씨실을 붙이면서 연결)와 '사시' 작업을 하는 곳이었다. 사시는 원단의 코를 일직선으로 된 긴 바디(바늘)에 하나씩 끼워 다양한 모형의 에리(옷깃)를 다는 작업이다. 내가 하는 일은 면사를 푸는 일과 기계가 고장나면 고쳐주는 일이었다.

기계에 말린 내 손가락

고등학교 2학년 겨울방학에는 영등포 양평공단 해태제과 뒤에 자리한 화남산업에 입사했다. 프레스로 철판을 잘라 칼과 스푼, 포크를 만드는 공장이어서 삭막했으나 가끔 해태제과에서 풍기는 달콤한 과자 냄새는 코를 즐겁게 해주었다. 화남산업 출근 시간은 오전 8시였고, 평일 퇴근 시간은 새벽 2시였다. 하루 18시간이나 일했다. 일주일 내내 장시간 노동에 시달리다가 토요일 오후 7시에 퇴근해 집으로 온다.

내가 하는 작업은 모터에 걸린 빠우(금속이나 돌의 표면을 매끄럽게 마무리하는 기계로 사포 가루를 묻힌 둥그런 모양)에 칼, 스푼, 포크를 연마하는 일이었다. 연마하는 노동자들은 저녁 시간이 되면 옆 사람도 구분하기 어려웠다. 얼굴엔 온통 쇳가루가 검게 묻어 다른 인종처럼 보였고, 앞니와 눈동자만 반짝거리는 꼴이었다.

새벽 2시에 일이 끝나면 잠을 청하는데 잠자리는 빠우를 건조하는 구공탄이 수백 개 피워진 건조실이었다. 바닥엔 연탄 가루가 푹신하고 춥지도 않아서 대부분 건조실을 찾아서 잠을 청했다. 수백 개의 구공탄에서 나오는 연탄가스가 위험했을 텐데 다행히도 연탄가스 중독자는 보지 못했다. 7시에 호루라기를 불면 기상이다. 바로 구내식당으로 가서 식권을 받아 밥을 먹거나 찐빵으로 바꿔 먹는다. 당시에는 식권을 준다는 게 고맙게 느껴졌다. 아침 먹기 전에 세수할 생각은 하지 않았다. 잠이 모자라서 피로한 탓도 있지만 세수해도 금세 새까맣게 되니 세수하는 사람은 거의 없었다.

화남산업은 당시 다른 대부분의 공장과 작업 조건이나 환경은 비슷했던 것으로 기억한다. 같은 또래의 친구들도 많았고 나이 많은 형들도 있었지만 오래 다닌 사람은 드물었다. 화남산업에 들어간 지 20일이 지났을 때, 옆에서 같이 연마하던 친구가 기계가 구동이 안 된다며 봐 달라고 했다. 내가 봐준다고 하면서 수리하다가 나도 모르게 무릎으로 가동 스위치를 누르고 말았다. 모터 피댓줄(두 개의 바퀴에 걸어 동력을 전하는 띠 모양의 물건)에 왼쪽 손가락 전체가 감겼고 순간 손이 참새 발처럼 작아졌다는 느낌이 오면서 마비가 오고 그다음은 통증이 시작되었다.

피는 솟구치는데 새까맣게 쇳가루가 묻은 손이 어떻게 되었는지 알 수도 없었다. 무작정 옆에 있던 걸레 같은 보루로 손을 감싸고 작업장을 뛰쳐나왔다. 관리사무실을 향해 뛰어

가서 병원 가자고 소리쳤다. 눈이 휘둥그레진 관리과장이 나오더니 왜 그렇게 생겼냐고 묻는다. 일하다 다쳤으니 빨리 병원 가자고 하는데, 지금 차가 없으니 좀 기다리라고 한다. 그런데 사무실 앞에 고급 승용차가 한 대 서 있다. 이건 차가 아니냐고 했더니 그건 사장님 차여서 안 된다고 한다. 사무실 옆 화분을 발로 차고 화분 아래 놓인 빨간 벽돌을 집어 들었다. 과장이 놀란 눈빛으로 왜 그러냐고 묻는다. "있어도 쓸 수도 없는 차 벽돌로 부숴버려"라며 악을 썼더니 그제야 사장 기사를 불러서 차에 태워 병원으로 갔다. 하얀 시트가 깔린 승용차에 전신이 새까맣게 된 노동자를 태우려니 내키지 않았던 모양이다. 양평동에서 영등포 병원으로 가는 중에 통증은 점점 심해졌고 손을 묶은 걸레 위로 피는 계속 번져 나왔다. 흐르는 피를 일부러 하얀 시트에 휙휙 뿌렸다. 기사가 그러면 안 된다고 한다. 내가 기사를 째려보면서 "너 죽을래?" 했더니 그는 아무 말도 못 했다. 병원에 도착했다. 아픈 사람은 급하지만 의사는 느긋하다. 상처는 보지도 않고 왜 다쳤냐? 졸았냐? 등의 질문만 해대서 화를 돋웠다. 의사를 째려보며 "상담만 하고 치료는 안 합니까?"라고 물었더니 그제야 손을 보고는 간호사에게 데려가서 씻겨오란다. 흐르는 피에 엉겨 붙은 걸레를 푸니 손에 묻어 쌓인 쇳가루와 피가 범벅이 되어 색깔을 분간하기 어려웠다. 엉망이 된 손에 수돗물이 닿는 순간 팔 전체에 찌릿찌릿한 고통이 전해진다. 자세히 들여다보니 새끼손가락은 끝이 조금 잘려서 없어졌고, 약손가락 한 마디는 바닥 부분만 붙어서 너덜거리고, 중지와 검지는 납작하게 생겼다. 순간 눈물이 찔끔 흘렀다.

의사 앞에 마주 앉았고 의사가 간호사한테 뭐라고 하자 간호사가 이상하게 생긴 가위를 의사에게 전했다. 의사는 그 가위를 들고는 내 덜렁거리는 약지를 잘라야 한다고 했다. 나도 모르게 의사 멱살을 잡고 가위를 뺏어서 의사 목에다 들이대면서 악을 썼다. "오늘 너랑 내 인생 같이 끝낼까?" 의사는 새파랗게 질렸다. 회사에서 뒤늦게 온 총무부 사람이 달려와서 말리고 간호사들도 말리고 하면서 치료는 시작도 못 했다. 회사에서 온 사람들이 의사랑 얘기 잘했으니, 의사에게 사과하라고 한다. 시간이 좀 지난 뒤에 내가 의사에게 사과했고, 의사는 일단 붙이기는 붙여보는데 뒤에 후유증이 생기면 더 많이 잘라내야 하니까 원망하지 말란다.

손을 온통 붕대로 싸매고 까만 얼굴로 집에 들어갔다. 누님께서 그 꼴을 보고 깜짝 놀라신다. 또 누구랑 싸웠냐고 대뜸 다그치신다. 누님이 보기에 며칠 만에 집에 온 동생 꼬라지가 한심했던 모양이고, 온몸에서는 심한 악취도 풍겼을 것이다. 마당으로 내려가 수돗가에서 손을 쓸 수 없는 나 대신 누님이 내 발을 씻겨주신다. 처음으로 누님이 어머니라는 착각이 머릿속을 스쳐 갔다.

약지는 치료 중에 진물이 나서 긴장했는데 그렇게 꿰맨 자리에서 고름이 나오기를 반복하다 다행히 낫게 되었다. 왼쪽 새끼손가락은 지금도 좀 짧은 상태이고 약지에는 흉이 남아 있다. 방학이 끝나 손을 동여매고 학교에 갔더니 친구들도 어디서 싸웠냐고 묻는다.

화남산업에서 겪은 산재와 장시간 노동은 그곳에 국한된 특별한 상황이 아니라 당시에는 보편적인 일이었다. 장시간 노동에 지쳐 하루를 돌이켜 볼 여유가 없다. 황폐해진 의식 속에 아침에 눈 뜨고 또 하루를 견딘다. 희망을 발견할 수 없고 절망감만 짙어 간다. 고작 18살에 잠깐 경험한 공장 생활, 앞날에 대한 무기력증이 나를 짓눌렀다. 내 주변에 같이 일했던 비슷한 나이의 친구들과 형들 그리고 동생들은 밝고 씩씩하고 활기차 보였다. 그러나 아침에 일어나 식권으로 빵을 바꿔 먹는 노동자 입에서는 욕설 섞인 푸념들이 튀어나왔다. "씨발, 밥 같은 밥 좀 먹고 돈 좀 벌면서 잠 좀 실컷 잤으면 좋겠다…."

남성 여성 가리지 않고 내 생각과 전혀 다르지 않은 그들의 푸념 소리를 들으며, 어떻게 해야 돈 벌고 밥 잘 먹고 잠 많이 잘 수 있을까, 라는 생각이 스쳐 갔다. 한편으로 다른 동료들처럼 팔자소관이라며 적응했다. 근본적으로 그런 문제를 해결하기 위해서는 함께 싸워야 한다는 건 많은 시간이 흐른 후에 알게 되었다. 다만 '인간이 인간으로 살아가기 쉽지 않다'는 문제의식은 이때부터 내 머리를 떠나지 않았다.

퇴학당해 악명 높은 선인재단으로 편입

고등학교 3학년 때 사고가 터졌다. 여름방학 기간에 학교 써클 친구들과 다른 학교 써클 간에 패싸움이 벌어졌다. 그 일로 학교에서 퇴학 처분을 받았고 3학년 2학기부터는 다른 학교로 옮겼다.

그 학교는 전과자도 있었고 다수가 다른 학교에서 퇴학 맞아 편입한 친구들이었다. 영등포에서 제물포역까지 열차 통학을 했는데 패스(정기승차권)를 끊은 적이 없고 늘 쌤차(새벼서, 즉 훔쳐서 탄다는 뜻)를 타고 학교에 다녔다. 돈이 없기도 했지만 더 중요한 것은 정기승차권이나 표를 사서 타고 다니면 '가오'가 서지 않는다는 부분도 작동했다. 그래서 역을 통해서 열차를 탄 적이 없고 늘 울타리를 넘거나 개구멍을 통해 열차에 올랐으며 차표 검사를 할 때는 다른 칸으로 쭉 밀리다가 역에 도착하면 내려서 이미 표 검사가 끝난 앞 칸으로 옮겨 타곤 했다. 검표 요원(차장)과 당당한 척 맞설 때도 있었는데 그때는 친구들 여럿이 함께 있을 때였다.

내가 편입한 학교는 당시에 악명높은 선인종합고등학교였다. 백인엽이 인천 도화동에서 운영한 사립학교법인으로, 정식 명칭은 '학교법인 선인학원'이지만 보통은 '선인재단'이라는 이름으로 기억한다. 무려 15개의 학교를 도화동 일대에 설립해 1980년에는 인천광역시에 거주하는 청소년의 23%가 선인학원 소속 학교에 다닐 정도로 아시아 최대의 학교법인이었다.

선인재단의 역사는 1958년 7월에 백인엽이 재정난을 겪고 있던 성광학원을 인수하며 시작되었다. 통상 1965년에 설립되었다고 나오는 경우가 많지만 1965년에는 선인학원으로 이름을 바꾼 것이고 실질적인 운영은 1958년에 시작되었다.

'선인'은 설립자인 백인엽과 그의 형 백선엽의 가운데 글자를 따서 만들었다. 재단 이름에 백선엽, 백인엽 형제의 이름이 모두 들어가 있지만 선인학원의 소유권은 100% 백인엽에게 있었다. 그뿐 아니라 재단 산하에 있는 학교 이름에 자기네 식구들 이름을 죄다 갖다 붙였다.

백인엽은 수만 명의 군 장병들이 영양실조에 걸리도록 '6군단장 군사독직사건'[4] 비리를 저질러 당시 막 집권한 박정

희 정부에 의해 1962년 무기징역을 선고받았다. 그러나 박정희의 은인[5]이며 대한민국 국군의 상징적 인물인 친형 백선엽 덕분에 구명 받아 10개월 만에 풀려났다. 군복을 벗게 된 백인엽은 1964년부터 본격적으로 선인학원을 대규모로 키우면서 각종 비리를 저지르기 시작했다.

선인학원 소속 학교들이 모여 있는 도화동 캠퍼스 부지는 과거에 많은 중국인이 살았던 곳이자 묘지촌이었으나, 백인엽이 학교를 조성하는 과정에서 이들을 위협하여 강제로 내쫓았다고 한다.

유치원부터 전문대학까지 있는 선인학원은 건물 안에 화장실 하나 없고 제대로 마감도 이루어지지 않아 실내에 분진이 뿌옇게 나는 등 막장인 환경이었다.

선인학원은 14개교에 달하는 학교 건물들을 계속 지으면서 신축 공사에 학생들을 동원했다. 내가 다니던 선인고등학교의 경우 교련과 체육 시간이 다른 학교보다 배로 많았다. 이 시간에는 교련과 체육을 하는 게 아니라 벽돌이나 부로크 등

지 사이에 6군단 예하부대인 259 수송자동차부대의 자동차를 매달 15~20대씩 후생사업에 내보내 총 1,000여만 환을 부정 취득했으며, 군단 예하부대에 배급하는 휘발유 중 매달 200드럼씩 총 1,000드럼을 부정처분해 500만 환 상당의 이득을 취했다. 무기징역 선고에도 백인엽은 박정희의 은인인 친형 백선엽 덕분에 10개월 만에 풀려난 뒤 선인학원 비리에 본격적으로 전념하게 된다.

5 박정희는 여수·순천 항쟁 이후 남조선로동당에서 활동하던 군인들을 숙청하는 과정에서 체포돼 조사받다가 1949년 2월에 사형을 구형받은 다음 무기징역을 선고받았다. 당시 육군본부 정보국장으로 재직하던 백선엽이 만주 시절 동료 20명으로부터 '박정희는 공산주의자가 아니다'라는 보증서를 제출받아 형집행정지 처분을 받아냈다.

을 운반하는 일을 학생들이 도맡아 했다. 당시 선인종합고등학교 13층 건물은 그렇게 지어졌고 공중에서 보면 학교 옥상은 임금 왕(王) 모양을 했다. 여기엔 백인엽의 정치적 욕망이 담겼을 것이다.

또 선인학원은 설립자 백인엽의 영향을 받아서 군대식 문화가 자리잡혔다. 등교 시간에 백인엽은 늘 불도저를 운전하며 솔선수범을 보이는 이사장으로 유명했으며 학생들에게도 인기가 있었다. 그러나 교사들에게는 엄격한 이사장이었다. 불도저 운전을 하는 이사장을 보면 그 자리에 멈춰 거수경례하는 모습은 일반화되어 있었다.

인천전문대학(5년제)에도 13층 건물인 선인고등학교에도 건물 안에 화장실이 없었다. 화장실에 가려면 1층까지 내려와 실외 화장실을 사용해야 했다. 쉬는 시간에 13층에서 뛰어 내려와 화장실에 도착하면 이미 수업 시작종이 울린다. 그렇다고 뛰어서 교실로 올라가기보다는 담배 한 대씩을 태우고 13층 계단을 오른다. 선생들도 그 형편을 알기 때문에 좀 늦었다고 야단치지는 않았다.

등교 후 수업 시작종이 울리면 반별로 학생들이 일제히 자리에서 일어나 '우리의 신조'를 외치기 시작한다. "하나, 나는 자랑스러운 선인의 아들이다" 우리의 신조는 여섯까지 외워야 하는데 지금은 하나 밖에 기억이 나지 않는다. 나중에 알게 되었지만 '군인의 길', '군인의 신조'를 그대로 모방한 것이었다. 학교의 운영과 관리는 군대문화의 연장이었다.

선인 캠퍼스에서는 백인엽 재단 이사장을 '장군님'이라고 불렀다. 장군님이 직접 불도저 운전을 하면서 학교 꾸미기에 앞장섰고, 선생들도 장군님 앞에서는 고양이 앞의 쥐였다. 장군님은 여선생도 폭행했고, 남선생들은 허구한 날 학생들 보는 앞에서 '조인트'(정강이를 걷어차는 구타)를 까여야 했다. 그 학교는 캠퍼스를 조성하면서 하루에 수십 대의 군부대 차량이 어디에서 싣고 오는지 오래된 나무를 실어 날라 왔다. 황무지 같았던 학교는 전방에서 싣고 오는 나무 덕분에 차츰 자리가 잡혀 나갔다.

편입생이 많은 관계로 선후배는 물론 동급생끼리도 잘 모르는 경우가 허다했다. 통학하는 열차 안에서 싸움은 비일비재하고 학교에서도 서열을 가리기 위한 싸움은 번번이 일어났다. 싸움 장소는 13층 위 옥상이었고 그 자리에는 수십 명의 구경꾼이 있었다.

점심시간에는 종종 친구들과 함께 학교 앞 만화방으로 가서 가치담배를 피워댔다. 5교시를 빼먹고 담배 피우면서 농땡이를 친 적도 여러 번이다. 한번은 만화방에서 담배를 피우고 있는데 2학년 교련복과 모자를 입고 쓴 학생이 우리를 보고 "이 새끼들 수업 시간에 담배나 피우고 있구나. 잘 걸렸다"라며 다가왔다. 나는 "2학년 새끼가 겁대가리 없이 선배한테 껍적거려?"라며 멱살을 잡았다. 그러자 그 2학년이 모자를 벗었는데 머리에 기름을 번지르르하게 바르고 있는 게 아닌가. 선생이 변장한 것이었다. 당황해서 같이 있던 상철에게 "야, 이거 뭐지?"라고 물으니, 상철이가 "그거 꼰대야. 어차피 멱살 잡은 거 그냥 박아 버리자"라고 해서 세 명이 달려들어 집단 구타하고 학교로 도망 왔다. 도망 오면서 '임상철' 명찰이 없어졌다고 해서 찜찜했다.

6교시가 시작되었는데 살벌한 분위기가 감지됐다. 교실 앞뒤 문으로 유도, 태권도, 복싱 코치와 교관들이 들어오기 시작했다. 복싱 코치 손에는 임상철 명찰이 들려있었고, 5교시 출석부에 빠진 우리 셋은 꼼짝없이 체육관으로 끌려가서 빠따(몽둥이)로 구타를 당했다. 엉덩이에서 배어난 피가 팬티에 엉겨 붙을 정도였고 통증이 심해 3일 동안 학교에 갈 수가 없었다. 그 후 우리 셋은 근신 처분을 받아 교장실에서 보름간 벌을 받아야 했다.

짧았던 인연, 첫사랑이었을까

열차 안에서는 짐칸에 얹혀 있는 여학생 가방에서 도시락을 뺏어 먹는 짓도 여러 번 했다. 가방에서 도시락을 꺼내면 대부분 여학생과 말도 안 되는 논쟁도 하게 되고 결국은 나쁜 놈이 될 수밖에 없는데 그 과정이 그때는 재미있었다.

한번은 여고 3학년 가방을 열려고 하는데 그 여학생이 다가와서 하는 말이 "그렇게 배가 고파?"라고 하면서 스스로 도시락을 꺼내서 내게 내밀었다. 나는 얼굴이 빨개질 정도로 당황했다. 도시락을 다시 되돌려주었더니 배고프면 먹으라며 자꾸 주는데 받을 수가 없었다. 학교를 마치고 집으로 가다가 제물포역(당시는 전철이 아닌 기차)에서 우연히 그 여학생을 다시 만났다.

멋쩍게 눈인사를 하고 열차에 올랐는데 여학생이 내게 묻는다. "배고파서 어떻게 견뎠어?" 내가 퉁명스럽게 받았다. "나도 도시락 있어." 여학생도 영등포에서 내렸는데 나랑 나가는 통로는 달랐다. 나는 쎕차로 타서 정상적인 출구로 나갈 수 없었기 때문이다. 영등포역 대합실에서 다시 보기로 하고 담장을 넘어 대합실에서 만나 둘이 별 이유도 없이 걸었다. 책가방 하나씩 들고. 한번은 신길동까지 걷기도 했고 또 구로동까지 걷기도 했던 데이트.

교복 입고 가방 들쳐멘 세 번의 데이트, 졸업은 임박하고 있었다. 그다음 주 일요일에는 사복 차림으로 구로공단 본부 앞 화단에서 만나기로 약속했다. 설레는 마음으로 누님에게 2천 원을 빌려서 약속 장소로 나갔다. 1시간을 기다렸지만 결국 나타나지 않았고 금세 졸업이어서 베레모를 쓴 그 여학생은 다시 볼 수가 없었다. 그것이 첫사랑이었는지는 모르겠다.

대학 대신 공장으로

3학년이 끝나갈 즈음, 대학 진학을 위해 예비고사를 봤다. 내 기억으로 3학년이 수천 명으로 기억되는데 예비고사에 합격한 학생은 나를 포함 극소수였다.

나를 공부시키기 위해 고향을 등지고 서울로 올라온 아버지의 바람과는 달리 나는 공부할 생각이 없었다. 아버지는 대학교를 안 나오면 인간 구실을 못 한다며 원서를 내라고 했지만, 난 혼잣말로 '공부는 왜 하지?'라고 스스로 반문했고 공부가 너무 싫었다. 그리고 아버지가 얘기하는 인간 구실을 할 생각조차 없었다. 미래에 대한 고민이나 목표보다는 현실에 마주하는 친구들과 그렇게 어울려 막살고 싶었다. 결국 대학 원서는 내지 않았다. 일종의 반항이었다.

고등학교 졸업할 즈음에는 거의 집에 안 들어갔는데 그 이유는 나의 진로와 관련해서 아버지와 부닥치기 싫어서였다. 의견이 충돌한다고 해서 토론의 결과가 나오기보다는 어른

말도 안 듣는 후레아들 놈, 버르장머리 없는 놈, 불효자 딱지만 붙을 뿐이었다. 난 그저 철없는 못된 놈이라는 생각 이상도 이하도 아니었다. 지금 생각해 보면 아버지 말씀 중 옳은 말씀이 더 많았다.

졸업 후 공장을 알아보러 여기저기 돌아다녔다. 구로공단에는 견습공 뽑는 공장이 거의 없었다. 그러다가 미싱 조립 공장에서 알게 된 형의 소개로 성남에 있는 한성실업이라는 가발공장에 들어가게 되었다. 이 공장은 YH무역과 다나무역의 하청공장이었고 노동자는 20여 명이었다. 이 공장에서는 가발 캡을 만드는 게 아니라 스킨(머리 가르마 부분)을 가공했다. 공장 분위기는 가족적이었다. 남자는 사장과 재단사와 나까지 셋이고 나머지는 여성 미싱사들과 시다(보조원)들이었다.

내가 누나라고 부르는 사람도 2명 있었는데, 대부분은 나를 오빠라고 불렀고 누나뻘 되는 사람들은 나를 '미스터 양'이라고 불렀다. 발음이 좋지 않았던 누나는 나를 '무스탕'이라고 부르기도 했다. 누나들이나 동생들이 나를 부러워하는 것이 있었는데 학력이었다. 그들에 비하면 고졸이라는 학력은 너무 높아서 근접하기 어렵다는 말을 듣고 당황한 적도 있다.

내가 하는 일은 미싱 수리였으나 미싱이 고장 나지 않으면 바리깡(이발기) 작업과 인두와 스킨 작업을 했다. 틈이 날 때는 원효로에 왔다 갔다 하며 면사와 접착제, 스킨 등 자재를 사 오는 일도 했다. 공장은 일이 있을 때는 선적에 쫓겨 며칠씩 밤을 새우기 일쑤였고 일이 없을 때는 며칠이고 놀았다. 노는 날은 미싱사 동생들 부탁으로 로마자 알파벳을 알려줬고, 기타를 가르치기도 했다. 알파벳을 신기해하며 ABCD를 볼펜으로 쓰면서 새로운 세상을 발견한 듯 빛나는 눈망울을 굴리던 표정이 지금도 눈에 선하다. 고향에 가서 중학교 다녔다고 자랑하겠다는 애들도 있었다. 지금은 모두 할매 반열에 올랐겠지만.

미싱사들은 생산 수량에 따라 돈을 받기 때문에(도급) 일이 없으면 다른 공장으로 이직한다. 공장에서 정들었던 사람들이 다른 곳으로 옮겨갈 때면 가는 사람과 남아있는 사람들은 눈물을 흘리며 안타까워한다. 그렇게 아쉬운 작별을 한 뒤 한동안은 편지가 오고 가지만 인연은 대부분 일정한 시간이 지나면 그렇게 끝나고 만다. 장위동으로 간 미싱사들, 제기동·면목동으로 간 사람들, 대전 대화공단으로 간 사람들, 그렇게 떠난 사람들을 지금까지 본 적이 없다. 봤다고 하더라도 서로 못 알아보지 않았을까? 덕지덕지 쌓인 세월의 흔적 때문에.

부산에서 임금 떼이고 다시 서울로

한성실업에 일이 없어 한 달 정도 놀고 있는데 부산에 있는 영
미산업이란 곳에서 스카우트 제안이 왔다. 이쪽보다 월급도
많고 조건이 좋았다. 그러나 한성실업 사장에게 그 얘기를 하
기에는 입이 떨어지지 않았다. 평소에 나를 친동생같이 여기
며 잘 돌봐주었는데 일이 없다고 한성실업을 떠난다는 것은
의리를 배신하는 것이라며 고민을 거듭하는데 미싱사 덕순
이가 요즘 무슨 고민 있냐고 묻는다. 부산 얘기를 했더니 같이
가자고 졸라댄다. 사장에게는 이후에 일거리가 많으면 오겠
다는 기약 같지 않은 약속을 하고 덕순, 선희, 연희, 난희, 나까
지 다섯 명이 부산행 완행열차에 몸을 실었다. 당시는 대부분
이 미성년자여서 나이를 속여 공장 일을 했기 때문에 여성들
이 다 가명을 썼으며 이력서나 구비서류를 제출하는 것이 아
니라 숙련 유무만 판단했다.

부산진역 건너편 초량동은 낯설었고 산비탈에 자리한 영

미산업 근처는 거의 빈민들이 생활하는 공간이었다. 기거하는 집에는 화장실이 없고 동네 한쪽에 공동변소가 있는데 아침 시간에는 길게 줄을 서서 발을 동동 구르는 모습이 일상이었다. 영미산업은 40여 명이 일하는 곳으로 사장과 사장 동생이 공장을 운영하는데 둘 다 거칠고 난폭한 편이었다.

한 달이 지났는데 월급 줄 생각을 안 했다. 나 혼자 내려간 것도 아니고 함께 간 미싱사가 네 명이나 되는데 가만히 있을 수는 없었다. 사장한테 월급을 안 주면 어떡하느냐고 물었더니 자기 동생에게 얘기하라고 한다. 그래서 동생에게 돈 안 주냐고 했더니 대뜸 "월급 안 줄까 봐 지랄하냐?"고 눈을 부라리며 욕을 하기에 나도 같이 욕을 해댔다. 나보고 옥상으로 따라오라고 한다. 따라가야 하나 망설이다 월급도 안 주면서 큰소리치는 꼴을 두고 볼 수 없어서 옥상으로 갔다.

사장 동생은 재단 가위를 빙글빙글 돌리며 나를 째려보고 하는 말이 "시키는 일이나 할 것이지 다른 사람 월급까지 왜 신경 쓰고 오지랖 떠느냐"며 "자꾸 그런 식으로 대들면 부산의 짠맛을 봐야 한다"고 협박했다. 나도 악이 받쳐 "그렇게 가위질 잘하면 한번 해볼 거냐?"고 했더니 사장 동생이 가위를 마구 흔들며 덤벼들었다. 나는 옥상에 빨랫줄을 받친다고 세워놓은 쇠파이프를 잽싸게 잡고 재단 가위 든 손을 후려갈겼다. 가위는 쨍그렁 옥상 바닥에 나뒹굴었고 사장 동생은 손목을 잡고 바닥에 주저앉았다. 쇠파이프로 앉아있는 그놈의 등

짝을 몇 대 더 후려갈기고 옥상 문을 나서는데 같이 갔던 미싱사들이 그 광경을 목격하고 달달 떨고 있었다.

그 상황에서 계속 그 공장에 있기는 틀렸고 짐을 싸자고 했더니 좋다고 한다. 재빨리 가방을 챙기고 부산진역으로 가서 서울행 열차를 탔다. 40여 일이나 일을 하고도 돈 한 푼 받지 못한 채 도망가듯이 서울로 향하는 기분이 엉망이어서 모두 침울한 분위기였다. 마주 보는 좌석에 한쪽엔 3명, 한쪽엔 두 명이 앉아 올라오는 열차 안에서 누구도 말 한마디 없을 만큼 분위기는 가라앉았다. 일행들은 혹시 영미산업에서 누가 쫓아 올까 봐 계속 두리번거리며 겁에 질려있는 표정이었다. 그들을 안심시킨다고는 했지만 가라앉은 분위기는 쉽게 회복되지 않았다.

11시쯤 부산진역을 출발한 열차는 동대구역에 도착했고 동대구역에서 내 또래 정도의 남자 셋이 열차에 올랐다. 그들 손에 소주병이 들린 것으로 보아 술을 먹다가 취한 상태에서 차를 탄 거 같았다. 경상도 특유의 목소리가 술이 거나하게 취해 더 시끄러웠다. 그들이 떠드는 내용으로 짐작건대 구로동에 애인 만나러 간다고 마음이 들떠 있는 상태였다. 세 놈은 우리 좌석 쪽에 서서 나에게 시비를 걸기 시작한다. "여자 숲에 묻혀 황홀하겠다"라는 둥 별별 잡소리를 다 늘어놓았다. 나는 점잖게 한마디 했다. "그렇게 비아냥거리며 까불다 뒤진 놈, 대갈통 까진 놈 여러 명 있으니 주둥아리 조심하고 다른 곳으로 없어져"라고. 분위기가 이렇게 흘렀으니 싸움이 될 수밖에 없는 상황이었다. 열차 통학하며 하루가 멀다고 싸워본 나였지만 3대 1은 무조건 내가 불리한 상황이었다. 어설프게 맞서면 안 되겠다는 생각으로 일어나서 밀치고 하다가 순간적으로 그놈 손에 들려있는 소주병을 낚아채 목덜미를 후려 갈겼다. 맞은 놈이 윽하고 쓰러졌는데 나머지 두 놈이 가만히 있을 리가 없었다. 열차 안은 완전 아수라장이 되었고 같은 칸에 탄 손님들이 엉겨 붙고 나의 일행도 합세하고 어쩌고 하다가 일단 휴전하기로 했다. 열차 안에서 싸우면 당사자만 다치는 게 아니라 다른 승객이 다치기 때문에 차에서 내려 전쟁을 하기로 했다. 우리가 표를 끊은 곳이 용산역인데 그놈들이 영등포역에 내린다는 말을 들었기 때문에 일행에게 나는 영등포서 내린다고 했더니 일행들도 같이 내리겠다고 했다. 걱정이 되었던 모양이다.

새벽 3시 반이 넘어 영등포역에 도착했다. 승객들이 통행금지 해제될 때까지 대합실에서 기다려야 한다는 계산을 하고 역에 먼저 내린 나는 그놈들을 기다렸다. 술이 약간 깬 모습으로 세 명이 개찰구를 나왔다. 맨 앞에 나오는 놈에게 달려가 옆차기를 하면서 싸움이 시작됐다. 대합실에 있던 사람들이 모여들어 구경꾼이 숲을 이뤘다. 대합실은 요란해졌고 싸우는 틈바구니를 뚫고 역에서 덩치가 큰 구두 닦는 놈이 아는 척을 하는데 보니 고등학교 동창이다. 왜 그러냐는 질문에 이

새끼들이 열차 안에서 나한테 시비를 걸어서 손 좀 봐주는 중이라고 했더니 이런 놈들은 자기들한테 넘기란다. 그러는 사이에 구두 닦는 친구가 한 명 더 합세했다. 그놈들 기세가 누그러지자 동창 한 놈이 대구 3명에게 썰을 풀기 시작한다. 나를 가리키며 "이 친구로 말할 거 같으면 일찍이 영등포 건달을 여러 명 씹어 돌린 전설적인 인물인데 니네가 정말 잘못 건드렸으니 큰일났다"고 거짓말을 꾸며대며 "니놈들 보니 촌놈들 같은데 몰라서 그런 걸로 이해하고 어떻게 해볼 테니 장의사 신세 안 지려면 이 친구에게 진심으로 사과하고 돈 가진 거 다 내놔라"고 한다. 기세에 눌린 탓인지 대구에서 탄 세 놈은 납작 엎드려 싹싹 빌었다.

부산에서 올라온 우리 다섯 명은 영등포역을 빠져나와 해장국집에서 선짓국을 먹는데 난희가 얘기한다. 오빠 조폭 출신인 줄 몰랐다며, 오늘 무서웠지만 너무 멋있었다고. 나는 졸지에 조폭 취급을 받았다.

일행 4명은 기술자인 미싱사였기 때문에 일자리는 쉽게 구할 수 있었다. 장위동 언덕에 있는 가발 하청공장에 소개하고 나는 성남 집으로 들어와서 시즈통상이라는 가발공장에 입사했다. 공장엔 수백 대의 미싱이 놓여있고 미싱 돌아가는 소리가 장마철 태풍에 소나기 퍼붓는 듯했다. 미싱 위에 빨간 깃발이 꽂히면 미싱이 고장 났다는 표시다. 그 깃발이 꽂힌 미싱으로 가서 수리하는 게 내 일이었다. 오백 명이 넘는 회사였기 때문에 기사들도 여럿이었다. 여자들은 기숙사에서 생활했고 남자들은 외부에서 잠을 자고 식사만 회사 식당에서 해결했다.

버스 타고 무작정 도망가다 내린 무주

회사는 한 달에 두 번 쉬는데 남자들은 쉬는 날 아침을 사 먹어야 한다. 시즈통상에 다닐 때 친구가 한 명 있었는데 그 친구는 보육원 출신으로 여인숙에서 기거하면서 회사에 다녔다. 집에서 직장을 다녔던 나는 쉬는 날 아침 일찍 일어나 그 친구가 있는 여인숙으로 가 해장국집에서 아침을 함께 먹곤 했다.

그날도 여느 때처럼 막 해장국을 시키는데 같은 여인숙, 같은 직장에 다니는 나이가 한 살 아래인 녀석이 들어와서 다짜고짜 욕설을 퍼부으며 "니네끼리 처먹느냐"고 악을 써 대기 시작했다. 처음엔 그 친구에게 "여인숙에 네가 있는지 몰라서 그랬으니 그러지 말고 같이 먹자"라고 했는데 막무가내였다. 계속 찐짜(찌그렁이)를 붙여서 짜증이 났다. 나는 싸가지없다며 그 녀석 뺨을 한 대 때렸다. 그러자 이 친구가 여인숙으로 달려갔다 다시 오는데 손에 과도가 들려있었다. 죽인다고 덤벼들기에 내가 마주 보며 "자신 있으면 쑤셔봐" 했더니 정말 칼이 내 배를 향해 밀려 들어왔다. 보통은 배를 들이밀면 멈칫거리는데 그 친구는 멈칫거림조차 없었다. 내가 뒤로 물러나며 칼 잡은 손을 아래로 밀었는데 배를 향하던 과도가 내 허벅지를 찔렀다.

뜨끔하다고 느끼는 순간 허벅지에서 피가 줄줄 흘렀다. 해장국집 앞에 상수도 공사를 하고 있었는데, 내 손엔 이미 파이프가 하나 들려있었다. 그 녀석 목덜미를 후려쳤고 그 친구는 쓰러졌다. 여기까지가 내 기억이며 나머지는 기억에 없다. 나중에 고아원 출신 친구에게 얘기를 전해 들었는데 엎어진 사람을 바로 눕혀놓고 타작을 했다고 한다. 순간적으로 일어난 일에 옆에서 말릴 틈도 없었던 친구가 내 뺨을 때려서 겨우 정신을 차려보니 맞은 친구는 엉망이 되어 있었다.

친구가 지체할 틈이 없으니 빨리 도망가라고 한다. 그 길로 서울로 와서 서울역 앞 지하에 있는 '해태의 집'으로 갔다. 지하철 개통 전이어서 도로를 가로지르는 지하도에 해태의 집이 있었고 고등학교 때 남산공전 써클들과 싸우기 위해 친구들과 자주 이용하던 곳이었다.

여기저기에 있는 친구들에게 사고 쳤으니 좀 만나자고 연락했다. 몇 시간 후 친구들 몇 명이 모여들었다. 배낭에 코펠 등을 준비한 친구, 텐트를 준비한 친구, 누룽지를 한 포대 준비한 친구, 통기타와 용돈을 가져온 친구. 가야 할 곳도 갈 곳

도 없었지만 11시 반경 무작정 대전까지 야간 완행 열차표를
끊었다. 새벽에 도착한 대전역에는 호객행위 하는 사람들 목
소리가 왁자지껄하더니 곧 조용해졌다. 잠시 어디 가서 눈이
라도 붙일까 생각하고 친구에게 받은 돈을 찾는데 돈이 없어
졌다.

졸지에 예상치 않았던 무전여행이 시작되었다. 대전역 안
에 있는 긴 의자에 잠깐 누워 있다가 날이 밝자 시외버스정류
장으로 갔으나 그곳에서는 표가 없으면 차를 탈 수가 없었다.
마냥 알 수 없는 도로를 따라 걷다가 시외버스가 오는 것을
보고 손을 들어 그 차를 탔다. 그러나 금세 돈이 없다는 이유
로 차장과 조수(버스 앞문에는 차장, 뒷문에는 조수)에게 쫓겨
나 차에서 내리게 되었다. 우여곡절 끝에 다시 손들어 탄 차
에서는 미리 양해를 구하고 버스에 안정되게 몸을 실었다. 차
앞 유리창에 붙은 안내판을 보니 대전에서 전주로 가는 버스
였다.

밥 먹은 지가 오래되어 배에서는 꼬르륵 소리가 나는데 차
는 심하게 흔들리며 비포장 국도를 달리고 있었다. 갑자기 엄
마가 보고 싶은 마음이 밀려왔으나 어머니 산소를 찾을 수는
없었고 눈앞에 고통스러워하던 엄마의 초췌한 모습만 밀려왔
다 사라졌다. 뒤이어 엄마 임종 당일 베개를 던졌던 아픈 기억
이 차창에 반사되며 가슴을 조여 왔다.

차창 밖에 펼쳐지는 풍경은 초봄의 파릇함이 싱그럽게 느

껴졌으나 봄기운을 감상할 처지는 아니었다. 차창 밖으로 계곡물이 콸콸 내려오는 걸 보면서 차장에게 좀 내려달라고 했다. 차에서 내려 물이 내려오는 뚝방길을 따라 걷다가 배낭에서 누룽지를 꺼내고 코펠로 냇물을 퍼온 다음에 우두둑우두둑 먹기 시작했다. 보리밭을 매던 아주머니가 와서 하시는 말씀이 멀쩡하게 생긴 총각이 왜 누룽지를 먹고 있냐고 하면서 밥 남은 게 좀 있는데 먹겠냐고 묻기에 반가운 마음에 냉큼 좋다고 대답했다. 대소쿠리에 담긴 건 밥이라기보다는 보리쌀 삶은 거였으나 구수한 냄새가 코끝을 스쳐 갔다. 고추장에 보리밥을 비벼서 정신없이 먹고 나니 좀 살 것 같았다.

잠시 후 아주머니가 뚝방으로 와서 이 많은 걸 다 먹었냐고 놀라신다. 왜 누룽지를 먹는지, 밥을 먹을 수 없는 상황인지, 어디서 왔는지 등을 물으신다. 차마 사고 치고 왔다고 할 수는 없고 "도심 생활에 염증을 느껴 시골에서 농사일 좀 도와줄까 하고 왔다"라고 둘러댔다. 농사일은 해 봤냐, 쉽지 않은데 할 수 있겠냐, 하고 물어본 것은 일종의 면접이었다. 중학교 때까지 농사일을 해봤던 경험을 살려 아는 척을 한 덕에 그 동네 이장 집에 소개되었다. 전라북도 무주군 안성면 칠연폭포 아래쪽에 있는 공정마을이었다. 장수군에 사는 친척 집이 멀지 않았지만 사고 치고 도망 온 주제에 그곳으로 갈 엄두는 나지 않았다.

또래들과 4H 구락부 활동

날은 저물어 어두컴컴한 시간에 주인과 면담을 통해 새끼 머슴을 하게 되었다. 보통 새끼 머슴의 대우는 새경(머슴이 한 해 농사일을 한 대가로 집주인에게서 받는 연봉)으로 결정한다. 머슴 대우를 받을 나이는 아니었지만, 다급한 상황이었기 때문에 나는 밥과 잠자리 그리고 담배만 주면 된다고, 그 이상은 바라지 않는다고 했다.

주인이 앞으로 이 방을 쓰라며 안내하는데, 그 집은 머슴방에도 나이론 장판이 깔려 있었다. 피곤하기도 해서 잠을 자려고 누웠는데 뭐가 물어대는 바람에 따갑고 가려워서 잠을 잘 수가 없었다. 일어나서 백열전구를 켜고 바닥을 보니 나이론 장판에 까만 벼룩들이 토닥토닥거리며 튀고 있었다. 빗자루로 방을 쓸어 수북하게 쌓인 벼룩을 바깥에 내다 버리고 잠을 청했으나 벼룩들은 또 전신을 물어댔다. 방문을 열고 바깥으로 나가 마루 밑을 보니 DDT(가루 살충제)가 보였다. DDT를 방바닥에 깔다시피 뿌리고 간신히 잠이 들었나 싶었는데 주인이 일어나라고 한다. 먼동도 트기 전이었지만 시골 농사일은 그렇게 시작됐다.

그 동네는 아래 윗마을 합해 60여 호 되는 곳으로 덕유산과 맞닿아 있는 마을에 논은 거의 다랑가지(계단식) 논이었다. 새벽에 외양간의 두엄을 지게에 지고 산 중턱으로 올라가 논에 부려놓는 게 첫날 일이었다. 식전에 두 번 올라갔다 내려왔는데 입에선 단내가 나고 다리는 휘청거리며 앉았다가 일어서면 눈앞에 뿌연 알갱이들이 여울져 움직였다. 그렇게 새끼 머슴의 일과가 시작되었다.

못자리를 돌보고 모내기를 하면서 차츰 동네 사람들도 알게 되었고 비슷한 또래들과 4H 활동을 하면서 친분이 두터워졌다. 밤에는 서울에서 들고 간 기타로 4H 회원들에게 기타 강습을 시작했다. 내가 사는 바로 앞집이 과수원이었고 그 집 딸이 같은 4H 회원으로 기타를 갖고 있었는데 고작 기타 두 대로 10명 이상이 기타를 가르치고 배우는 건 쉽지 않았다.

그 동네는 4H 구락부 활동이 활발했다. 4H 운동은 머리(Head), 마음(Heart), 손(Hand), 건강(Health)의 영문 첫 글자를 따서 4H라고 한다. 명석한 머리로 충성스러운 마음을 지니고 부지런한 손과 건강한 몸을 지닌 10~21세의 청소년을 뜻하는데 4H 구락부는 청소년뿐 아니라 청년들도 함께한다. 이 시기에 '농촌새마을 가꾸기'가 농촌에서 하나의 운동으로 펼쳐지면서 4H 구락부와 혼재되었으나 청소년층은 대부분 4H 구락부, 중장년층은 새마을 가꾸기 사업에 편재되었다. 마을에서 거의 유일하게 신문을 보는 새마을 지도자는 4H 운동을 꼭 '포에이치' 운동이라고 했다.

4H 구락부는 중고등학교에 못 간 10대와 20대 청소년들이 농촌계몽 운동을 하는 곳이었다. 4H에 참여한 지 몇 개월이 지나 나는 4H 구락부 회장을 맡게 되었다. 회장으로 추천된 이유는 학벌이 높다는 것과 기타를 친다는 것 때문으로 기억한다. 밤에는 마을회관에서 4H 회원들을 대상으로 통기타 강습을 하면서 친목을 쌓아나갔다. 가끔 머슴방에는 청자 담배와 과일들이 놓였는데 주인집 아주머니 말로는 과수원집 딸이 매번 갖다 놨다며 나를 좋아하는 것 같다고 했다. 몇 번씩 그 말을 들으며 나는 괜히 얼굴이 화끈거렸을 뿐, 머슴 주제에 과수원집 딸과 눈길 마주치는 것조차 불편했다.

4H 구락부 회원들은 아침 일찍 빗자루를 들고 마을회관 마당에 모여서 체조하고, 신작로에 자갈 부역을 했다. 비포장도로에 자갈을 지고 와서 깔아주는 것이다. 마을 길을 청소하고 때로는 마을로 들어오는 행길(사람이나 차가 많이 다니는 길) 양쪽 길섶에 코스모스 따위 꽃도 심어 마을을 깨끗하고 아름답게 만들었다. 그때마다 마을 이장은 "새벽종이 울렸네. 새 아침이 밝았네"로 시작하는 새마을 노래를 틀어주는데 스피커가 유난히 시끄럽게 귀를 자극했다. 회원들은 하나의 공동

체가 되어 순차적으로 각각의 논밭을 돌아가며 공동으로 담배밭에 물 주기, 모내기, 김매기, 보리타작도 함께했다.

　농촌새마을 가꾸기 '사업'은 농촌의 적극적인 참여와 성과로 1972년에 전 국민적 참여를 요구하는 농촌새마을 '운동'으로 확장 시행되었다. 국가 통치 이념으로까지 확대·발전한 박정희의 4H 구락부 활동은 새마을운동과 사업이 중복돼 새마을운동 일환으로 추진되다 슬그머니 '새마을청소년회'로 바뀌었다.

　새마을 가꾸기에서 새마을운동으로 전환되면서 마을에는 시멘트와 철근이 대량으로 실려 오고 마을 진입로 확장, 공동 빨래터와 공동우물 짓기 등의 공동사업이 진행되었다. 담장을 보수하고 지붕을 개량하면서 마을에 지원금도 전달되었다. 지원금이 담긴 봉투에는 기관, 정부, 국가가 적혀있는 것이 아니라 '대통령 박정희'가 적혀있다. 4H 운동을 꼭 포에이치 운동이라고 했던 새마을 지도자는 마을에 지원하는 물품과 돈은 "위대한 지도자 박정희 대통령께서 하사하신 것"이라고 늘 강조했다.

　일주일에 이틀은 '분식의 날'이었다. 분식할 때는 줄인 분량의 쌀을 항아리에 저축했는데 허기의 저축이나 마찬가지다. 면 소재지 장터 한구석에는 찢어진 고무신을 때우고 대나무살로 된 우산을 수리하고 구멍 난 냄비를 땜질하려는 사람들이 줄을 섰다. 대부분의 삶이 이러함에도 농촌 사람들에게 박정희는 영웅이었으며, 모두를 잘살게 해준다는 말에 믿음과 희망을 품고 있었다. 나도 그랬다.

회장을 맡은 지 얼마 되지 않아 사건이 터졌다. 마을회관 앞에는 체육시설이랍시고 오리나무로 만들어 박아놓은 평행봉이 있었는데, 바닥에 묻어놓은 고정대가 비가 온 탓에 좌우로 많이 흔들리는 상태였다. 회원들 앞에서 폼을 잡겠다고 평행봉에 매달려 후리기와 배치기와 공중 점프 회전을 하고 봉을 짚었는데 떨어지는 무게 때문인지 버텨야 할 평행봉이 쫙 벌어지면서 나는 바닥에 거꾸로 처박혔다. 숨을 쉴 수가 없을 만큼 고통스러웠다. 옆구리를 많이 다쳐서 걸음도 간신히 걸을 지경이니 일은 할 수가 없었다. 머슴이 일을 못 하면 어디에 쓰냐고 핀잔을 들었지만 어쩔 수 없었다. 일을 할 수 없으니 산에 가서 소나 좀 뜯기고(소가 풀을 뜯어 먹게 하는 일) 풀 좀 해오라고 한다. 비실거리며 소를 몰고 산으로 올라가며 스트레스를 많이 받았던 모양이다. 산에 도착하자마자 고삐를 나무에 묶고 지게 작대기로 소를 한 대 때렸는데, 소가 고삐를 끊고 도망을 친다. 내가 빨리 쫓아가면 잽싸게 도망가고 천천히 걸어가면 소도 슬금슬금. 그렇게 몇 시간을 쫓고 도망가다 해가 저물어 갈 때쯤 나도 소도 지쳤다. 소 옆으로 살금살금 다가갔는데 소가 또 도망치려고 한다. 끊어진 고삐 때문에 마땅히 잡을 곳이 없어서 소꼬리를 잡았는데 소가 다시 도망치기 시작한다. 소의 힘에 끌려가며 순간적으로 나무에 소꼬리를 휘감았다. 소가 아무리 힘이 좋아도 나무를 뽑을 수는 없기 때문이다. 휴~ 하고 한숨을 돌리려고 하는데 이게 웬일인가. 내가 잡고있는 것은 소꼬리뿐이고 소는 저 앞에서 이상한 표정을 지으며 쳐다보고 있는 게 아닌가. 소꼬리가 뽑힌 것이고 소는 더 도망갈 생각을 하지 않았다.

날은 어둑한데 주인집 마루에서는 국수를 끓여서 먹는 중이었다. 소를 몰고 들어가는 나와 소는 축 처진 꼴이었다. 왜 이렇게 늦었냐는 말과 동시에 소꼬리 상태를 파악한 주인은 난리가 아니었다. 그 소는 다음 장날 반값에 팔고 말았다. 꼬리가 없으면 일을 못 하고, 일을 못 하는 소는 육용으로 팔아야 했는데 농기계가 거의 없던 당시 일하는 소의 가치가 높았다는 증거다.

머슴 생활이 11개월쯤 됐을 때 인편으로 사고 친 문제가 해결되었다는 연락이 왔다. 공동체 활동으로 정들었던 4H 회원들과 눈물의 작별을 하는데 과수원집 딸은 엉엉 소리 내며 울었다. 버스가 출발하자 10여 명 회원이 일제히 손을 흔들어 댄다. 나도 모르게 내 눈에서도 눈물이 흐르기 시작해 버스가 영동에 도착할 때까지 멈추지 않았다. 지금도 50여 년 전 추억들이 문득 떠오르며 그리움이라는 감정으로 다가오곤 한다.

돌이켜 보면 당시 함께했던 공동체 생활은 새로운 가치관을 갖게 된 계기가 되었다. 지금은 할머니 할아버지가 되었겠지만 서로 솔선수범하고 정겨움을 눈빛으로 나누며 4H 구락부 사업을 놓고 서툴게 토론하던 그들이 보고 싶다.

　무주에서 버스를 타고 영동으로, 영동에서 기차를 타고 김천으로, 김천에서 기차를 타고 상주에 도착해 엄마 산소를 찾았다. 돌아가신 지 5년밖에 지나지 않았는데 산소 주변에 억새가 많이도 자랐다. 묏등은 거칠고 황량하게 보였고, 그 위로 엄마의 환영이 어른거렸다. '기헌아 제발 정신 좀 차리고 살아라' '세상을 어떻게 살려고 그 모양이냐?'라는 엄마의 목소리가 귓전을 스쳐 갔다. 그러나 엄마는 보이지 않았다. 산소 앞에 소주 한 잔을 따르고 나도 마셨다. 밀려오는 죄책감과 슬픔을 가눌 수가 없었다. 북받치는 서러움이 밀려와 나도 모르게 소리 내어 엉엉 울었다. '엄마 그날 베개 던진 일 정말 죄송해요. 앞으로는 엄마 걱정 안 하게 살아볼게요.'라며 울고 또 울었다. 지금까지 살아온 내 모습들이 활동사진처럼 스쳐 가며 왜 이렇게 살았는지 자책과 함께 눈물을 걷잡을 수 없었다.

　사방이 어둑해질 때쯤까지 그렇게 엄마와 무언의 대화를 나눴지만, 여전히 엄마에 대한 그리움은 가시지 않았다. 어두운 산등성이를 내려오면서 흠칫흠칫 엄마 산소를 쳐다봤지만, 여전히 엄마의 모습은 아른거리지도 않았다.

무선통신사 꿈꾸다 입대했는데…

엄마 산소 아래에 자리한 외갓집에서 하루를 묵고 다음 날 오랜만에 성남 집에 도착했다. 아버지는 단단히 계획하고 계셨는지 내가 저지른 사고로 재산 손실이 만만찮았으니 그 돈을 내가 다 갚아야 한다고 하신다. 공장 다녀서는 갚을 가능성이 없어서 대학에 가는 것인데, 학비는 전액 나한테 알아서 하라고 하셨다. 당장 나한테 돈이 없으니 입학금만 책임진다고도 하셨고 대학에 가도 기술을 배울 수 있는 학교에 가야 한다는 것이다. 저항하고 반대할 명분도 없었고 그 명분을 내세울 상황도 아니었다.

결국 서울 명륜동에 있는 2년제 백산전문대 무선전자통신학과에 시험을 봤다. 경쟁은 치열하지 않았으며 학생 수도 많지 않았다. 그 학교는 의상, 일본어, 영어, 무선통신, 전자공학 등의 학과가 있었고 동급생 중에 나에게 형이라고 하는 녀석들이 많았으며 친구뻘도 몇 명 있었다. 몇몇 써클이 있어서 나는 태권도 써클과 독후감 모임에 참여했으나 아르바이트를 해야 했기 때문에 적극적 활동은 불가능했다.

여름방학에 태권도부에서 강릉 경포대로 해양 훈련을 가기로 했다. 가기 전날 밤 체육관에서 몸을 푼다며 점프 연습을 하다가 디딤발이 미끄러지는 바람에 왼쪽 복숭아뼈를 다쳤다. 왼쪽 발은 금세 퉁퉁 부어올랐지만 해양 훈련을 포기할 수는 없었다. 지도교수를 포함해 25명이 청량리역에서 기차를 타고 영주역에서 갈아타 강릉까지 가는 데 16시간이 걸린 것으로 기억한다.

짐을 풀고 곧바로 해변 모래밭에서 구보를 시작하는데 왼쪽 발이 아파 정상적으로 뛸 수가 없었다. 그러나 낙오라는 소리를 듣기 싫어 엉성한 붕대로 발목을 감고 같이 뛰었더니 나중엔 발목 통증 때문에 거의 오른발로 구보를 하는 신세가 되었다. 태권도부의 15일간 해양 훈련은 좋은 추억을 남겼으나 발목 후유증은 평생 나를 괴롭혔다.

학교에 가려면 성남에서 을지로 5가 570번 버스 종점까지 간 다음 종로를 거쳐 30분 정도 걸어가야 한다. 1970년대 초반의 대학로는 살벌했다. 경찰들이 늘 눈을 부라리며 곳곳에 널려 있고 불심검문은 일상이었다. 여학생들을 혜화동 로터리 동성고등학교 정문 옆 경비실 뒤로 끌고 가 유인물을 찾는답시고 옷 속까지 뒤지는 만행도 일상적으로 행해졌다. 그런 광경을 보며 분노도 느꼈지만 살벌한 분위기에서 오는 두려움 때문에 분노를 행동으로 표출하지는 못했다.

일요일에는 성남에 있는 장갑공장에서 미싱으로 장갑을 만드는 아르바이트를 했다. 장갑 한 장당 얼마씩 받는 조건이었고 대신 불량이 나오면 돈을 제하는 거여서 불량품이 나올 때는 수입이 확 줄었다. 그러다가 장갑공장에서 알게 된 아주머니 소개로 중학교 2학년 네 명을 모아 과외를 하게 되었는데 장갑 만드는 것보다는 수입이 많아서 등록금 마련에는 별 어려움이 없었다.

학교에서 나와 가깝게 지냈던 친구는 유영조다. 같은 학년이고 같은 태권도부원이었지만 나보다 나이가 적은 관계로 나를 형이라고 부르며 잘 따랐다. 어느 날 영조가 나에게 술 한잔 사고 싶다고 했다. 명륜동 지하 콩비지 집에서 막걸리 사발을 비우는 중에 훌쩍거리고 울었다. 남자 새끼가 왜 눈물을 보이냐고 다그쳤다. 우는 이유를 듣고 기가 막혔다. 영조는 이전부터 나에게 술을 사고 싶었는데 형편이 여의찮아 궁리하던 중 아버지 틀니가 눈에 띄었다고 한다. 아버지가 주무시는 틈을 타 틀니(금니가 두 개 붙은)를 훔쳤고 며칠 지나 전당포에 잡힌 돈으로 오늘 술을 사고 있다는 것이다. 당시 나는 과외를 해서 가끔 술값을 내는 경우가 있었는데 영조는 아마 그게 미안했던 모양이다. 술을 몇 잔 마시다 식사때마다 틀니를 찾는 아버지 모습이 떠올라 눈물이 난다는 말에 술맛이 떨어졌다. 유영조와는 지금도 3개월에 한 번씩 만난다.

2학년 가을, 여러 써클이 모여 문학의 밤을 열기로 했다. 내 역할은 행사기획이었던 것으로 기억한다. 써클별로 희망자들이 무대에 올라와 판토마임, 시 낭송, 장기 자랑 등을 하는 행사였다. 실내 행사였지만 가을 분위기를 느끼려고 6명을 모아 수십 개의 포대를 준비해 도봉산에서 낙엽을 담아다 강당 바닥에 도톰하게 쏟아놓으니 낙엽 냄새가 강당 공기를 바꿨다. 무대 위 조명보다 낙엽의 바스락거림과 향이 분위기를 돋웠다. 장기 자랑과 시 낭송 등으로 이루어진 프로그램에서 나는 일렉기타로 'Your cheating heart'라는 곡을 연주했다.

이 시기 나는 가끔 낙원상가 '인간시장'에 가서 기타 일자리가 나면 합류해 야간업소 밴드를 하곤 했다. 인간시장은 오후 4시에서 6시 사이 업소의 밴드 멤버 중 펑크 난 분야의 연주자를 데려가는 곳이다. 이때 업소에 있는 드럼에 꽂혀 처음으로 드럼 스틱을 잡아봤다.

나는 무선통신사 시험을 준비했다. 시험은 이론과 실기가 있는데, 이론은 전자공학, 무선기기, 무선 측정과 전파 전화, 통신 영어 등이었고 실기는 모스부호 통신에 따른 송수신을 정해진 시간에 해야 한다. 집에 오실레이터(oscillator, 교류전기를 발생하는 장치)를 사다 놓고 실기 연습을 했는데 어느 날 저녁 경찰이 들이닥쳤다. 오실레이터에서 나오는 "삐삐 삐삐" 소리를 누군가 듣고 간첩 신고를 한 것이다. 졸지에 파출소도 아닌 경찰서로 끌려갔으나 상황을 설명하고 학생증까지 제시

해서 풀려났다. 하마터면 간첩이 될 뻔했다.

무선통신사 꿈을 가졌던 건 어느 날 마도로스파이프(서양식 담뱃대)를 문 선장의 사진이 너무 멋있어 보였기 때문이었다. 선장, 기관장, 통신장이 배의 3장이다. 그중에 외항선을 타고 마스터에서 일하는 통신장을 하고 싶었다. 그러나 그 꿈은 중도에 포기해야 했다. 아버지가 외아들이 배를 탄다는 건 상상할 수도 없는 일이라고 극구 만류하셨다.

학교를 졸업하고 연기했던 입대를 했다. 2월 초순은 겨울의 기운이 그대로 지속되는 때다. 훈련소에서 식판을 닦을 때 식판이 금세 얼어붙어 모래를 문질러도 쉽게 닦이지 않았다. 힘든 훈련에 비해 식사는 부실해 늘 배고픔이 가장 힘들었다. 잔반통에 버려진 음식물을 먹는 친구도 있었다.

반복되는 훈련과 유격도 힘들었지만, 더 힘들었던 건 정신교육과 암기였다. 정훈교육 내용은 대한민국의 안보와 치안에 관련된 내용, 북한에 대한 대적관, 군인의 기본적 소양과 예절에 관한 것 등이다. 그러나 그보다 더 중요하게 강조하는 게 대통령 박정희의 연두 기자회견 내용과 국민교육헌장, 군인의 신조, 보초의 수칙 등으로 다 외워야 했다.

군 생활 중 또 힘들었던 건 해양 훈련 가기 전 다친 발목이었다. 아침 구보를 몇 번 하고 나면 발을 디딜 수 없는 통증 때문에 더는 구보를 할 수가 없었다. 발목이 겉으로는 붓지도 않고 멍도 들지 않은 상태라 꾀병이라는 말도 이해는 갔지만, 통증을 참으며 한쪽 다리에 의존해서 구보를 하니 나중엔 오른쪽 다리에 쥐가 나서 주저앉기 일쑤였다.

　나의 군대 생활은 억울한 측면도 있었다. 형님이 군대에서 순직했기 때문에 아버지가 원호대상자였으므로 아버지를 부양해야 하는 나는 군대에 가지 않아도 됐다. 그런데 행정 미숙으로 입대했고 나중에야 이의제기를 통해 의가사제대를 하게 됐다. 교련 훈련 2년 혜택까지 적용해 20개월 만에 제대했다.

원호청 소개 거부하고 스스로 대한마루콘 입사

취업을 고민하고 있을 때였다. 원호청(현 국가보훈부)에서 내가 취업 대기자인 걸 어떻게 알았는지 연락이 왔다. 취업하고 싶은 곳을 얘기하면 취직을 시켜준단다. 원호대상자인 아버지는 연세가 많고 내가 아버지 부양자이므로 내가 미취업 상태에서는 매월 쌀을 한 포대씩 지급하게 되어 있는 모양이다. 나는 군납 통신장비 업체로 유명한 동양정밀(OPC)을 희망했고 면접하러 갔다. 인사과장이 서류를 훑어보며 "형님 덕분에 왔구만"이라는 말을 내뱉었다. 그 말에 참을 수 없는 모욕감을 느꼈다. 욕설을 퍼붓고 난동을 부리며 "개새끼들, 인간 같지 않은 것들이 득실거리는 더러운 회사는 돈을 발라주고 오라고 해도 안 온다" 하고 집으로 오면서 원호청 소개는 절대 안 받겠다고 다짐했다.

  인사과장은 다음날부터 사흘간 계속 집으로 찾아와 사과하며 회사에 나와 달라고 한다. 이렇게 그만두면 자기가 잘린다며 매달렸으나 갈 마음이 전혀 없었다. 3일째 찾아온 날, 인사과장이 불쌍하다는 생각이 들어서 내 적성에 맞지 않아 안 간다는 확인서를 써 줬다. 박정희 정권에서 원호청의 기세는 대단했던 모양이다.

그때부터 스스로 일자리를 찾아다니다 삼영전자에 들어가게 되었다. 1년도 되지 않은 때 몇 명이 모여 "우리 같은 사람들에게 필요한 것은 노동조합"이라는 이야기를 했다는 이유로 잘렸다. 최초의 해고였으나 해고답지 않은 해고였고, 대응할 수도 없고 대응하는 방법도 몰랐다.

삼영전자에 과장으로 있다가 이직한 사람에게서 연락이 왔는데 자기는 지금 대한전선그룹에 와 있는데 같이 일하고 싶은 생각이 없냐며 생각 있으면 좋은 조건으로 받아 줄 테니 오라고 했다. 일종의 스카우트 같은 거였다. 성남에서 군포는 거리가 멀긴 했으나 망설일 이유가 없었다. 그 과장은 그곳엔 노조가 있는데 노조 활동은 안 했으면 좋겠다는 단서를 달았다. 그러나 그런 단서에는 동의할 수 없다고 하고, 1977년 2월에 괜찮은 조건으로 입사했다. 당시 회사 이름은 한일 합자회사인 '대한마루콘'이었고 몇 년 후 대우그룹이 대한전선의 전기전자분과를 흡수하면서 '대우전자부품'으로 명칭이 바뀌었다.

'밴드' 하며 비로소 즐거웠다

대한마루콘 입사 초기에는 점심시간마다 병원에 가야 했다. 위염이 너무 심해서 병원에 다녀도 별 차도가 없었다. 속병으로 돌아가신 엄마와 같은 과정을 밟는 게 아닌가 하는 생각도 들었다. 병원에 계속 다녀도 차도가 없자 의사는 취미생활을 권유했다. 음악을 해야겠다고 마음먹었다.

회사 내에서 9명을 모았고 사내 신협에서 대출받아 악기를 샀다. 앰프와 드럼, 오르간과 베이스, 기타 등을 구입해 연습에 들어갔다. 한 달쯤 연습하던 중, 멤버 한 명이 야간업소에 나가자고 제안했고 밴드 멤버들이 적극 동의해 '장안클럽'이란 곳에서 일하게 되었다. 회사에서 퇴근하면 저녁을 먹고 업소로 출근했다. 업소에서는 새벽 2시에 일이 끝나는데 뒤풀이하는 날에는 4~5시에 집으로 가서 출근해야 하는 신세가 되었다. 주말을 제외하고는 늘 잠이 모자라니 피곤을 달고 살았다. 업소에서 밴드 하는 시간에는 소주와 콜라를 글라스에 섞어 마시며 연주해야 피곤함을 잊을 수 있었다. 낮에는 공장, 밤에는 클럽에서 일한다는 것이 논리적으로 성립되지 않았으나 그렇게 했다. 같은 생활의 반복이었지만 힘든 줄 모르고 즐겼던 것으로 기억한다. 그렇게 고통스럽던 위염은 시간이 갈수록 차츰 없어졌다.

야간업소 생활 13개월째, 더는 같은 생활을 반복한다는 것이 불가능하다고 판단했고 다른 멤버들도 같은 생각이었다. 야간업소에서 밴드를 한다는 것은 연주만 하는 것이 아니라 경우에 따라 술집에 오는 손님들과 다툼도 있기 마련이다. 그런 분란과 누적되는 피로에 중단하기로 결심했다.

악기 구입 대출금은 다 상환한 상태여서 1년 동안 분주했던 이중생활은 막을 내렸다. 1년 동안 하루도 빠짐없이 안주 없이 마신 소콜(소주와 콜라를 섞은 술)은 내 생에 마신 가장 많은 양의 술이었다. 분명한 것은 그때 이후 나에게 '신경성 위염' 증상은 나타나지 않았다. 취미생활이 그렇게 위안이 될 줄은 몰랐다.

노동조합 활동과 노동운동에 눈 뜨다

대한마루콘은 전자부품을 만드는 공장으로 12시간 맞교대 근무였다. 공장은 군포에 있으며 조합원은 1,700여 명이었다. 나중에는 구미, 안성, 정읍으로 공장이 분산됐다. 대한마루콘은 대한전선 계열사여서 노조는 대한전선노동조합 대한마루콘분회였다.

현장에서 특별한 자격이나 의지 때문은 아니고 주변의 권유로 노조 간부를 하게 되었다. 입사한 다음 해인 1978년 2월에 대의원에 선출되었고 동시에 노동조합 조사통계부장을 맡으면서 관심과 활동 영역이 넓어졌다. 대의원과 간부를 맡으면서 노동운동에 눈을 뜨게 된 셈이다.

대한전선노동조합은 민주노조를 지향했다. 민주노조라고 해서 선거의 형식(간선과 직선)이나 투쟁성으로 구분한 것은 아니었다. 또한 특정 이념이 있는 것도 아니었다. 민주노조의 범주는 두 가지로 구분할 수 있는데 하나는 전국금속산업연맹(금속노련) 선거에서 어용 위원장에 맞서는 후보에게 '민주'를 붙이는 것이다. 또 하나는 전태일 추모제에 참석하거나 노조연대를 강조하며 정기적으로 수련회 등으로 연대활동을 이어 가는 노동조합이나 활동가들을 민주노조 쪽이라고 불렀다. 금속노련 선거는 매번 민주파가 깨졌는데 간접선거는 결함투성이였다. 연맹 권력을 잡은 기아자동차 김병용은 대의원들을 회유할 뿐만 아니라 납치와 폭력도 서슴지 않았고 나아가 권력의 엄호까지 받고 있었으니 장기 집권은 당연한 거였다. 여기에 도전하는 민주 후보는 대한전선 한달수 지부장이었다. 대한전선그룹 노동조합들은 민주노조를 주장하며 수도권의 섬유와 금속 민주노조들과 대한전선 노조회관에서 공동교육 등 교류를 실천해 나갔다.

노동자 통제·억압한 공장 새마을 교육

1978년에는 농촌 새마을운동의 여세를 몰아 공장 새마을 교육이 바람을 일으켰다. 노동조합이 공장 새마을운동을 반기지는 않았으나 공식적으로 반대하지도 못했는데 그 이유는 공장 새마을 교육을 이수한 조합원은 월급을 1호봉씩 올려주었기 때문이다.

내가 속한 공장에서 50여 명이 새마을 교육에 참여했고 나도 그중 일원이었다. 새마을 교육은 병영식으로 입소하자마자 제복, 신발, 모자를 받았으며 철저하게 규율을 앞세웠다. 우리가 입소한 새마을교육관은 구로공단 본부 자리에 있었다. 새벽에 일어나 상의를 벗은 채 공단 거리를 구보하면서 일과가 시작되고 밤 9시에 교육이 끝나 취침에 들어간다.

교육은 박정희의 신년사와 건전한 공장 문화에 초점을 맞추고 창의성을 부각하며 QC(품질관리)를 강조한다. 품질관리는 생산성과 맞물린 문제로 당시엔 기업들이 QC에 사활을 걸었다. 대부분 공장이 '수출이 살길'이라고 하고 있었으니 "자갈도 수출한다"라는 말이 회자되던 시기였다. 다량의 생산품을 수출하면서 납기와 수량에만 초점을 맞추니 불량제품에 클레임이 걸릴 수밖에 없었고, 그 타격은 시간이 갈수록 컸기 때문에 품질관리 운동을 통해 원가절감과 생산성 향상을 동시에 노렸다. 나아가 애사 정신을 키우며 국가에 헌신 봉사하는 정신을 앞세우는 이데올로기 교육이었다. 공장 새마을 교육에 국가와 회사는 있지만 노동자는 없다.

1주일의 공장 새마을 교육을 마치면 공장으로 돌아와 새로운 활동을 시작하는데 첫 번째가 분임 토의다. 내 생각으로 운동권에 도입된 분임 토의는 그 성격은 다르지만, 공장 새마을운동에서 차용한 게 아닌가 싶다. 분임조는 현장별로 7~9명 정도로 구성되며 분임장과 서기를 선출하고 주제를 선정한다. 주제 선정에는 원칙이 있다. 분임원들이 해결할 수 있는 주제로 뽑는 게 원칙이다. 주제가 정해지면 그에 따른 현상, 원인, 문제점, 해결 방안, 결론으로 토론 결과가 나오게 되어 있다. 여기에서 분임원들이 해결 방안을 낼 수 없는 주제는 선정할 수 없다. 가령 품질이나 생산에 대한 어떤 문제 해결 방안이 기계 탓, 자재 문제, 회사경영의 문제로 귀결되는 주제는 선정할 수 없다는 것이다. 따라서 분임 토의에서 나오는 결론은 분임원들이 "애사심이 없어서" "우리가 게을러서" "제품 생산에 관심이 부족해서" 등으로 모였다. 모든 문제가 노동자

탓으로 귀결되기 때문에 결국 '자아비판'이라는 해결 방안이 도출된다.

분임조 활동이 집단적이라면 개별적으로는 제안제도가 있다. 작업 현장에서 일하면서 좋은 아이디어를 많이 제출하는 노동자에게는 상장과 상금을 준다. 3개월에 한 번씩 진행되는 분임조 경연대회는 사장이 참여하는 가운데 펼쳐지고 우승한 분임조에 포상이 주어진다. 상금을 주든 포상을 하든 회사 자금지출에는 변화가 없었을 것이다. 인사고과 제도로 상위와 하위를 갈라치고 포상에 지출되는 경비는 하위노동자 것을 뺏는 것이기 때문이다.

공장 새마을운동은 1990년대 이후에도 다물단, 한마음 교육 등으로 이름을 달리해 노동조합 조직력을 깨트리고 억압하는 이데올로기로 이어졌다.

나의 첫 촛불집회, 1979년 전태일 추모제

군사독재 정권에서 '민주'라는 용어와 '전태일'은 용공 같은
것이었다. 정상적인 산업역군은 민주노조를 얘기할 수 없는
것으로 되어 있고 이것은 도시산업선교회(도산)와 맞물려 회
사 조회 시간에 공공연히 주제가 되었다. 도산은 '회사를 도산
시키는 집단'으로 규정했다. "근로자가 그들과 어울리면 신세
망치고 회사도 망한다"라고 했으며 다수 노동자는 그렇게 믿
었다.

　이런 상황에서 1979년 11월 전태일 추모제는 철저히 비밀
리에 진행되었다. 금속 민주노조 활동가들조차 전태일이 누
구인지 모르다가 전태일 추모제에 참석하면서 알게 되는 경
우가 허다했다. 추모제에 참석했던 우리조합 활동가 동지는
추모 현장에서 여성 동지가 낭송한 '전태일 선배에게 바치는
시'를 듣고 현장으로 돌아와서 조합원들에게 "너 혹시 전태일
누나가 누군지 아냐?"고 할 정도였다. 이렇게 노동운동의 현

대사는 지하 깊숙이 갇혀 있었다. 뒤에 그 동지에게 왜 전태일 열사를 여성으로 생각했는지 물어봤다. 대답은 추모시를 낭송한 여성이 '전태일 선배'라고 해서 당연히 여성으로 이해했다는 것이다. 누나 오빠로 통용되던 시기에 선배라는 낯선 호칭은 그런 오해를 불러올 수 있었다.

내 기억에 남아있는 1979년 전태일 열사 추모제는 11월 초, 일요일에 진행됐다. 민주노조를 자처하는 노조 활동가들이 비밀리에 대중교통을 이용해 '가남휴게소'에 모였다. 가남휴게소는 지금의 여주휴게소로 기억된다. 1970년대 말에는 영동고속도로가 없었고 중앙분리대가 없는 국도였고, 서울에서 출발하면 남한강에 가기 전 왼쪽에 작은 휴게소가 나오는데 그게 가남휴게소다. 휴게소에서 만난 몇몇 동지들은 남한강 아래 다리 밑까지 걸어가서 다른 일행이 오기를 기다렸고 일행들이 도착하자 샛강을 건너 산속으로 들어갔다. 전태일 추모제에는 우리 노조에서는 나를 포함 3명이 참석했다.

11월의 낮은 길지 않았고 산속은 소나무잎을 가르는 을씨년스러운 바람 소리가 추위를 더욱 부추겼다. 집에서 아침 일찍 일어나 서둘렀는데도 산속에 들어가서 추모제를 시작할 때는 어두운 저녁이었다. 목소리 톤을 낮춰 전태일 추모가를 부르고 추모사, 추모시를 낭송했다. 40여 명이 모인 가운데 촛불은 원형으로 서 있는 동지에서 동지에게로 전달됐다. 어두운 산속이 촛불로 환하게 밝아지면 전태일 열사를 향해 살아

있는 민주노조 활동가들의 결의를 밝힌다. "전태일 열사를 추모하며 열사의 정신을 계승하겠다." 당시에 전태일 열사의 정신은 '해방 정신'이라고 들었던 것으로 기억한다.

현장에서 소모임 결성

대한전선그룹 노조협의회에 채용된 기획실장(신금호)은 우리 같은 사람들이 보면 속이 터질 정도로 말이 없는 편이었다. 하지만 교육이나 토론에서는 매우 적극적이며 노동운동사와 운동 전반을 꿰뚫고 있는 분으로 나는 그분을 정말 존경했다. 가끔 개별적으로나 소규모 모임을 통해 노동운동의 전망과 과제를 토론하다 보면 늘 사안의 핵심을 논리적으로 파고들어 대응 방향까지도 명쾌하게 정리해 주는 해결사 같은 존재였다. 그는 당시 수도권에서 활동하고 있는 민주노조 활동에 힘이 되었으며 내가 그 후 운동을 이어가게 된 계기에는 그 선배의 영향력이 컸다.

노동조합은 현장 조직력이 취약하면 노동조합으로서 기능을 발휘하기 어려워진다는 판단에 '산들회'라는 소모임을 시작했다. 산과 들처럼 모든 것을 아우른다는 의미에서 이름을 지었다. 9명의 구성원으로 시작했는데 여성이 남성보다 한 명

더 많았다. 출발은 가볍게 친목 모임으로 시작했고, 한 달에 한두 번씩 책을 읽고 독후감 토론을 이어갔다. 처음에는 '데미안' '좁은 문' 등으로 시작하다가 책을 구하기는 어려웠으나 차츰 노동조합 관련 서적과 알려지지 않은 이야기 등으로 폭을 넓혀갔다.

그다음 해 1980년에는 노동조합에 관심을 가진 동지들 50여 명이 모여 '동심회'를 만들었다. '동심회'는 명분상 활동가 조직이라고 했지만, 민주노조의 내용은 축적된 것이 별로 없었다. 노조와 회사의 관계에 대해 문제의식을 지닌 조합원들을 조직해야 한다며 활동을 결의한 정도였다.

회사 요구를 잘 들어주는 현재 노조를 어용노조라고 규정하며 노동조합 운영의 비민주성을 비판했다. 노동조합에는 신용협동조합과 소비조합이 있었는데 두 개의 협동조합은 노조 대표가 사적으로 조합원을 자신의 편으로 끌어들이는 도구에 지나지 않았다. 당시 조합원들에게 은행은 근접할 수 없는 대상이었다. 따라서 급전이 필요하거나 방값을 올려줘야 하는 조합원들은 신협에 찾아갈 때 박카스라도 사 들고 가서 대출 좀 해 달라고 사정하는 형편이었다. 신협 이사장은 노조 분회장이 당연직으로, 분회장이 결재하지 않으면 대출을 받을 수 없는 구조였다. 분회장의 '호의'로 대출을 받은 조합원은 분회장을 은인처럼 생각했고 이런 관행은 1970년대 내내 계속됐으며 1980년대에도 마찬가지였다.

동심회는 토론을 통해 이런 잘못된 관행을 짚고 노조가 회사에 너무 낮은 자세로 임한다는 비판을 이어가며 집행부를 바꾸자는 요구를 모아나갔다. 다시 말하면 동심회는 노동조합 집행부를 바꾸기 위한 조직이었다. 동심회는 여성 조합원 숫자가 적은 편이었다. 여성 조합원을 조직하고 활동을 독려하자는 차원에서 산악회를 구성해서 한 달에 2번 이상 산행을 하며 조직력을 확대해 갔다. 교통수단은 주로 회사 통근버스를 저렴한 가격에 빌렸고, 전국으로 다니며 때로는 조를 편성해 등반대회도 했다.

결혼, 가족에게 미안함 뿐

회사에서 점심시간에 식당으로 가고 있는데 AT반 조장 손옥자가 잠시 얘기 좀 할 수 있냐고 하더니 혹시 애인이 없다면 소개하고 싶다고 했다. 당시 조장은 모두 여성이었다. 퇴근 후에 만나서 소개받기로 하고 군포 동사무소 앞에서 만났는데 집으로 초대한다. 그 조장은 같은 직장에 다니는 2명과 함께 자취하고 있었다. 차려준 저녁을 먹고 나자 조장 말고 두 명은 야간 출근을 했다. 그런데 소개한다는 상대는 감감무소식이었다. "소개한다고 해서 왔는데 소개할 사람 안 오나 봐요?"라고 물었더니 아직 눈치 못 챘냐고 하면서 한심하다는 표정을 짓는데 도무지 알 수가 없었다. 좀 시간이 지나서 하는 말이 출근한 두 명 중 한 명이라고 했다.

열흘 정도 지난 후에 마찬가지로 집으로 초대를 받아 저녁을 먹고 정식 소개를 받았다. 나는 자췻집에 처음 갔을 때 나랑 만날 사람이 누군지 전혀 몰랐으나 상대방들은 다 알고 있었다고 했다. 여성에게는 가르쳐주고 나에게는 안 가르쳐준 건 여성에 대한 배려였던 것으로 이해한다.

그날 이후 가끔 시간이 나면 군포 삼성골프장 근처 논두렁을 거닐며 데이트를 했고 야근 들어갈 때 자전거를 태워주기도 했다. 능수버들 가지가 달리는 자전거 위에서 두 사람 머리를 후려쳤지만 그래도 즐거운 시간이었다. 그렇게 1년 정도 사귀다가 1979년 12월 초에 결혼했다.

결혼은 단순하거나 간단한 게 아니었다. 내가 외아들이어서 아내는 아버지와 새엄마를 모셔야 했다. 특히 나는 노동조합 간부였기 때문에 어쩌면 결혼 자체가 우여곡절이었다. 당시 20대 후반이었는데, 지나고 나서 생각해 보니 철이 없었다.

결혼식을 마치자 매형이 신혼여행은 어디로 가냐고 물으신다. 갑자기 머릿속이 복잡해졌다. 신혼여행지를 생각하지 않았기 때문이다. 엉겁결에 온양온천으로 간다고 답을 했더니 매형이 여비 하라고 돈을 주셨고 우리는 결혼식을 마치자마자 택시를 타고 온양온천으로 내려갔다.

막상 온양온천으로 갔으나 온양에 대한 정보가 없어서 여관을 하나 잡고 여관 주인에게 온양 여행지를 물어보니 현충사가 가장 좋다고 추천했다. 이튿날 현충사에 가서 사진을 찍고 한 바퀴 구경했는데 특별히 갈 다른 곳도 없고 하여 그냥 성남집으로 올라왔다.

결혼 전에 군포로 직장을 다녀야 하니 자취를 해야 한다고 아버지로부터 전세금을 받았다. 방을 얻고 1년 지나서 전세를 빼고 월세방으로 옮겼다. 물론 아버지는 모르는 사실이었다. 결혼 후 방을 얻어야 한다고 말씀드렸더니 자취할 때 전셋값 준 걸로 방을 얻어보라고 하셨다. 솔직하게 그 돈은 다 없어졌다고 말씀드렸더니 노발대발하시며 나보고 벌어서 얻으라고 하셨다. 어쩔 수 없이 방 두 칸인 아버지 집에 머물며 성남에서 군포까지 2시간 반, 왕복 5시간 걸리는 출퇴근을 감수해야 했다. 출근할 때마다 새벽별을 보며 집을 나섰다. 성남에서 큰애를 낳고 부모님과 함께 성남에서 군포로 이사를 했다.

군포에 살면서부터 나의 활동이 바빠져 가족과 대화하거나 대면할 기회가 줄어들었다. 퇴근 시간은 늘 늦은 밤이었고 집에 들어가면 잠자기 바쁜 생활이 반복되다 보니 종종 마찰이 생겼다. 마찰의 이유는 나로부터 비롯되었으며 부모님과의 갈등도 한몫했다. 이런 상황에서 나의 태도는 마치 독립군이나 되는 양, 행세했던 걸로 기억한다. 아내가 이해하지 못하는 부분에 대한 설명이나 토론보다는 '내가 나쁜 일 하는 건 아니잖냐?'는 도발적 반응이 갈등을 더욱 부추겼다.

직장에 다녔어도 활동비 때문에 가정에 경제적 도움이 되지 못했다. 아내는 경제적 궁핍을 벗어나기 위해 오랜 기간 가내수공업과 외주 일감 등으로 집안을 꾸렸다. 부모님을 모시고 밤 12시가 넘도록 수공업에 매달렸으니, 나에 대한 불만은 물론이고 부모님과 갈등도 만만치 않았다. 그런 갈등을 해소하기 위해 나는 무슨 역할을 했는지 반문해 보지만 그저 방기만 했다.

결혼 후 45년 동안 남편으로서 아버지로서 인생의 복잡미묘한 역할이 있지만, 나의 의무와 책임은 실종되었다. 내 스스로 옳다고 판단한 운동 세계로만 질주하며 활동의 정당성만 앞세운 당당함은 이기적이었다. 상처받은 상대방을 고려하지 못했다는 생각에 아내에 대한 이해와 배려가 부족했다는 죄책감이 앞선다. 그러나 지금도 별반 다르지는 않다.

예전엔 가투를 하면 전신에 최루가스가 스며들어 늦은 시간에 집에 들어가면 잠자던 아이들이 재채기하면서 울어댔는데, 그런 상황에서도 나는 왜 그렇게 당당했는지 알 수가 없다. 최루가스 냄새에 울던 아이들도 어느새 마흔이 훌쩍 넘었다. 아이들의 성장 과정도 평탄치 않은 것으로 안다.

상당 기간은 먹고 사는 문제로 갈등을 빚기도 했다. 내가 1991년 해고된 이후, 생계는 아내가 도맡아 꾸려야 했다. 가정에 대한 나의 관심을 찾아볼 수 없다는 불만은 갈등을 증폭시켰다. 지금도 아내가 "나이를 먹어서도 하는 일이 있어서 좋다"고 청소 일을 하면서 만족해하는 모습에 짠한 안타까움을 지울 수 없다.

수배 시절에 정보 경찰들은 학교까지 찾아가 선생들에게 아이들의 동향을 물어보고 아이들의 동선을 몰래 살폈다. 한번은 큰 애 담임이 아이를 불러서 빵을 하나 주면서 "동호는 정말 훌륭한 아빠가 있어서 좋겠다"라고 했단다. 좋은 선생을 만난 덕에 지금까지 잘 성장해 왔다고 생각한다. 당시 주변에는 학교 선생한테 "요즘 데모하는 놈들 때문에 나라 망하게 생겼다"는 소리를 듣고 "아빠가 그렇게 나쁜 사람이냐"며 3일간 밥을 안 먹고 울면서 지냈다는 아이도 있었는데, 그만큼 아이들에게 선생님은 소중한 존재였다.

내 활동에 아이들이 공개적으로 불만이나 문제를 제기하지는 않았다. 그리고 아이들 성장 과정에서 한 번도 무릎에 앉히거나 안아주지 못했고 아빠로서 역할을 못했다는 생각에 미안한 마음이다.

'서울의 봄'과 한국노총 점거

1979년 10월 26일, 18년간 장기 집권한 박정희가 믿었던 심복 김재규에게 사살당했다. 민주화를 열망하는 목소리가 터져 나오기 시작했다. 당시 대통령 권한대행 최규하는 11월 10일 특별담화를 통해 일단 유신헌법에 따라 대통령을 선출하되 가능한 빠른 기간 안에 민주헌법으로 개정한 후에 대통령 선거를 하겠다고 밝혔다.

12월 6일 통일주체국민회의에서 최규하 권한대행이 10대 대통령으로 선출되면서 12월 8일에는 긴급조치 9호가 해제되었다. 이후 여당인 민주공화당과 야당인 신민당은 개헌을 통해 대통령을 직선제로 뽑자고 합의했다.

그러나 전두환을 중심으로 한 신군부가 12.12 군사 반란을 일으켜 군권을 장악했다. 당시 방학이 시작된 직후였던 터라 개학할 때까지 대학가의 시위는 일어나지 않았고 개학을 맞이한 1980년 3월에야 시위가 본격화됐다. 개학을 하자 3월 하순부터는 매일 같이 학생들의 시위와 규탄 집회가 이어지며 '서울의 봄'을 열었고 노동자들의 요구와 분노도 터져 나오며 정세는 요동치기 시작했다.

박정희가 김재규의 총에 맞아 죽은 날, 출근하는 통근버스 안 분위기는 잔뜩 가라앉았다. "나라가 망하게 생겼다" "북한군이 쳐내려온다"라는 말이 나돌았다. 슬픔에 젖은 어떤 사람들은 보기에도 민망할 정도로 눈물범벅이 되어 넋을 잃고 있었다. 그 속에 극소수 동지들은 표정 관리를 하고 있다는 느낌이 들었고 그들의 평온 속에 미소가 살짝 엿보인 것은 나 혼자만의 느낌이었는지도 모른다. 한 동지가 내 옆으로 슬쩍 다가와 귓속말로 "지 부모가 죽어도 저렇게 슬퍼할까"라고 한다. 그런 분위기는 현장도 다르지 않았다. 그날 현장 생산량이 무려 10%나 줄어들었다며 댕댕거리던 관리자들의 표정이 복잡하게 읽혔다.

수도권 민주노조의 움직임도 바빠지기 시작했다. 대한전선그룹 노조 지부도 회의를 소집하고 활동가들은 현 상황의 대응 방안을 모색하기 시작했다. 특히 1970년대 박정희 정권의 노동조합 탄압으로 희생된 동지들과 금속 노민추 동지들은 투쟁 결의를 모아가고 있었다. 노동조합과 활동가들은 움츠렸던 어깨를 펴며 투쟁에 돌입하기 시작했다. 1980년 민주화의 봄은 그렇게 시작된다. 노동자들의 투쟁은 담장을 벗어나 거리로 쏟아져 나오고 투쟁 양상도 과격한 방향으로 치달기 시작했다.

　한국노총은 통제 밖에 있는 노동자 투쟁에 당황하는 기색이 역력했다. 한국노총은 1980년 5월 13일 '노동기본권 확보 전국 궐기대회'를 소집했다. 이때는 이미 1970년대 해고되었던 동일방직 해고자들이 한국노총 위원장실을 점거하고 있었다. 경인지역 민주노조 활동가들은 비밀리에 모여 결의대회에서 한국노총을 점거한다는 결의를 모아 당일 조직에 힘을 쏟았다. 대한전선노조의 경우 간부와 활동가들이 노총 점거에 참여하는데 주의 사항을 강조하기도 했다. "연단에 나가서 의견을 말하고 토론하는 것은 자유인데 절대 소속을 얘기하지 말라"는 거였다. 나중에 알게 된 것이지만 소속을 밝히면서 규탄 연설했던 동지들은 이후 삼청교육대로 끌려갔다.

　한국노총 7층 강당은 긴장감이 흘렀다. 위원장 직무대행이 대회사를 하는 순간 원풍모방노조 방용석 위원장과 민주노조 활동가들이 연단으로 뛰어 올라가 직무대행을 끌어내렸다. "한국노총 물러가라"는 구호와 함께 수천 명이 점거 농성을 시작했고 밤이 되면서 500여 명이 남아서 농성을 이어갔다. 나무 탁자를 부숴 탁자 다리로 탁자 판을 치면서 투쟁가를 부르고 조별로 장기자랑, 노가바(노래 가사 바꿔 부르기) 등 급조된 프로그램을 이어나갔다. 개별로 연단에 올라 한국노총의 역사적인 어용 행태와 박정희 정권의 노동자 탄압을 규탄하는 연설도 이어갔다. 투쟁가라고 해봐야 '흔들리지 않게'

'우리 승리하리라' '홀라송' 정도였고 김민기 노래를 한두 곡 불렀으며 군가였던 '진짜 사나이'도 불렀다. 노가바 중에 가장 많이 부른 노래는 '그때 그 사람'을 개사한 곡이었다. "유신하면 생각나는 그 사람/ 언제나 말이 없던 그 사람/ 가장 믿던 재규에게 총을 맞고서/ 고개를 떨구던 그때 그 사람…"

다음 날은 300여 명의 학생이 스크럼을 짜고 계단을 통해 7층까지 올라와서 노학연대를 제안했다. 투쟁지도부는 노학연대 투쟁에 따른 책임이 두려웠던 것으로 이해한다. 말로는 "학생들은 공부해야 하고 노동자 문제는 노동자가 해결한다"라고 했으나 본질은 정세분석의 차이에서 비롯된 감정의 표현이었다.

투쟁지도부는 노총 직무대행에게 '3김(김대중 김영삼 김종필)'을 데려오라고 요구했는데, 이는 3김 중 하나가 차기 권력을 잡을 것이라 예상했기 때문이다. 이 점이 학생들과 달랐는데, 투쟁지도부는 차기 대통령이 '3김 중 하나'라고 했고 학생들은 '전두환'이라고 했다. 이런 정세분석은 각자 취합한 정보의 차이를 반영한 것이다. 결과적으로 노총 투쟁지도부의 정세 인식은 오류였고 학생들의 정세분석이 옳았다. 이 오류는 정보를 정세로 인식한 데서 비롯되었다고 생각한다. 결국 노학연대는 불발되었고 한국노총 농성단은 계엄 확대가 임박해 있다는 정보와 함께 자진 해산했다. 이미 44년 전 한국노총 점거였고 당시는 나도 젊음을 과시하는 때였다.

활동하는 민주노조를 향해

회사는 대한마루콘에서 대우전자부품으로 회사 명칭이 바뀌었고 노동조합도 마찬가지였다. 현장에서는 동심회, 산들회, 산악회 중심으로 노조 선거를 준비했다.

직접선거가 없던 시기에 노조 집행부를 바꾼다는 것은 대의원을 확보해야 하므로 대의원 선출이 결정적이었다. 대의원 후보로 나갈 때 후보에 대한 신뢰 확보와 조합원의 반응과 성향을 분석하고 판단하는 것은 당연했다. 대의원 선출이 목표대로 되었다. 집행부 선거에서 위원장, 수석부위원장, 사무장을 선출했고 나는 수석부위원장이 되었다. 새롭게 집행부를 구성하면서 '민주노조'라는 과제에 비중을 담았다. 이전 집행부에는 없었던 여성부와 청년부를 신설하여 '활동하는 노조'를 목표로 삼았고, 편집부를 만들어 처음으로 노보도 발행했다. 아울러 통기타 강좌를 알리는 홍보물을 게시판에 붙였는데 120명이나 신청해서 매일 점심시간을 할애해 통기타 강습을 하기도 했다. 짧은 시간 통기타 강습에 참여한 조합원들은 상당수가 노동조합에 관심을 두기 시작했다.

신용협동조합 이사장을 노조 위원장이 아닌 다른 사람으로 선출하도록 신협 약관을 바꿨고, 소비조합도 투명성을 높여 일계표를 공개했다. 그때까지 신협은 노동조합 임원들의 조직 기반이었다. '대출'을 무기로 대의원이나 조합원을 자기편으로 포섭하면서 장기 집권을 이어가게 하는 주요한 기제였다. 따라서 이제는 노동조합과 신협을 분리해 신협 이사장은 당연직 노조 위원장이 아닌 일반 조합원으로 선출했다.

엄혹했던 시절 '이적표현물' 노래책 제작

노조 활동에서 교육은 노동가요를 부르면서 시작하는 것으로
했는데 악보를 구하기가 쉽지 않았다. 고심 끝에 노래책을 만
들기로 하고 연세대 앞 '알서점'에서 민중가요 책을 구입했는
데, 인쇄가 허접해 악보를 알아보기 어려웠다. 악보를 다시 그
리고 페이지마다 노동자의 권리, 노동조합의 기능과 역할은
물론 5.18 광주민중항쟁과 살인적인 전두환 정권의 행태를
폭로하는 등의 내용을 담아 노래책을 제작하기로 했다. 여성
부장 홍옥희를 포함해 세 명이 밤을 새우며 만들었다. 삽화를
넣고 노동자 처지에 대한 설명을 덧붙여 노동가요 100여 곡
을 담은 노래책이 완성됐다. 노래책 이름은 '울림'이었고 5천
부 인쇄를 맡겼다. 노조 단골 인쇄소에 원고를 맡기고 며칠 지
나지 않아 나는 경찰에 잡혀갔다.

경찰은 이 책을 같이 만든 사람 이름부터 대라고 압박했지
만 혼자 만들었다고 했다. 그때부터 내 신원을 탈탈 털기 시작

했는데 아무리 털어봐야 찾고자 하는 것(운동권 학생 출신)이 없었던지 양규헌이 아닌 거 같다며 지문을 찍자고 한다. 나는 주민등록이면 됐지 왜 지문을 찍냐며 버텼다. 경찰은 내가 위장하여 취업한 운동가라고 생각한 거 같았다. 경찰과 말싸움이 시작되었고 경찰은 노래책이 불온서적이며 이적표현물이라고 했다. 나는 그 책이 왜 이적표현물인지 근거를 제시하라고 했다. 경찰은 노래책에 광주민중항쟁을 설명한 내용이 "대검으로 배를 찔러 죽였다"는 식으로 선정적이고 노래 중 두 곡 외에는 자신들이 모르는 노래들이기 때문에 불온서적 아니냐고 다그쳤다. 나도 가만히 있을 수 없어서 "경찰들이 부르는 노래를 나는 전혀 모르는데 그러면 불온이냐"고 물었더니 나를 치안본부로 넘긴다고 협박한다.

노조 위원장이 경찰서로 찾아왔다. 노조 위원장은 나이는 많았으나 민주노조 운동에 동의하고 내 활동에 문제 제기를 전혀 하지 않았다. 당시 위원장들은 지역 기관장들과의 정기 모임 등에도 참석했으니, 경찰들과도 어느 정도 친분이 있었던 걸로 알고 있다. 위원장 덕분에 나는 기본조사만 받고 나왔다.

'울림' 노래책이 문제가 된 것은 인쇄소 사장이 작업 중에 겁을 먹고 자신들이 다칠까 봐 경찰에 신고했기 때문이었다. 인쇄소에서 책을 트럭에 싣고 회사로 들어왔는데 위원장이 트럭을 소각장으로 안내한다. 왜 그러냐고 물었더니 경찰과 소각하는 사진을 찍어서 보내주기로 약속하고 나를 빼내 왔다는 것이다. 위원장과 논쟁 끝에 1천 권만 소각하는 것으로 합의했다. 나머지 노래책들은 티엔디노조와 대한제작소노조에 몇백 부씩 나눠줬다. 주변 노조 두 곳에서는 간부들 대상으로 '통기타와 함께하는 노동가요 모임'도 만들었다. 남은 3천 권은 한동안 창고에 보관하고 있다가 조합원들에게 배포했으며 신입 조합원 교육에 유용하게 썼다.

전두환의 정화 지침과 노동조합 업무조사

전두환 정권은 노동법을 개악하면서 산별 형태로 있던 노동
조합을 기업별 노조로 전환시켰다. '80년 봄'을 경험하면서 노
동조합운동을 담장에 가두어 두려는 발상이었다. 기존 분회
와 지부는 규모에 상관없이 노동조합으로 '승격'했고 분회장,
지부장은 모두 위원장으로 신분이 '상승'했다. 기존 노동조합
들은 상당수가 전두환의 이런 조치를 반겼으나 민주노조 진
영은 연이은 노동법 개악에 분노를 쌓아가고 있었다.

신군부는 노동조합 예산지침을 내려 노조 활동을 강제하
기 시작했다. 예산의 관–항–목 비율까지 정해주는 지침이었
다. 지침에 따르면 쟁의사업비나 조직사업비는 예산을 편성
하면 안 되고 대부분 후생복지비에 집중해야 했다. 한마디로
노동조합을 상조회로 전락시킨 꼴이었다. 회사 안에 정화위
원회가 꾸려져 노동조합을 관리하려고 했으며 노동부는 노동
조합 업무조사의 칼을 빼 들었다.

업무조사를 나온 노동부 근로감독관들은 회계원장과 금전출납부는 들여다보지도 않고 일계표와 영수증만 뒤졌다. 영수증 수십 장을 샘플로 들고 노동조합이 지출한 비용이 맞는지 확인하러 나가자고 한다. 나는 근로감독관들과 함께 따라나섰다. 근로감독관들은 문방구, 서점, 식당, 인쇄소 등을 돌며 그들이 준비한 시나리오에 따라 확인하고 있었다. 비교적 큰 비용이 지출된 인쇄소에 들어가자마자 "우리는 행정관청에서 나온 사람들이다. 노조와 거래한 내용에 문제가 있어서 왔다. 정확히 답변하지 못하면 세무조사 나올 수가 있으니 기억이 없으면 생각 안 난다고 해야 한다"라고 답까지 알려주며 간이세금계산서를 내밀었다. 노동조합 영수철에서 발취한 간이세금계산서인데 그 원본을 보관하는 곳은 한 군데도 없었다. 그러니 가는 곳마다 "기억이 잘 나지 않는다"는 뻔한 답변이 이어졌다.

그렇게 현장실사를 하고 온 근로감독관들은 그들이 준비한 큰 종이 10여 장에 노동조합 업무조사 결과를 썼고 게시판마다 붙였다. "상기 노동조합 업무조사를 *월 *일 *시부터 *시까지 실시한 결과 노동조합 임원들이 조합비 *원을 횡령하였음을 확인하였고 변상 조치시켰다"라는 내용이었다. 공장은 발칵 뒤집혔다. 노동조합에 관심 없는 조합원도 집행부가 돈을 해 먹었다고 하면 거의 이성을 잃어버린다. 그런 상황에서 노동조합을 지탱하기는 쉽지 않다. 간부, 대의원들과 확대간부회의를 통해 경과보고를 한 뒤 정권의 의도된 탄압으로 규정하고 조합원 토론을 통해 사안의 본질을 이해시키고 수습하는데 3개월 이상이 걸렸다. 이후에도 업무조사는 전국노동자협의회(전노협) 시기는 물론 그 이후에도 자본과 권력이 노동자를 탄압할 때 끊임없이 들고나오는 상습적인 탄압의 형태다.

사회주의에 대한 질문을 시작하다

1982년 여름에는 서강대 부설 산업문제연구소에서 진행하는 민주노조 간부 수련회에 참석했다. 두 가지 코스가 있었는데 첫 번째는 1주일 합숙 형태로 진행하는 교육과정이었고, 또 하나는 3개월간 퇴근 후에 2시간씩 받는 교육과정이었다. 나는 첫 번째 과정인 1주일 합숙 교육을 받았다.

5일째 교육에서 강사로부터 귀에 익숙지 않은 이야기를 들었는데 "노동운동이 추구하는 세상은 자본주의가 아니다"라는 거였다. 그 짧은 한마디는 매우 충격으로 다가왔다. 교육시간 내내 '노동운동이 추구하는 세상은 자본주의가 아니다'라는 말이 머릿속을 떠나지 않았다. 강의가 끝나고 우리가 추구하는 세상이 자본주의가 아니면 도대체 뭐냐고 질문을 했다. 답변은 세상엔 자본주의만 있는 것이 아니라 구라파('유럽'의 음역어)에는 사회주의도 있고 다양성이 존재한다고 강사가 답했지만, 당시엔 솔직히 무슨 얘기인지 몰랐다. 이날 강사가 대답한 사회주의는 사민주의를 표현한 것임을 뒷날 이해하게 되었다.

반공을 국시로 하는 상황에서 공산주의에 대해서는 머리에 뿔이 달린 공산당 정도로 이해했기에 사회주의는 배우지도 들어보지도 못한 말이었다. 같이 교육을 받으러 온 다른 간부들도 전혀 모른다고 해 나만 지닌 무식함은 아니었던 듯하다. 1주일 합숙 교육이 끝나고 조합으로 돌아와 위원장을 찾아가 교육과정을 보고하고 교육 소감을 설명하고 질문을 했다. "교육에서 사회주의라는 말을 들었는데 사회주의가 뭐죠?"라는 질문에 위원장 왈 "사회주의란 사회생활 하는 것"이란다. 그날 이후 머릿속에서 '자본주의가 아니다?'라는 질문이 꼬리를 물었다.

문화패 조직해 활동가 양성

1986년쯤, 안양 시내를 걷다가 전봇대에 붙은 광고가 눈에 들어왔는데 그것은 근로자회관에서 하는 풍물 강습이었다. 찾아가서 알아보니 근로자회관 주최는 아니고 문화활동가들이 회관 공간을 빌려서 진행하는 프로그램이었다. 일주일에 두 번씩 저녁 시간에 풍물 강습을 했고 한번은 풍물, 한번은 노동운동 토론으로 진행되었다. 그곳에서 토론하며 CA(제헌의회 그룹)[6] 동지들, 삼민[7] 동지들과 인연을 맺었다.

풍물 가락을 어느 정도 익혀갈 즈음, 노동조합 간부들 몇 명과 토론 끝에 현장 문화활동가를 조직하기로 했다. 노동조합이 직접 관여하는 써클이 아니라 자발적 운영 형식으로 진

---

[6]　1986년 서울대 인문대 중심으로 결성된 반제반파쇼민족민주투쟁위원회(민민투)가 직선제 개헌을 주장하는 NL그룹과 달리 '파쇼하의 개헌 반대, 혁명으로 제헌의회 소집'을 외치며 CA그룹으로 진화, 민족민주혁명(NDR)을 주장했다.

[7]　1985년 4월 전국의 대학생 대표조직으로 전국학생총연합(전학련)이 결성되고, 그 산하에 민족통일민주쟁취민중해방삼민투쟁위원회(삼민투위)가 조직됐다.

행하기로 하고 풍물, 민중미술, 독서회, 탈, 노래, 밴드 6개 모임이 만들어졌다. 풍물패는 50여 명, 미술은 7~8명, 독서는 10여 명, 탈은 15명, 노래 20명, 밴드 8명으로 각 써클에는 패장이 있었다. 이 문화팀을 통틀어 '연우회'로 이름 짓고 내가 회장을 맡았다. 회원은 100여 명 넘었고 이들은 점차 노동조합의 핵심 활동가로 변화하고 있었다. 각 써클은 일주일에 두 번 연습을 했는데 한번은 기능, 한번은 학습하는 형식으로 운영하면서 학습 과목에 따라 외부 강사를 초청하기도 했다.

1980년대 초중반에 회사의 신규 모집은 그 형식이 달랐다. 지방(호남)에 있는 여자상업고등학교와 자매결연을 하고 학교 졸업식 날 통근버스가 광주, 정주 등으로 내려가 몇 차씩 태워 와서 기숙사로 직행했다. 아마도 그들이 얘기하는 불순 세력 개입의 여지를 없앤다는 방침에서 비롯되었을 것이다.

그렇게 신입이 들어오면 노동조합은 신입 조합원 교육을 한다. '노동조합이란 무엇인가'라는 교육을 시작하기 전에 노동가를 먼저 가르친다. '노동해방가'를 가르치는 중에 한 여성 동지가 질문 있다고 손을 들었다. "밝고 건전한 노래가 많은데 왜 하필 칙칙하고 어두운 노래"를 부르냐는 문제 제기였다. "노동자가 살아가는 현실을 노래로 만들었으며 우리의 현실이 그렇지 않냐?"라고 했으나 '소귀에 경읽기'였다. 교육을 마친 뒤에 그 동지와 2시간을 얘기했으나 노동 현실을 바라보는 관점과 인식의 차이는 좁힐 수 없었고 노동조합에 대해서도 부정적이었다. 그 동지의 이름이 '임금연'이었다.

문화패 소모임을 하던 동지들과 연대투쟁을 시작하게 되었다. 같은 대우그룹인 대우어패럴 투쟁 현장(구로동맹파업)에도 다녔다. 연대한 소감을 발표하며 토론하는 동지들은 매우 진지했고 눈빛은 강렬하게 빛났다. 학습 시간이 누적되면서 동지들은 새로운 문제 제기를 시작했다. 위원장 활동이 미온적이고 생각이 고정되고 멈췄기 때문에 위원장을 바꿔야 한다는 주장이 활동가들 내부에서 나오기 시작했다. 그러나 나는 그들의 주장에 동의하지 않았다. 그 이유는 "활동가들은 다른 사람들을 변화시켜야 운동의 진정성을 찾는 것인데, 대체로 우리네 활동 방식에 동의하는 위원장을 바꿔야 하겠는가?"라고 반론을 제기했다. 사실 당시 이성구 위원장은 한국노총의 한계와 민주노조 활동에 동의하는 편이었으나 연대나 투쟁에 함께 실천하지 못하는 한계가 있었다. 활동가 그룹의 주장이 강해지면 그에 반해 노동조합 활동에 부담을 갖는 조합원이 생겨나고 그 간극이 커지면 커질수록 노동조합 조직력은 문제가 생긴다. 활동가와 조합원 간의 간극을 메우는 것은 일상 활동에 충실해야 한다는 민주노조 운동의 정신이 뒷받침되어야 한다는 것을 느꼈다.

1980년 중반을 지나면서 민주노조 필요성과 공감대는 확대되고 있었다. 한국노총 안양협의회에서 지도자 연수가 잡혔고 장소는 제주도였다. 위원장이 몸이 안 좋아 못 가게 되었다며 수석부위원장이 다녀와야 한단다.

제주도 삐까번쩍한 펜션에 도착했고 저녁 시간에 펜션 앞 넓은 공터에서 연수 개소식을 시작했다. 한국노총 지역협의회장이 인사말을 하고 뒤이어 시장이 축사하고 경찰서장이 축사를 이어받았다. 그 자리 참석한 위원장들은 일상적으로 있었던 일인지 별 문제 제기 없이 손뼉을 치고 있었다.

나는 문제를 제기하기 시작했다. 내가 조합원 피같은 조합비로 연수 한다며 제주까지 와서 기관장들 축사나 시키는 게 노동조합이 할 짓이냐고 하자 화기애애한 분위기는 엉망이 되었다. 그 시간부터 3명이 나를 마크하기 시작했는데 대한제작소, 범양냉방, TND 노조 위원장들이다. 평소 그들은 민주노조에 관심이 있는 위원장들이었다. 그다음 날도 나는 "이게 관광이지 연수냐"고 떠들며 예정된 코스를 다녔다. 한라산에 올라가며 3명의 위원장이 이후 양 수석 얘기는 다 들어줄 테니 이번만큼은 좀 참아 달라며 당부했다. 그 후 지역노조협의회(지노협)를 만들 때 대한제작소노조와 TND노조가 경기남부지역노동조합연합(경기노련), 전노협에 함께했으니 그 위원장들은 약속을 지킨 셈이다.

1987년 노동자 대투쟁 폭발

1986년 5.3 인천 항쟁[8]과 10.28 건대 항쟁[9] 실패 이후 5공 정권의 엄혹한 민주화 세력 탄압으로 정국은 얼어붙었다. 반전의 계기를 가져온 건 1987년 초에 일어난 박종철 고문치사 사건이었다.

1987년은 3저 호황과 유화 국면으로 평화적 권력승계를 약속했던 전두환이 돌변해 '4.13 호헌조치'를 발표했고, 이에 맞

8　1986년 5월 3일 인천시민회관 앞 광장(현 시민공원역 일대)에서 열린 신한민주당의 개헌추진위원회 인천시지부 결성대회에 자민투, 민민투를 비롯한 서울과 인천 수십 개 대학의 학생운동 그룹과 서노련, 인노련 등 노동·사회·기독교 계열의 다양한 운동권, 일반 시민이 참가해 신민당은 재벌·미제와 결탁한 기회주의 집단이라고 비판하고 파쇼 타도, 직선제 개헌 등을 주장하며 시위를 벌였다. 경찰의 대대적인 진압 작전으로 당일에만 319명이 연행되고 129명이 구속됐으며, 60여 명이 지명 수배돼 6월 4일 부천경찰서 성고문 사건, 박종철 고문치사 사건이 이어지며 6월 항쟁이 일어났다.

9　1986년 10월 28일 전국반외세반독재애국학생투쟁연합(애학투련) 발족식에 전국 26개 대학 2,000여 명이 참여한 가운데 진압을 시도하는 경찰에 맞서 대치하며 31일까지 점거농성으로 이어졌다. 31일 경찰은 헬리콥터까지 동원해 최루탄과 물을 쏘아대며 '황소30'이라는 이름의 진압작전에 나서 시위자들을 폭력적으로 강제 해산하고, 1,525명을 연행해 이 가운데 1,288명을 구속했다.

서 야당과 민중진영은 직선제 개헌을 당면 목표로 하는 반정부 투쟁을 본격화했다. 4.13 조치 이후 군부독재 세력과 반독재연합 간의 민주주의 쟁점은 전면적 대결 양상으로 발전했다. 6월 9일 이한열이 최루탄에 맞아 쓰러지고, 6.10 대회를 경과하며 거리로 뛰쳐나와 '독재 타도, 호헌 철폐'를 외치는 노동자 민중의 분노는 극에 달했다. 시위를 강경 진압하는 경찰에 맞서 짱돌과 화염병으로 공권력을 무력화시키고 경찰서까지 공격하기에 이르렀다.

'넥타이부대'로 상징되는 사무직 노동자들과는 달리 생산직 노동자들의 참여는 지체되었는데, 그 이유는 80년대 중반까지 노동자 투쟁에 대한 탄압이 극심해 위축된 상태였기 때문이다. 그러나 항쟁이 후반으로 접어들면서 공단지역을 중심으로 적극적인 노동자 참여가 나타났고 지역에 따라서는 노동자들이 항쟁을 주도하기도 했다. 6월 10일과 26일에는 인천, 성남, 안양, 부산, 목포, 포항, 광주, 이리, 마산 등의 지역에서 공단지역을 중심으로 퇴근 시간에 노동자들이 참가하며 파출소, 경찰서, 노동부 사무소가 화염병과 돌로 부서졌으며, 노동자들은 "노동3권 보장, 저임금 박살"이라는 구호를 외치며 투쟁에 참여했다.

내가 속한 공장에서도 활동가들을 중심으로 메모지를 돌리며 비밀리에 집회 장소를 공유해 서울로 집결하기도 했다. 6월 10일 서울 집회 이후 시위는 전국적으로 확대되고 있었다.

6월 26일 안양 시내에는 공장에서 조직된 노동자들이 안양 시청과 경찰서 주변으로 속속 집결했다. 나는 공장 내 문화활동가를 중심으로 비밀리에 가투를 제안했고, 50명 넘게 가투에 참가했던 것으로 기억한다. 가투 경험이 없던 활동가들이 "호헌 철폐, 독재 타도"를 외치며 중앙도로를 점거하자 문화활동가들도 눈빛이 달라졌다. 그들의 손에는 어느새 돌멩이가 들려있었다. 경찰병력이 서울로 집중한 탓인지 많지는 않았으나 페퍼포그(최루탄을 연속으로 발사하는 차량)가 가스를 뿜으며 해산을 시도했다.

한동안 골목길로 피신한 대오는 꽃병(화염병)을 만들기 시작했다. 안양시청, 안양경찰서 건너편 안양 6동과 8동 골목은 화염병을 만드느라 부산했다. 나와 몇몇 조합원들은 집집마다 찾아다니며 외치기 시작했다. "집 안에 있는 모든 병을 집 앞으로 가져와 함께합시다." 순식간에 소주병 수백 개가 쌓였다. 또 몇몇 조합원은 페인트 가게 문을 두들겨서 시너를 얻고 지나가는 오토바이는 물론 차량에도 협조를 요청해 휘발유를 자바 호스로 뽑아내 상당한 물량을 확보할 수 있었다. 안양 8동 우리 집에서도 아이들과 아내와 이웃 사람들이 함께 공병을 들고 와 화염병 만드는 데 함께했다. 운동을 하며 주민들의 자발적 결합이 그렇게 적극적인 경우를 그 후로는 지금까지도 볼 수 없었다.

잠시 경찰병력에 밀렸던 투쟁 대오는 시민들의 자발적 참여와 물량 확보로 다시 앞으로 내달을 수 있었다. 사기가 오른 노동자와 학생들은 안양경찰서 내 관사와 안양파출소를 공격해 불태웠고, 민정당 안양지구당도 전소되었다. 노동부 안양출장소도 사측 편만 든다는 노동자들의 분노가 화염병이 되어 불타올랐다. 그리고 안양 경찰은 황폐하게 무너졌다.

전국적인 투쟁의 성과로 6.29 선언이 발표되었고, 투쟁의 중심이었던 민주헌법쟁취국민운동본부(국본)와 재야는 수용했다. 그러나 노동자들이 외쳤던 "악법철폐, 생계비 보장"의 문구는 어디에서도 찾아볼 수 없었다. 여기에 분노한 노동자들은 6.29 선언 다음 날부터 투쟁하기 시작했다. '1987 노동자 대투쟁의 서막'이었다.

1987년 7~9월까지 전국의 공장과 회사에서는 노동자들의 파업 물결이 거세게 몰아쳤다. 산업과 업종, 지역과 성별을 넘어 노동자들은 대규모 투쟁에 돌입했다. '공돌이' '공순이' '산업역군'으로 불리면서 주면 주는 대로 받고 시키면 시키는 대로 일했던 노동자들이 스스로 인간임을 선언하며 역사의 주체로 등장한 것이다.

7·8·9월 노동자 대투쟁의 직접적 계기는 6월항쟁이었지만 그 배경과 투쟁의 동력은 멀리 1970년대부터 준비된 것이다. 국가와 독점자본 중심의 급속한 자본주의 발전에서 응축된 노자 간 계급모순이 가장 집약적으로 가장 순수하게 드러난 것이 노동자 대투쟁이다. 다시 말해 자본주의 발전 그 자체의

필연적 산물이라 할 수 있다. 노동자 대투쟁은 이미 독점자본을 중심으로 한 자본의 전반적인 지배가 전 산업에 걸쳐 완성됐고, 자본주의의 발전이 노동자계급에 대한 억압과 착취, 그리고 무권리에 기초하고 있다는 점을 극명하게 폭로했다. 노동자 대투쟁은 해방 이후 민주노조 운동사의 계승이자 동시에 거대한 도약이었으며 '노동자가 이 땅의 주인'임을 선언한 투쟁이었다.

노동자 대투쟁은 8월 중순부터는 급격하게 꺾이기 시작했다. 거제 대우조선 노동자들은 연좌 농성으로 경찰과 대치하면서 진행된 여섯 번의 협상이 결렬되고 8월 22일 마지막 협상마저 결렬되자 협상 장소였던 옥포 호텔로 진입을 시도했다. 백골단을 앞세운 경찰의 폭력진압으로 옥포 바닷가까지 밀려났다가 재차 진입을 시도하자 경찰은 폭력 시위를 하지 않는다면 길을 터주겠다고 제안을 해왔다. 노조도 평화시위를 약속하고 앉은걸음으로 천천히 호텔로 향하던 중, 도로를 봉쇄하고 있던 경찰이 갑자기 최루탄을 퍼붓기 시작했다. 이 과정에서 대우조선 노동자 이석규가 경찰이 쏜 직격탄에 맞아 사망에 이른다. 우여곡절 끝에 협상은 타결되고 장례 행렬이 민주열사들의 장지인 광주 망월동으로 향하던 중 갑작스럽게 장지를 남원으로 변경한 데 분노한 노동자들은 장례를 무기한 연기했다. 정권과 언론은 사체를 볼모로 한 노동쟁의라고 사건의 본질을 왜곡했고 공권력은 시신을 탈취해 남원의 선산에 안장했다. 열사는 죽어서도 편안히 눈감지 못하고 또 한 번 죽임을 당했다. 장례를 앞두고 회사가 유족과 합의한 내용에는 호남지역에 대우공장을 짓겠다는 약속도 들어가 있었다. 약속대로 정읍 농경지에 지은 5만 평의 공장이 대우전자부품 정읍공장이었다. 공장 부지는 농지 매입 시 평당 3만 원 정도였는데 공장을 짓고 난 후 땅값은 백만 원 이상이 되었으니 이석규 열사 가족에게 베푼 시혜가 아니라 땅 투기며 땅장사였다.

8월 28일 대우조선 노동자 이석규 장례식에 경찰병력 투입을 시작으로 정부의 대응이 강경 일변도로 변해 9월 3일 임금협상이 진행 중인 울산 현대중공업과 9월 4일 대우자동차 부평공장 투쟁 강제진압을 감행했다. 그러나 노동자들의 투쟁은 계속되고 있었다. 다만 점거 농성과 파업 등 과격한 투쟁 형태가 줄어들 뿐이었지 노조 건설은 끊임없이 진행되었다.

지노협 건설 후 노조 위원장 당선

1987년 노동자 대투쟁의 회오리가 경기지역도 비켜 가진 않았다. 안양지역에는 신규노조 건설 열풍이 있었고, '선 파업 후 조직건설'을 통해 민주노조를 설립하고 있었다. 연대가 유행처럼 번질 때 내가 속한 노조는 문화패가 투쟁사업장 연대투쟁에 결합했다. 안양, 수원, 안산지역이 각기 지역연대 투쟁에 돌입하면서 "담장은 달라도 노동자는 하나"라는 주장이 구호가 아니라 실천으로 이뤄지고 있었다. 7~9월 노동자 대투쟁이 마무리되는 시기에 외국자본 기업들이 철수하면서 고용문제와 체불임금을 요구하는 투쟁이 장기화하기 시작했다. 지역의 민주노조들은 장기투쟁 사업장(안양전자, TND, 삼협정기) 공장 침탈을 막기 위해 밤샘을 하는 규찰조를 편성하는 등 연대의 기운을 높여나갔다.

기업별 노조의 투쟁사업장에서 벌어지는 한시적 연대가 아닌 일상적인 연대 체제를 구축하기 위해 지역조직을 건설해야 한다는 방향으로 토론이 진행되었고 지역조직(지노협) 건설로 결의가 모였다. 지노협 건설에서 빼놓을 수 없었던 사안은 복수노조와 관련된 논쟁이었고 그것은 바로 한국노총 민주화론과 맥이 닿아 있었다. 그 논쟁은 치열했으나 길게 진행되지는 않았으며 결국 전노협 건설로 논의가 모였다.

1987 노동자 대투쟁에서 만들어진 노조 중에 일부는 지노협 사업에 소극적으로 임하기도 했다. 즉 전노협 건설에 부정적인 노조들이었다. 나는 노총 민주화에 반대하는 입장이었다. 왜냐하면 한국노총을 노동자의 중앙조직으로 인정하지 않았기 때문이다. 나아가 전노협 건설은 중앙조직을 하나 더 건설하는 것이 아니라 진정한 노동자 중앙조직을 새로 건설한다고 생각했기 때문이었다.

노동자 대투쟁을 거치며 만들어진 신규노동조합들에서 문제 제기가 있었다. "노동자 대투쟁 기간에 만들어진 노조는 민주노조, 기존에 있던 노조는 어용"이라는 비논리적인 주장으로 '기존 노조는 어용'이라는 주장을 굽히지 않았다. 다시 말하면 기존 노조와는 민주노조 운동을 함께할 수 없다는 주장이었다. 다른 지역과 다르게 안양지역에는 기존 노동조합이 민주노조 대오에 참여하고 있어서 매우 불편한 논쟁이었다. 이런 논쟁 상황에서 기존 노조 중 대한제작소와 TND 노조는 어용으로 평가받으면서 이들 신규노조와 함께할 수 없다고 발을 빼기 시작했다. 나는 여러 날에 걸쳐 두 노조는 물론이고 신규노조 간부들과 토론을 했다. 토론 끝에 노동조합의 성격을 기존 노조와 신규노조의 대립이 아니라 민주적 성격을 지지하는 노조와 구태의연한 활동에 머무는 어용노조로 정리하면서 지루한 논쟁은 간신히 정리됐다. 경기노련은 기존 노조들이 결합하는 지노협이 되었다.

어느 날 위원장이 긴히 얘기 좀 하자면서 자신은 위원장을 더는 할 수 없다고 나에게 차기 집행부를 맡으라고 했다. 차기 집행부를 제안한 근거는 두 가지였다. 자신은 건강이 악화해 위원장 일을 할 수 없다는 것과 또 한 가지 이유는 수석이 한국노총을 전면적으로 부정하는데 자신도 동의는 하지만 민주노조 운동을 할 용기가 나지 않는다는 거였다.

1980년대 중반부터 조합 내부 활동가들은 "구태의연한 위원장을 바꿔야 한다"고 주장했지만 나는 활동가들을 설득하려고 노력했다. 내 주장의 근거는 "운동은 상대방을 변화시키는 과정인데 노력도 안 해보고 바꾸는 것은 옳지 않다"는 거였다. 그러나 1987년 노동자 대투쟁을 거치며 위원장을 바꾸자는 활동가들의 목소리는 점점 높아 가던 시기였으니 위원장도 이런 분위기를 감지한 거 같았다.

조합 간부들을 비롯하여 활동가들과 논의한 끝에 내가 위원장에 출마하기로 결심하고 선거 준비에 돌입했다. 지부가 안양, 안성, 구미, 정읍으로 나누어져 있어서 선대본도 지부별로 꾸려야 했다. 단독 후보로 예상했으나 경선하겠다는 상대가 나타났고 선거운동이 시작됐다. 양규헌 선대본은 "한 손에 연대의 깃발을 또 한 손에 노동해방의 깃발을 움켜잡고 힘차게 전진한다"라는 주장을 담았다. 다우전자노조 위원장이 걱정스럽게 묻는다. 대공장에서는 이런 주장(노동해방)을 해도 괜찮으냐고.

선거에서 대우전자부품노동조합 위원장에 당선되었고, 활동의 범위가 자연스럽게 넓혀졌다. 노조 위원장이 되면서 안양집 옥탑방에서 밤늦게까지 조합 간부들, 지역 동지들과 토론하고 회의를 하니까 아버지도 뭔가 이상하다는 느낌을 받으신 모양이다. 아내를 불러서 "저놈이 요즘 뭘 하냐?"고 물으셨다고 한다. 아내가 노조 위원장 한다고 대답하자 아버지 눈초리는 그때부터 싸늘했다. 그런데 며칠 지나면서 매우 온화해지셨다는 것을 감각으로 느꼈다. 아버지가 생각이 바뀌신 걸까. 아니면 자식에 대한 통제를 포기하신 걸까. 갸웃했는데 금세 그 궁금증은 풀렸다. 그때 아버지는 나가시던 복덕방에서 오는 영감들에게 고민을 털어놓으신 모양이다. "아들 하나 있는 게 평생 속을 썩인다." 복덕방 노인들이 왜 그러냐고 묻자 그 아들이 노조 일을 해서 걱정이 이만저만이 아니라고 하셨단다. 그 말이 떨어지자마자 옆에 있던 노인이 무릎을 치면서 "양 영감은 왜 그렇게 무식하냐?"고 핀잔을 주었다고 한다. "요즘 노조 위원장 하면 1년에 집이 3채 생기는 횡재를 하는 것이며 출세한 건데 그걸 걱정하면 어떡하느냐고."

노동자·민중 정치세력화에 나서다

안양지역에서 문화 활동과 지역연대 활동을 하면서 나는 노동자해방투쟁동맹(노해동)[10] 활동에 관심을 가졌다. 노해동과 인민노련[11] 등이 '노동자 민중의 정치세력화'라는 새로운 화두를 걸고 '민중의 당'을 만들었고, 나는 민중의 당 발기인으로 등록했다.

총선 후보 토론이 밤새 진행되었다. 토론에서 동지들은 내가 나이도 있고 하니 출마를 하는 게 좋겠다고 중론을 모았다. 당시 활동가는 거의 20대 초중반이었는데 나는 36살이었다. 나는 완강하게 반대했고 다른 노조 간부(신아화학 안기석)를 추천 결정하면서 선거 투쟁에 돌입했다.

노동조합운동이 세상을 바꾸자는 변혁운동을 자신의 과제

---

10   제헌의회그룹(CA) 검거열풍 후 조직을 재건하며 '노해동'이라 명명하고 1987년 대선과 총선 과정의 의견차로 분리되며 소수파가 '사노맹 출범위'를 결성했다.

11   인천지역민주노동자연맹, 1987년 인천지역을 중심으로 조직된 노동운동 조직이다.

로 설정하는 데에는 한계가 있었다. 지역 내 좌파 성향의 활동가들임에도 '민중의 당' 활동에 흔쾌히 동의하지 않는 것을 보고 처음에는 이해를 못 했다. 그것은 나의 단순하고도 편협한 사고에서 비롯되었다고 본다. 좌파라고 해도 정치세력화에 대한 관점이 다르다는 사실을 나중에 알았으나 당시는 이해를 못 했다.

대선 국면부터 시작된 노해동 내부의 논쟁은 결국 봉합할 수 없는 당파성의 차이로 귀결되었다. 민주연립정부를 주장하는 노해동 조직 중앙은 다수파가 됐고, 민중 집권을 주장하는 편집 중앙은 소수파가 되었다. 이후 '민주연합전선'이냐 '민중통일전선'이냐의 논쟁으로 확대되기도 했다. 결국 노해동 소수파는 1988년 4월 1일 분리 선언서를 내고 독자 대오를 꾸리기 시작했다. 1년 반가량의 모색 끝에 1989년 11월 12일, 서울대에서 열린 노동자대회에서 노동계급 전위조직을 자임하는 '남한사회주의노동자동맹'(사노맹)이 출범을 선언했다.

'민중의 당' 발기인 등록 후, 지역 경찰에 비상이 걸린 모양이다. 몇 명씩 회사에 들어와서 내 신상명세서를 뒤지는 바람에 회사가 발칵 뒤집혔다. 회사에서 긴밀히 얘기 좀 하자고 해서 만났는데 나를 위해서 하는 말이라며 노동운동까지는 이해하겠는데 무슨 혁명을 하냐며 제발 회사와 자신을 위해서 그런 활동은 안 하면 안 되겠냐는 것이다. "나 자신을 위해 하는 활동이니 상관하지 마시오"라며 나왔다. 그 후부터 회사 내부에서 빨갱이 얘기가 나돌기 시작했고 축구 선수들을 중심으로 노동조합 반대 세력이 생기기 시작했다. 평소에 내가 아꼈던 고등학교 후배조차도 반대편에 서 있었다. '빨갱이'라는 말의 위력은 인간관계, 의리조차 파괴하는 것은 물론이고 노동자를 분열시키는데 최고의 명약이며 노동조합 내부를 교란하는 결정적 수단이자 언어였다.

지역 총선에서 노동자 후보 안기석은 대중 선동 외에 성과를 모아내지 못했다. 우선 지역 활동가들이나 단체도 '민중의 당'에 우호적이지 않았고 비판적 지지세가 강했으나 그런 지점을 뚫어내기에는 역부족이었다. 나아가 민주노조 내부에서도 민중후보 지지를 조심스러워하는 분위기였다. 선거가 끝나고 후보로 나섰던 안기석은 신아화학에서 해고돼 출근 투쟁에 나섰다. 그런데 민중후보 진영에 결합해서 날마다 노동자 민중의 정치세력화를 외치던 활동가들이 동시에 자취를 감췄다. 나중에 알게 된 사실이지만 노해동은 이후 소수는 ND(민족민주주의), 다수는 NL(민족해방)로 분리되면서 소수가 모두 수면 아래로 잠적했다. 안양지역 노해동은 거의 소수로 분리되어 지하활동으로 전환하면서 사노맹을 만들었다. 노해동이 잠적한 이유는 공개적인 '민중의 당' 활동에서 노해동의 보안 문제가 노출됐고 소수와 다수파의 논쟁에 매몰된 탓이라고 생각한다. 소수그룹이 사노맹을 조직할 때 가입원서 문제로 토론을 했다. 토론 후 참여자 다수는 가입원서를 냈지만 나는 쓰지 않았다. 거부 이유는 총선 이후 모습에서 조직에 대한 신뢰가 사라졌기 때문이었다.

1988년 어느 날, 노해동에서 활동하며 총선에 집중했던 동지 몇 명이 찾아왔다. 안양에 노동자대학을 만드는데 같이 하자는 얘기였다. 나는 분노부터 치밀어 올랐다. "노동해방을 주장하는 사람들이 선거 투쟁에 함께했던 동지가 해고 투쟁할 때 모두 잠적해 버리고, 선거에 대한 평가는 물론 책임성도 결여된 상태에서 무슨 낯짝을 들고 노동자대학을 만드나, 절대 안 된다"고 하면서 만약에 안양지역에 노동자대학을 세우면 내가 불 싸질러버린다고 했다. 노동자대학 건립 반대에는 두 가지 이유가 있었다. 첫째는 노동자 '학교'가 아니라 '대학'이라고 한 명칭에 대한 거부감이 있었고, 두 번째는 총선 이후 쌓였던 불신 때문이었다. 몇 번 더 그 동지들이 와서 의사를 타진했지만 내 생각은 변함이 없었고 그 친구들은 울면서 돌아갔다. 그 후에 그들은 인천에 노동자대학을 세웠다. 노동자대학 설립 후에 그 동지들을 몇 번 볼 기회가 있었는데 내 표현이 너무 과도했다고 생각했지만 미안하다고 하지는 못했다.

싸워야만 기념할 수 있었던 광주민중항쟁

민주노조 활동가들은 1980년대 초반에 정상적인 활동을 할 수가 없었다. 정화위원회가 공장마다 설치되고 노동조합에 대한 감시가 워낙 심했기 때문이다.

주로 외신기자가 짜깁기한 광주민중항쟁 비디오테이프를 품에 넣고 믿을 수 있는 조합원들과 함께 자취방에 들어가 담요로 문을 가린 다음 광주의 상황을 흔들리는 영상으로 확인했다. 그런데 10명이 비디오를 보면 2명 정도는 광주에서 일어난 폭력적 진압을 믿을 수 없다고 하는 바람에 장시간 토론을 하기도 했는데 그나마 광주가 고향인 동지들이 어설프게라도 증언을 해주었기에 사실로 이해하게 되는 경우가 많았다.

5.18 광주민중항쟁 기념식 전야제에 대중적으로 참여한 것은 1987년 이후로 기억된다. 대중적으로 참여했다고 해서 합법성이 보장되었다는 뜻은 아니다. 경찰이 망월동뿐 아니라

광주역과 시외버스터미널에서부터 외부인들을 저지했다. 노동자들은 지역별로 열차를 타고 광주로 향했다. 광주역 등은 경찰들이 쫙 깔려 내리는 노동자들을 연행하는 분위기였기 때문에 우리는 역이 아닌 광주역과 송정역 사이에 열차를 강제로 세워 내려서 걷기도 뛰기도 하면서 전야제를 하는 대학교로 진입했다.

민주노조 진영은 5.18 광주민중항쟁 기념식 전야제부터 투쟁에 참여하는데 밤늦게까지 경찰들과 밀고 밀리는 공방을 했다. 투쟁이 소강 국면에 접어들면 새벽녘에 조별로 토론하면서 아침을 밝혔다. 전남대에서 '파업 전야' 영화를 상영하면 이를 막기 위해 공권력이 진입하고, 투쟁으로 관람을 사수해야 했다. 어느 해는 조선대에서도 언덕 아래쪽에서 진압하러 올라오는 공권력과 밤늦은 시간까지 돌과 화염병을 던지며 싸웠다.

파업 투쟁으로 부쩍 성장한 조합원들

노동자 투쟁이 확산하는 상황을 자본가들은 유행병처럼 번진다고 하지만 노동자들은 뜨거운 연대투쟁의 열기를 담아 요구를 당당하게 드러내는 과정이다. 이 과정을 통해 조직화에 집중할 수 있는 조건을 최대한 확보해 간다. 노동조합은 조합원의 요구를 받아서 투쟁하는 것이 아니라 일상 활동을 통해 요구와 분노를 모아내고 투쟁으로 요구를 관철하는 노동자 조직이다. 다시 말하면 노동조합은 수동적이고 형식적으로 조합원의 요구를 관철하는 대리기구가 아니라 요구를 조직하여 투쟁하는 투쟁조직이다. 따라서 노동자들은 며칠간의 교육보다 하루의 파업(투쟁)으로 노동자의식이 급격히 성장한다.

1988년 4월, 대우전자부품노조에서 15차례의 임금협상이 진행되었으나 진전이 없었다. 회사는 "노동조합 집행부가 파업을 목표로 하기 때문에 파업 전에는 협상안을 내기 어렵다"

라는 말도 공공연하게 했다. 지역 연대투쟁을 중요하게 생각했던 활동가들과 간부들의 투쟁성으로 봤을 때 회사 얘기가 완전히 틀린 얘기는 아니었다. 민주노조 진영의 공동임투는 지역에서부터 일정이 조율되면서 조직력에 따라 먼저 파업에 들어갈 수 있는 노조가 투쟁을 시작함으로써 타 사업장 투쟁에 영향을 미치는 것이다.

노조 내부에는 늘 반대파가 있었기 때문에 임투 준비를 소홀히 할 수 없었다. 조직력 점검에 집중해야 하고, 취약한 현장에 대한 대비책을 마련하기 위해 밤잠을 못 자는 경우가 허다했다. 그렇게 준비가 어느 정도 진행되는 시점에서 D-데이가 하루 앞으로 다가왔다. 저녁 9시쯤 조용히 조직차장을 찾아서 상황점검 좀 하자고 하면서 정문 상황을 살폈다. 별 이상은 없어 보였지만 경비들의 경직된 표정이 눈에 들어왔다.

회사 안에는 예비군 대대가 있었다. 정문 옆쪽에 무기고가 있었고 평소에 수류탄을 비롯하여 소총과 실탄들도 꽤 많았다. 품 안에 절단기를 감추고 무기고로 가는데 조직차장이 여기는 왜 가냐고 놀란 표정으로 묻는다. "우리 파업 투쟁 대오가 오래 버티려면 우리가 무기를 가져야 한다"라고 하자 조직차장은 이해가 안 가는지 꼭 그렇게 해야 하냐고 반문하는 사이 무기고 앞에 도착했다. 무기고 문이 활짝 열려 있어 안으로 들어가 보니 텅 비어 있었다. 나중에 알게 된 사실인데 회사에서 미리 눈치채고 소총, 실탄, 수류탄 등의 무기를 바깥으로 모두 뺐다는 것이다. 무기 탈취는 미수에 그쳤지만, 나중에 생각해 보니 미수에 그친 게 다행이었다는 생각이다.

파업대책위 명의로 다음날 파업에 돌입했다. 100여 개의 만장과 깃발, 현수막, 대자보가 공장을 도배했다. '파업에 돌입하는 우리들의 입장'이라는 주제로 조별, 반별로 토론이 진행되고 파업 프로그램과 규찰 등에 대한 방안들이 노조 집행부가 아니라 현장에서 속속 제출되어 결의로 모였다. 조합원 토론은 예상을 뛰어넘어 알차게 진행됐으며 함성과 구호 소리는 점점 커지고 있었다. 파업대책위는 밤과 낮이 없었다. 야간 규찰에 200~300명이 투입되기 때문에 야간에 교대를 서는 규찰조들과의 소통과 토론은 매우 중요한 시간이다. 공장 담장을 한 바퀴 도는 순찰은 한 시간 이상 걸렸고, 어떤 경우는 4시간 이상도 걸린다. 규찰을 서는 동지들과 토론을 하기 때문이다.

회사 담장에는 노동조합이 설치한 초소가 20여 개 있었고 그 초소마다 3명의 조합원이 교대로 규찰을 서고 있다. 7번 초소에 갔을 때 규찰 서던 동지가 매우 반갑게 맞으며 우선 사과부터 하겠단다. 신입 조합원 교육할 때 '노동해방가'를 부른 것에 문제 제기했던 임금연이었다. 그 동지 말은 세상 물정을 몰라서 교육 시간에 문제를 제기했는데 파업을 준비하면서 노동자의 처지를 알게 됐고, 세상이 돌아가는 상황을 조금이라도 이해했다는 것이었다. 투쟁 공간을 통해 회사의 부당

함과 사회구조에 대해 조금이나마 알게 되었다고 하면서 노동자가 추구해야 할 세상이 어떤 건지 알고 싶으니 얘기 좀 해달라는 거였다. 함께 규찰을 서는 동지 두 명도 파업을 왜 하는지 빨갱이가 뭔지에 대해 알고 싶다며, 다른 초소 순찰은 다른 사람에게 하게 하고 오늘은 자신들과 시간을 갖자고 졸라댔다.

노동자가 추구해야 할 사회상에 대해서는 매우 조심스러웠지만 계속되는 질문에 진도는 계속 나갈 수밖에 없었다. 다만 이해할 수 있는 범주 내에서 설명하느라고 시간이 길어졌다. 내 경험담, 서강대에서 있었던 민주노조 간부들을 대상으로 했던 교육들로 얘기를 하면서 노동해방 속에 담긴 뜻은 '사회주의'라고 조심스럽게 얘기를 풀었는데 의외로 쉽고도 당연하다는 투로 받아들였다. 그 초소에서 5시간이나 질문과 토론이 이어졌지만 지루함보다는 보람을 느끼는 시간이었다. 그 자리에 있었던 3명의 동지는 다른 활동가들과 함께 이후에 노동자대학에서 파견 교육 형식으로 체계적인 교육을 받았고, 자신들은 사회주의자라는 사실을 자랑스럽게 얘기하기도 했다. 나아가 그 동지들은 공장 안에서 소조장 역할을 담당했다. 10여 일의 파업은 요구안을 완전히 쟁취했다고 볼 수 없었지만, 파업이라는 투쟁을 통해 노동자의식이 확장되고 조직력이 확대 강화됐다는 측면에서 성과가 컸다.

물품비로 모인 조합비가 있어서 봉고차를 하나 구입했다.

그 차는 주로 지역 활동이나 경기노련이 필요할 때 사용하는 차였고, 때로는 단병호 위원장을 비롯한 전노협 지도부, 지도위원 등이 함께 타고 대우조선을 다녀오기도 했다. 한번은 대우조선을 다녀오다가 검문을 당했는데 신분증을 갖고 가서 신원조회를 하던 경찰관이 신분증을 돌려주면서 한마디 남긴다. "이 차 안에는 별이 가득하네요"라고 한다. 대부분 전과자라는 뜻이다.

지역에 가두 투쟁이 있을 때는 어김없이 봉고차가 이용되는데 주로 화염병 나르는 용도였다. 봉고차는 대림대, 안양대 등에서 만들어 놓은 화염병을 가득 싣고 가투 예상 지역 골목에 대기하고 있다가 싸움이 시작되면 선봉대에 전달했다. 봉고차를 운전한 대우전자부품노조 사무국장은 지금도 만나면 그때 수명이 5년은 단축됐다고 설레발을 떤다.

민주노조 운동의 격변기에 사무국장은 본인의 생각이나 의지와 상관없이 운전한다는 이유로 거제에서 서울까지 전국을 누볐다. 그리고 지노협(경기노련)에 차량이 필요하다고 하면 즉시 달려가야 했다. 내가 수배되거나 구속되었을 때도 뒷바라지와 수발도 힘들었을 테고. 그 후에 만난 사무국장은 화염병 운반 지정 차량으로서 차 안에 시너 냄새가 없어질 날이 없었다고 푸념하며 몸 고생과 마음고생이 많았다고 하소연했다. 나는 운동이 그런 건데 어떡하겠냐고 했다.

역사 속으로

첫 전국노동자대회, 피로 쓴 '노동해방'

전국노동자대회는 1988년에 처음 시작했다. 당시 전국 노동자 5만여 명이 집결한 이 대회는 1987년 7·8·9월 노동자 대투쟁 이후 자본과 정권의 탄압에 맞서 투쟁하던 노동자들에게 자신감을 불어넣고, 각 지역에 흩어져 있던 민주노조들이 전국조직 건설로 나아가게 한 밑거름이 되었다.

첫 전국노동자대회는 '전국 노동법개정 및 임금인상 투쟁본부'(전국투본) 주최로 진행됐다. 전국투본은 1988년 10월 6일 대전에서 결성되며, '서울에서 11월 13일에 전태일 열사 정신 계승 및 노동 악법 개정 전국노동자대회 개최'를 주요한 사업으로 결정했다.

1988년 전국노동자대회는 예정대로 11월 13일에 노태우 정권의 탄압을 뚫고 연세대 노천극장에서 진행했다. 그렇게 많은 노동자가 참여한 집회는 난생처음이어서 가슴에 뜨거운 무언가가 치솟는 것을 느낄 수 있었다.

1988년 전국노동자대회는 며칠 준비해서 치른 단순한 대회가 아니었다. '노동 악법 철폐'라는 투쟁 과제와 '민주노조들의 중앙조직 건설'이라는 조직 과제를 분명히 하고 지역별로 공동 임투를 마무리 짓기 전부터 전국노동자대회를 준비했다. 지역·권역별 연대의 기운을 높이기 위한 공동 임투의 성과를 모아 등반대회, 지역집회, 사업장별 토론과 연대투쟁으로 노동자들의 결의를 높여나갔다. 이러한 과정이 바로 연대투쟁을 통해 조직적 과제(전노협 건설)와 노동 악법 철폐라는 결의를 모아나가는 것이었다.

내가 속한 사업장인 대우전자부품에서도 한국노총의 반노동자성, 민주노조 중앙조직을 건설해야 하는 필요성, 노동 악법이 노동자를 억압하는 현실 등을 토론하며 조합원들의 분노가 고조되는 것을 실감할 수 있었다.

11월 13일에 지역의 동지들, 공장 내 문화활동가(연우회)들과 간부들이 함께 최초의 전국노동자대회에 참가했다. 연세대 부근에 배치된 경찰들이 초기에는 학교 진입을 방해했으나 노동자들이 예상 밖으로 늘어난 탓에 원천 봉쇄는 사실상 불가능했다. 각 지역에서 집결한 노동자들이 각각의 구호와 노동가를 부르며 연세대 노천극장에 진입할 때는 가슴이 벅차올랐다. "민주노조 총단결로 노동해방 앞당기자" "전태일 열사 정신 계승하여 노동해방 쟁취하자"라는 구호들이 연세대를 뒤덮고 있었다.

대회의 마지막 순서, 수십 명이 연단 앞으로 나가 대형광목에 혈서를 쓰기 시작했다. '노/동/해/방'. 배경음악은 우렁찼지만 분위기는 엄숙하고도 무거웠다. 노동 악법을 철폐하고 전노협을 건설해 노동해방을 쟁취하겠다는 의지를 혈서에 담았다. 그날 전국노동자대회에 참석한 5만여 명의 노동자뿐 아니라 민주노조 진영 전체가 함께 쓴 역사적인 혈서라고 할 수 있다.

피로 쓴 '노동해방' 현수막을 들고 여의도를 향해 출발했다. 연세대 앞 거리에서 구경하던 시민들이 박수를 보냈다. 고가철길 위에서 장엄한 광경을 신기하다는 듯 구경하던 사람들도 함성을 지르며 손뼉을 쳤다.

행진을 마치고 지역별 또는 사업장별로 참석한 노동자들은 단위별로 전국노동자대회 평가와 함께 결의를 모았고, 그 결의들에는 비장함이 담겨있었다. 우리 사업장에서도 대회에 다녀온 조합원들은 금세 문화패 활동에 참여하며 활동가가 돼 있었다.

1988년 전국노동자대회는 선전·선동의 장으로서 유효했고 수백 시간의 교육보다 효과적으로 노동자의식을 심어주었다. 또 노동 악법 철폐, 전노협 건설, 노동해방 쟁취를 대중적으로 확인하고 결의하는 장이었다.

혈서 현수막을 앞세우고 행진하는 모습에 아낌없이 박수를 보냈던 철길 위와 거리의 시민들은 '노동해방'을 어떻게 생각하고 있을까 궁금했다.

현대그룹 식칼 테러에 맞선 연대투쟁

1987년 노동자 대투쟁으로 자신감을 회복한 민주노조 진영의 조직화와 연대투쟁은 어느 때보다 활발하게 진행됐다. 그에 못지않게 자본의 반격도 폭력적이고 살인적이었다.

울산 현대중공업노조는 1988년 12월부터 파업 중이었다. 그러자 회사는 총무부 직원과 경비대를 동원해 파업 지도부를 습격했다. 식칼로 등과 옆구리를 마구 찔러 피바다가 되었는데 중태에 빠진 동지들도 있었고 팔이 부러진 동지도 있었다.[12] 전국의 민주노조 진영은 태화강 집회에 집결하기로 결의했다.

경기지역 노동자들도 울산으로 가기로 했다. 수원역에서

---

12   1987년 7월 21일 출범한 현대중공업노조는 1988년 12월 12일부터 회사의 노조탄압에 맞서 파업에 돌입, 1989년 3월 30일 노태우정권이 공권력으로 진압하기까지 무려 128일간 파업을 이어갔다. 현대그룹은 1989년 1월 8일 제임스리(본명 이윤섭)라는 노조파괴 전문가를 고용해 야구방망이와 쇠파이프 따위를 들고 현대중전기노조 간부 수련회가 열리고 있던 울산 석남사와 현대그룹해고자협의회 사무실을 차례로 습격해 노조 활동가들을 무차별적으로 폭행했다.

열차를 타려고 하는데 연대 투쟁하러 가는 동지들이 너무 많아 차표를 살 수도 없었고 달리 어떻게 할 수가 없었다. 본의 아니게 모두가 차표 없이 타기로 하고 다중의 위력으로 개찰구를 뚫고 들어가 울산으로 향했다. 고등학교 다닐 때 '쌤차'와 달랐던 것은 개구멍으로 들어간 것이 아니라 당당하게 개찰구를 지나서 열차를 탔다는 거다.

권용목 동지[13]가 부러진 팔을 붕대로 칭칭 감은 상태로 연단에 나와 상황을 보고하며 규탄 발언을 하는 동안 태화강 집회에 참여한 전국에서 모인 동지들의 분노는 하늘을 찔렀다. 태화강 집회는 자연스럽게 가두 집회로 이어졌고 늦은 시간 올라오는 열차도 표를 끊을 수 있는 상황은 아니었다. 전노협 건설을 앞둔 전국의 연대투쟁은 그렇게 진행되고 있었다.

그로부터 35년이 넘은 지금 생각해 보면 자신을 죽이려고 했던 정몽준과 같은 배에 탔던 권용목의 생각은 무엇이었을까. 그리고 그 경비대가 비정규 노동자에게 자행하는 살인적 폭력은 지금도 여전히 계속되고 있다. 그 시대를 겪었던 정규직 노동자들이 현재의 살인적인 만행을 바라보는 소감과 느낌이 어떤지 자못 궁금하다.

---

13   1987년 노동자 대투쟁의 상징이자 현대그룹 노동운동의 핵심적 인물인 권용목은 민주노총 초대 사무총장(1995년 11월~1997년 2월)을 지냈으나 2000년대 우익으로 전향, 뉴라이트신노동연합 상임대표를 맡고 2007년 17대 대선에서 정몽준과 이명박을 지지했다. 그는 <민주노총 충격보고서> 집필을 마친 후 2009년 2월 13일(향년 52세) 심장마비로 사망했다.

'노동절' 되찾자, 1박 2일 전투

노동절 쟁취 투쟁은 1980년대부터 해왔다. 독재정권이 만든 '3월 10일 근로자의 날'의 유래[14]와 한국노총의 반노동자성을 폭로하고, 노동자들의 분노를 표출하며 메이데이 쟁취 결의를 모으는 투쟁이었다.

차량 통행량이 많은 도로를 선택해 비밀리에 동을 떠 1백여 명이 도로를 점거함으로써 행인들의 시선을 집중시키고 아지(선동)와 함께 홍보물을 뿌렸다. 투쟁 대오가 차도로 뛰어들어 차량을 막고 정체를 빚는 그 짧은 시간에 가투를 마치고 해산해야 피해자가 생기지 않는다. 차량이 움직이지 못하는 상황이라 경찰이 즉각 출동할 수 없으므로 그 틈을 이용

---

14   이승만은 1957년 "메이데이는 공산 괴뢰도당의 선전 도구로 이용되고 있으니 반공하는 우리 대한의 노동자들이 경축할 수 있는 참된 명절이 제정되도록 하라"며 대한노총에 날짜 변경을 지시해 대한노총 결성일인 3월 10일로 결정했다. 1959년 3월 10일, 서울운동장에서 열린 제1회 노동절 기념대회에 이승만이 참석하자 대한노총은 '이 대통령에게 보내는 메시지'를 채택해 충성을 맹세했다. 그리고 이승만 정권은 1963년 '근로자의 날 제정에 관한 법률'을 만들어 '노동절'을 '근로자의 날'로 바꾸고, 1964년부터 휴무일로 지정했다.

해 약식집회를 하고 노동자·시민에게 홍보물을 배포하는 가두 투쟁이다. 당시 노동절 쟁취 투쟁은 대중적인 투쟁이라기보다 정치조직 성원들과 활동가 중심으로 소수가 참여했으며 긴장도는 그만큼 배가되었다.

그런데 1987년 노동자 대투쟁 이후부터 노동절 쟁취 투쟁은 활동가 중심에서 노동자 대중이 참여하는 대중투쟁으로 성장하고 있었다. 투쟁의 양상도 적극적인 가투로 발전해 공권력과 맞서며 역사 속에 숨겨졌던 메이데이 유래를 되살려냈다.

모든 투쟁이 마찬가지지만 노동절 쟁취 투쟁도 조합원을 조직하기 위한 준비에 집중하지 않으면 안 되었다. 수만 명이 모이는 집회를 성사시키기 위해서는 그에 걸맞은 준비가 필요했다.

회사에서 '근로자의 날 기념'이라고 찍은 수건을 기념품으로 지급하던 그 시절 조합원 대부분이 '근로자의 날'은 알았어도 메이데이(노동절)는 생소했다. 노동자들이 '8시간 노동' 쟁취를 위해 어떻게 투쟁하고 어떻게 죽어갔는지를 토론하면서 조금씩 관심을 두긴 했지만, 적극적으로 집회에 참가하기보다는 주변 활동가들에게 이끌려 가는 경우가 더 많았다.

1988년 노동법 개정 투쟁 이후 열린 1989년 노동절은 세계노동절 100회 투쟁이었다. 4.30 전야제부터 계획했으나 연세대는 원천 봉쇄돼 미리 들어간 일부 동지들 외에는 가투를 하며 진입 투쟁을 할 수밖에 없었다. 아현동 굴레방 다리에서 밀고 밀리는 투쟁이 장시간 계속됐다. 신촌 로터리 쪽을 바라보며 공격하는 노동자 대오와 신촌 로터리 쪽에서 올라오려는 경찰들 간의 지형은 우리가 내리막을 잡고 있어서 훨씬 유리했다. 투쟁 도중 연세대에 5천여 명의 동지들이 모였다는 소식에 노동자들은 함성을 지르며 더욱 힘을 냈다.

경찰력이 증강돼 밀고 올라오면서 우리가 골목으로 몰리는 신세가 됐다. 누가 나누어준 것도 아닌데 앞쪽에 선 노동자들 손에는 각목이 들려있었고 각목들은 춤을 추며 전경들을 밀어내고 있었다. 한참 각목을 휘두르고 있는데 누가 옆에서 "조심하시라"라고 한다. 같은 노조 조합원인데 그 친구가 각목을 들 거라고는 상상도 못 했다. "너도 각목 들 줄 아냐?"고 했더니 "나도 전에 검도해서 각목 좋아해요"라고 한다. 그날 투쟁 대오는 경찰들을 경기대 앞까지 밀어냈고 밀려난 경찰들을 결국 무장 해제시켰다.

밤에는 청계천을 지나 동국대 안으로 진입했다. 동국대로 향하던 중 청계천에서는 코너에 몰린 소속이 다른 경찰병력이 자기네끼리 서로 공격하며 싸우는 일이 벌어지기도 했다. 동국대를 침탈하려는 경찰들과 늦은 시간까지 화염병을 날리고 투석전을 벌이다가 압축된 전야제를 치렀다. 밤을 거의 샌 상태에서 다음날 메이데이 투쟁에 나섰다.

1박 2일의 노동절 집회를 다녀왔던 동지들은 이후 활동가로 성장했고, 검도 했다며 각목을 들었던 동지는 노조 조직차장을 맡기도 했다. 노동자의식은 투쟁으로 성장한다는 자각은 물론 자본과 권력을 향한 분노는 투쟁 공간에서 자연스럽게 형성된다는 사실을 가두 투쟁과 파업 투쟁으로 확인했다.

1989년 전국노동자대회 '전국조직 건설' 결의

전국노동자대회는 1989년에도 민주노조 운동의 투쟁과 열기를 모아냈다. 1988년 대회가 민주노조 운동의 포문을 열었다면 1989년 대회는 전국에 건설된 민주노조들을 하나로 묶으려는 노력이었다. 지노협을 통해 노동자계급의 전국조직인 전노협 건설을 결의하는 자리이자 투쟁의 장이었다.

노태우 정권은 1989년 전국노동자대회도 불법으로 몰았고 대회를 무산시키기 위해 안간힘을 쏟았다. 그러나 전국에서 모인 노동자들은 어떠한 탄압도 뚫어내고 전국노동자대회에 참가하고 있었다. 서울대에서 열린 전야제는 전노협 건설을 향한 단결과 투쟁의 공간이었고 노동자들의 감격이 타오른 무대였다.

거기 모인 노동자들 누구도 학교 정문을 통해 입장하지 못했다. 경찰들이 정문은 물론이고 주변 골목까지 모두 막아섰기 때문이다. 노동자들은 과천과 안양에서 관악산을 넘었다.

야간 침투훈련이라도 하듯이 관악산을 넘어 전야제 장소로 향했다. 정문에서도 원천 봉쇄하려는 경찰의 감시망을 뚫고 넓은 울타리 곳곳을 뚫어야 했다. 그 때문에 전야제는 예상보다 늦어졌다.

밤이 깊어갈 즈음 전국노동자대회 깃발이 휘날렸고 전국에서 온 노동자들이 속속 진입했다. 참가자들은 '임을 위한 행진곡'을 비롯해 노동가요를 함께 부르며 감격의 눈물을 흘렸다. 외국에서 온 노동운동 활동가들도 수백 명이 참가했다. 일본에서 온 활동가들이 그 장면을 보고 "혁명전야"라며 감탄하던 모습이 기억에 생생하다. 1988년과 1989년에 걸쳐 진행된 전국노동자대회는 전노협을 건설하는 동력이 되었다.

민주당사 점거 투쟁에서 만난 선배

1988년 전노협 건설을 준비하던 민주노조 진영은 전국투본의 노동법 개정안 내용을 당론으로 결정하라고 촉구하며 서울 마포에 있는 민주당사 점거[15]를 단행했다. 당사로 진입할 때 폭력이 난무하고 소화전이 뿌려지며 계단은 온통 엉망이 되었지만 우리는 민주노조운동 활동가들의 힘으로 민주당의 방해를 뚫고 점거에 성공했다.

이 방 저 방 기웃거리는데 노동위원회실에서 누가 아는 척을 해서 돌아보니 신금호 선배였다. 무척 반가워서 '같이 점거하러 온 것인가?' 생각했는데 복장이 전혀 아니다. "선배는 여기 무슨 일이냐?"고 했더니 이 방이 자신이 있는 방이라고 하면서 "여기를 오면 어떡하느냐?"고 묻는다. 나도 "선배가 여기

---

15   노동자 5백여 명은 1988년 11월 28일부터 민주당사 농성에 돌입, 5일 만에 김영삼 총재로부터 청년당원들의 농성장 폭력 침탈에 대한 사과와 복수노조 허용 등을 당론으로 하겠다는 약속을 받고 해산했다.

있으면 어떡하느냐?"고 반문하며 아주 잠깐의 만남은 그렇게 끝났다.

신 선배는 1970년대 후반 열정적으로 활동하며 엄혹했던 박정희 정권 시절에 전태일 추모제를 기획하고 민주노조 운동을 생명처럼 생각했던 선배였다. '그런 선배가 왜 여기에 있을까'라는 생각이 좀처럼 가시지 않았다. 1987년 노동자 대투쟁 이후에도 '노동자 대투쟁의 의의와 전망'에 관해 글을 쓴 사람이 왜 여기에 와 있을까, '민주당(김영삼)이 노동자의 동지인가?' 하는 생각이 꼬리를 물었다.

그 뒤 1994년 전노협 위원장 시절에 전노협으로 한 통의 전화가 왔는데 받아보니 신금호 선배였다. 그는 서울지방노동위원장을 하고 있다며 밥 한 끼 먹자고 했으나 지금까지 만날 기회를 만들지 못했다. 그렇게 마지막 통화 후 30년이 넘었다. 그 선배는 현재 안성에서 부부가 함께 도자기 공예와 미술을 한다는 소식이 들린다.

'갑호 비상령'에 '성동격서'로 맞서 전노협 출범

1980년대 투쟁과 1987년 노동자 대투쟁의 조직적 성과는 전
노협으로 모였다.

노동법 개정 전국노동자대회와 메이데이 쟁취 투쟁뿐 아
니라 대우자동차 투쟁, 구로동맹파업을 포함한 1980년대 투
쟁 정신과 민주노조 쟁취에 대한 열망이 전노협으로 모아진
것이다.

전노협 건설 과정은 투쟁으로 이루어졌다. 여기에 각 지역
과 중앙에서 벌어진 전노협 건설 논쟁도 만만치 않았다. 그것
은 한국노총의 성격 규정, 전노협의 조직적 위상, 민주노조 운
동의 정신과 조직발전 전망에 관한 논쟁[16]이었다. 논쟁의 결
과는 전노협 창립선언문에 그대로 담겨있다.

---

16 민주노조 운동의 전국조직 건설을 둘러싼 논쟁 지점은 크게 △한국노총 민주화론(민주노조 운
    동의 현실적 역량은 180만 조합원의 10%인 20만 명에 불과하므로 독자적인 조직 주체-전노
    협-를 건설하기보다는 각 지노협을 해산하여 한국노총의 시협의회와 통합하고, 그 속에서 민
    주파 블록을 형성하여 중간노조를 견인하면서 한국노총 자체를 민주화) △전노협 건설론(민주

"우리는 한국노총으로 대표되는 노사협조주의와 어용적, 비민주적 노동조합운동을 극복하고 자주적이고 민주적인 노동운동을 전개해 나갈 수 있는 한국 노동조합운동의 새로운 조직적 주체로서 탄생했습니다. …(중략)… 노동자의 인간다운 삶과 국민의 자유와 행복을 실현하기 위해 민주노조 운동은 멈추지 않을 것입니다! 새날이 온다. 동지여! 한발 두발 전진이다!"

1990년 1월 21일, 이미 수십 명의 노조 위원장이 체포되거나 수배된 상태였고, 노태우 정부는 '전노협 엄단'을 선포하며 모든 경찰력을 창립대회 개최지로 예상되는 지점에 배치했다. 1월 22일이 되면 '갑호 비상령'까지 선포한다는 계획이 언론을 통해 퍼지면서 전노협의 창립대회는 전 국민의 이목을 집중시켰다.

전노협 준비위원들이 추대한 단병호 위원장마저 수배 중이었다. 전노협 중앙위원들은 창립대회 장소로 서울이나 경기권의 특정한 장소를 물색했지만 모든 대학, 광장, 심지어 조

노조 운동은 민주노총과 산별노조의 건설을 추진한다는 전제하에, 각 지노협 및 업종협과 같은 수평적 협의체를 전국적으로 확대한 전노협을 즉각 결성. 전노협은 전국 노조 대표자들을 중심으로 어느 정도의 지도력과 집행력을 확보하는 시점에 결성. 진보적 노동단체들은 전국조직의 구성원으로 직접 참여하지 않는 상태에서 공동투쟁사업을 통해 상호연대 강화) △전국노동조합총연합론(민주노조 운동의 전국조직 주체는 연합조직으로 결성돼야 함. 전국조직의 주체는 단위사업장의 노조와 지노협·업종협, 일용노동자, 실업자의 대중조직, 그리고 단위사업장의 노민추 등으로 구성. 진보적 노동운동을 지향하는 단체와 노조 지원 단체 역시 일반 노조와 같은 자격으로 전국조직에 참여) 세 가지다.

금 넓다 싶은 지하철역까지도 모두 전경이 배치된 상태였다.

창립대회 강행 자체도 1월 21일 밤에나 확정할 수 있었다. 더구나 1천여 명에 가까운 전노협 대의원들이 경찰에 들키지 않고 출범식장으로 이동하는 것은 기적이나 다름없는 일이었다. 그렇다고 전노협 창립을 미룰 수 있는 문제도 아니었다.

전술팀이 고민 끝에 채택한 전술은 '성동격서'였다. 출범식을 서울대, 성균관대, 한양대에서 연다는 포스터를 만들고 언론에 인터뷰도 했다. 각 대학 학생들도 전노협 결성식이 자기네 학교에서 열리는 것처럼 꾸며서 혼란을 가중시켰다. 수도권의 노조 간부들은 1호선 전철을 타고 서울 시내로 진입하고 있었다. 이런 정보가 경찰청에 접수되면서 경기권에 흩어져 있던 경찰력이 서울로 집결했다. 경기권의 대학 주변은 최소한의 경비 병력을 제외하고는 텅 비어버렸다.

1월 22일, 서너 명씩 극소수로 움직이던 우리 대오는 1호선을 타고 청량리에서 종각으로 움직이는 중에 전철 안에서 창립대회 장소를 비밀리에 전달받았다. 그렇게 우리는 성균관대 율전캠퍼스(자연과학캠퍼스)로 움직였다. 수원행 전철 안은 동지들의 숫자가 점점 늘어나며 복잡해지고 있었다. 전철 안에 점차 늘어나는 사람들의 얼굴은 모르지만, 직감적으로 동지들임을 알 수 있었다. 율전역(현 수도권 1호선 '성균관대' 역) 근처엔 몇 명의 경찰이 경계를 하고 있었다. 전철에서 내린 우리들은 성균관대학교로 뛰었다.

성균관대 율전 총학생회조차 노동자들이 진입하는 것을 보고서야 자신들의 학교가 전노협 창립대회 장소로 결정됐다는 사실을 알 정도로 보안은 철저했다. 각 대학 학생회는 '전노협 건설 지원공동대책위원회'를 구축하고 내로라하는 사수대 인원들을 뽑아 수원 성균관대로 보내기 바빴다고 한다.

전노협 창립대회장에 수천 명이 집결했다. 뒤늦게 창립대회 장소를 파악한 경찰력이 급하게 몰려들기 시작했다. 대회를 성사시키기 위해 전노협 선봉대와 학생 사수대가 연대하여 경찰 침탈을 저지하는 치열한 전투가 시작됐다. 이 과정에서 선봉대와 사수대 150명 이상이 경찰에 끌려가면서도 완강히 저항함으로써 전노협 창립대회를 해낼 수 있었고, 대회를 마무리한 뒤에 지도부까지 안전하게 대피시켰다.

전 지구상에 노동조합 창립대회를 전쟁과 다를 바 없이 치른 경우가 또 있을까. 전노협은 건설 투쟁도 사수 투쟁도 전설과 같은 이야기들이 노동운동사의 한 가닥으로 남아 있다. 하지만 그 속에 담긴 민주노조 운동의 정신과 '노동해방', '평등 사회 건설'의 깃발은 그 빛깔이 점차 퇴색하고 있다. 전노협 진군가에 담겼던 "새날이 밝아온다"의 '새날'은 어떤 날이며, 언제나 다가올까.

원태조·박성호 열사 투쟁으로 수배

1990년 1월 전노협이 건설되고 난 뒤 민주노조에 대한 지배 세력의 공격은 더욱 강화됐다.

1990년 8월 말, 안산지역에 있는 금강공업이 파업과 함께 노동조합을 만드는 과정에 공권력에 침탈당했다. 공권력을 막아내기 위해 원태조, 박성호, 정만교 동지가 휘발유를 온몸에 뿌리고 저항하던 중 경찰이 다가와 라이터를 뺏으려고 하는 사이 "펑" 하는 폭음과 함께 두 동지가 쓰러졌다.

경찰의 무리한 진압이 빚은 사건이었다. 원태조·박성호 동지는 70% 이상의 화상으로 중태에 빠졌다. 지역에 공투위가 꾸려졌다. 경기노련 의장이 구속돼 있었으므로 사무처장인 내가 공동대표를 맡았다. 가두 투쟁과 병원 사수 투쟁이 매일 진행됐다. 공투위 동지들은 잠잘 시간이 없을 정도로 정신없이 전술을 논의하고 평가해가면서 지역의 결의를 모아 투쟁의 파고를 높여나갔다.

분신 1주일째 원태조·박성호 동지가 위독해지자 한강성심병원으로 병실을 옮기며 거점을 옮겼다. 투쟁본부도 두 곳으로 분산했다. 1990년 여름 장마는 지루했고 연일 퍼붓는 폭우는 세상을 집어삼킬 듯했다. 영등포역에서 영등포시장을 거쳐 한강성심병원까지 가는 길은 온통 비에 잠겨있었다. 영등포시장을 지나는 '길'은 보이지 않았고 온갖 오물들이 호수를 만들고 있었다. 영등포시장은 물이 가슴까지 차올라 한강성심병원을 향해 헤엄치듯 물길을 헤집고 나아갔다.

병원에서 사경을 헤매는 두 동지는 붕대에 감겨 몸이 퉁퉁 부어 있었다. 치료 시간이 되면 비명이 병원을 찢을 듯했다. 화상 치료는 진물이 말라붙은 딱지를 매일 깎아내고 그 위를 알코올로 소독하는 식인데, 그 통증은 의식이 가물거리는 환자에게도 참을 수 없는 고통으로 전해진다고 한다.

9월 11일, 병세가 악화된 박성호 동지는 숨을 거두고 말았다.[17] 동지들의 죽음을 공권력의 '미필적 고의에 의한 살인'으로 규정하고 가투를 결정했다. 일요일 안산 라성호텔 사거리 가투는 노동자들과 경찰의 공방 속에서 장시간 투석전과 화염병 투척으로 한 치의 양보 없이 진행됐다.

전투경찰이 사거리를 점거하고 휴식하는 사이 언덕배기에 자리 잡은 아파트 단지에서 일제히 화염병이 퍼부어지기

---

17   원태조 동지도 1주일 뒤 9월 18일 운명했다.

시작했다. 경찰들은 우왕좌왕하다가 북쪽에 자리하고 있던 노동자 대오가 함성과 함께 밀려오자 당황해서 일제히 직격 탄을 쏘기 시작했다. 이때 남쪽에 있는 백골단이 "공격 앞으로"를 외치며 투쟁 대오를 향해 달려가던 중 지휘하던 경감이 푹 쓰러졌다. 금세 경찰백차(순찰차)가 쓰러진 경감을 싣고 갔다.

온종일 벌어진 가투가 끝나고 집으로 가는 시외버스를 탔는데 버스 안은 최루가스 냄새가 진동했다. 버스 안에서 뉴스 속보가 방송되는데 경감이 죽었다는 소식이 들려왔다. 집에 들어갈 상황이 아니라고 판단하고 발길을 돌렸다. 그날 집에 들어간 경기노련 간부들은 일제히 체포됐고 그들에게 씌운 범죄혐의는 '상해치사'였다. 그날부터 나는 상해치사 혐의로 수배돼 숨어다니며 활동하는 신세가 됐다.

당시 노동자에게 '수배'라는 것은 근본적으로 활동을 막으려는 탄압의 일종이기 때문에 수배 중에 체포되는 것은 수치와도 같았다. 그래서 보안에 민감해야 하고, 자신을 지켜내며 활동하기 위한 노력이 평소보다 몇 배나 더 필요했다. 활동을 안 하고 깊이 숨어있으려면 수배 생활을 할 이유가 없다.

그러니 자유가 제한되는 것은 당연하다. 사람을 만나는 것도 '소독(보안)'이라는 걸 늘 염두에 둬야 하고, 회의에 참석하면 다른 동지들까지 불편을 겪을 수밖에 없다. 회의 장소와 시간도 미리 정하거나 공개할 수 없었다. 모든 것이 비밀리에 진행돼야 하기 때문이다. 지역 활동과 노동조합 활동을 병행해야 했으므로 외진 곳에서 지부 간부들과 비밀리에 만나 조합 활동을 평가하고 대책을 수립하며 투쟁의 결의를 모았고, 지역 활동도 마찬가지였다.

'업무조사'로 노조 탄압, 선도투로 중단시켜

전노협을 탄압하는 방안으로 대우전자부품노동조합에 업무조사[18]를 알리는 공문이 접수됐다. 경기노련 산하 노동조합에 업무조사 공문이 날아들었고, 그중 대우전자부품이 첫 번째 업무조사 사업장이었던 것으로 기억한다.

조합원 500명 이상 사업장은 노동부가 업무조사를 하고, 500명 미만 사업장은 시청에서 조사한다. 내가 수배 중이어서 임원들과 핵심 간부들을 비밀리에 만나 업무조사 탄압에 대한 대응 방안을 논의했다. 결론은 업무조사가 대우전자부품에 가장 먼저 들어왔기 때문에 여기에서 전선을 치지 않으

---

18   자본과 정권은 전노협에 대한 이데올로기 공세와 지도부 구속, 무노동 무임금 적용 등 가능한 탄압 수단을 모두 동원했는데 또 한 가지가 가입노조에 대한 대대적인 업무조사. 노동부는 전노협 출범 직후인 1990년 2월 1일부터 160여 개 노조를 대상으로 △전노협 결성 기금의 불법 징수 △이념적 사회운동에 조합비 사용 여부 △전노협 등 불법노동단체 참여 여부 △전횡적인 노조 운영 여부 등을 가려내겠다고 밝혔는데, 업무조사를 나온 근로감독관들은 "전노협 탈퇴만 약속하면 무사하게 해주겠다"며 노골적으로 속내를 드러냈다. 전노협은 업무조사 거부 투쟁을 결정했고, 전국 현장에서는 이에 따른 투쟁을 실천했다.

면 다른 노조에 탄압이 지속될 것이라는 확신 속에 강력히 대응하는 기조로 전술을 논의했다.

업무조사에 파견되는 근로감독관들을 담당하는 부서는 여성부가 맡았고 청년부는 외곽을 맡았다. 수배 중인 나는 노조에 들어갈 수 없는 안타까움에 잠을 잘 수 없었다. 업무조사 날이 되었다. 수시로 전화로 소식을 교류하는 것은 한계가 있었지만 어쩔 수 없었다.

근로감독관들은 노조 회의실로 들어와서 당당하게 "업무조사에 필요한 노동조합 회계 관련 서류를 가져오라"고 했다. 여성부장을 비롯한 여성부원들은 업무조사 공문이 위원장 앞으로 되어 있음을 보여주며 "위원장이 수배 중인데 무슨 업무조사를 하냐"고 항의했다. 점차 목소리들이 커지다가 여성부장이 근로감독관 귀싸대기를 수 차례 때리면서 "노동조합이 조합비로 노조를 운영하는데 근로감독관이 무슨 자격으로 조사를 하냐, 너희는 기본적인 양심도 못 갖춘 놈들이냐"고 몰아세웠다. 그러면서 "회의실 문 다 잠가. 저런 놈들은 다 죽여버리든지 같이 죽든지 해야 한다"고 하자 바깥에서 회의실 문을 잠가버렸다. 밖에서 청년부원들은 쇠파이프로 콘크리트 바닥을 쾅쾅 울리면서 "나오기만 하면 다 죽인다"고 소리치는 상황이었다.

일부 여성부원들이 현장으로 달려가 조합원에게 소식을 알리는 중에 근로감독관들은 창문을 뜯고 도망치고 있었다.

여성부원들이 쫓아가자 도망치는 감독관들이 급히 차에 올라타 문을 잠갔다. 현장 조합원들이 차를 둘러싸면서 현장은 아수라장이 되었고 준비한 달걀 수십 판과 밀가루로 근로감독관들이 타고 온 차를 완전히 도배했다고 한다.

이 사건으로 대우전자부품은 물론 지역에서도 업무조사는 중단됐지만, 대우전자부품노조 여성부장은 구속됐고, 여성부원 4명은 불구속됐다. 여성부 차장은 경찰의 회유로 회사를 그만두고 고향으로 내려갔다.

그로부터 24년이 지난 2014년 4월 5일, 홍대 앞에서 '노래로 보는 노동운동사' 공연을 했는데, 생각지도 못했던 이 동지들이 공연장을 찾았다. 눈물 나도록 반가웠지만, 각자가 처한 상황 때문에 저녁밥 한 끼도 같이 못 하고 헤어져서 가슴에 미안한 마음으로 남아있다.

"지금까지 ○○○ 동지 구출 투쟁에서 보여준 동지들의 모습은 선진노동자로서, 노동해방투사로서 전혀 손색이 없었다고 생각됩니다. 특히 여성부장 재판 투쟁을 하려고 작업장을 벗어나 법정에서 호송버스를 에워싼 투쟁은 적들의 간담을 서늘하게 했습니다. 호송버스를 둘러싼 수백 명 경찰과의 공방은 일방적인 경찰의 폭력으로 수십 명이 다쳤지만 우리들의 각오와 결의를 분명히 보여준 빛나는 투쟁이었습니다. 길지 않은 세월의 투쟁 경험으로 이번과 같은 투쟁 결의와 의지 그리고 실천은 찬란한 노동계급이 아니고서는 누구도 해내지 못할 고귀한 것입니다. 동지들은 그간 노래패, 여성부 활동으로 스스로를 단련시켰을 뿐만 아니라 모범적인 실천으로 대중을 지도해 냈습니다. 아니 지금도 실천하고 있습니다. 투쟁 전선에 함께하지 못하는 저의 자리를 충분히 감당하고 계신 동지들에게 글로나마 감사의 말씀 전합니다."

1990년 수배 중에 동지의 구속을 참담한 심정으로 맞으며,

양규헌 드림

- 노래패·여성부 동지들에게 보내는 글[19] 중에서

---

[19] 업무조사 거부 투쟁으로 탄압받는 상황에서 수배 중에 모든 부서에 편지를 보냈으나 지금은 거의 없어졌다.

회의하러 가다 구미에서 연행돼 구속

금강공업 사건으로 10개월째 수배 생활을 하던 중 인천 대우자동차 투쟁 탄압과 관련해 구미에서 대우그룹노동조합 비상대책회의가 잡혔다. 그 회의에 참석하려고 구미 톨게이트로 들어가다가 겹겹으로 에워싼 바리케이드에 갇혀 구미경찰서로 연행됐다.

구미로 함께 가던 노조 사무장이 도중에 구미 코람플라스틱(대우 계열사)에 전화한 게 도청된 것으로 확인됐다. 구미경찰서는 수백 명의 병력을 동원해 톨게이트에서 나를 덮쳤다.

나를 연행한 구미경찰서는 나의 죄명이 '상해치사'다 보니 갈피를 못 잡는 거 같았다. 자기들끼리 "공안이 아니고 조폭 아니냐?"며 웅성거리는 소리가 들렸다. 뒤늦게 비상대책회의에 참석했던 그룹 소속 노조 간부들이 경찰서를 항의 방문해 구미경찰서 안에서 술판이 벌어지기도 했다. 다음 날 새벽에 안산으로 이송돼 조사를 받았다.

앞서 상해치사 혐의로 구속된 동지들의 진술 내용과 공소장을 다 읽어보면서 '상해치사'는 빠질 수 있다는 확신이 들었다. 조사관들은 집요했고 초반부터 기 싸움이 시작됐다. 그렇지 않아도 '시빗거리만 생겨 봐라'라며 버티고 있던 나에게 교대로 조사하는 조사관이 반말을 하며 탁자를 쳤다. 나는 그 조사관의 태도가 폭력적이어서 강압 수사라며 항의했다. 과장이 껴들어서 무마시키려고 했으나 나는 가만히 있지 않았다. "이런 상황에서 나는 조사에 협조할 수 없고 내가 들은 바로는 묵비권이 있다는데 나는 지금부터 그걸 하겠다"라며 버텼다.

묵비한 지 이틀이 지나자 자세가 한결 누그러진 조사관은 어디에서 가져왔는지 모둠회 한 접시를 주면서 "어떻게 해야 진술을 할 수 있겠냐"고 물었다. 나는 "두 가지 약속을 해라. 하나는 나에게 강압 수사한 것을 사과하고 또 하나는 내 진술을 신뢰하고 들어라. 그러면 진술할 수 있다"고 했다.

금세 첫 번째 조건을 받아들인다며 하는 말이 "연배도 있으시고 지역에 일정한 직책도 있는 분을 어린 학생 대하듯 한 것에 대해 사과한다"라고 했다. 거슬리긴 했지만, '사과'에 방점이 있으니 넘어갔다. 그러나 두 번째 조건은 곤란하다고 했다. 내가 "진술에 대한 신뢰가 없다면 내가 진술을 왜 해야 하는지 설명 좀 해보라"라고 했더니 마지못해 신뢰한다고 약속했다.

조사관은 혐의를 벗어나는 사안에 대해서는 솔직히 진술하라는 둥, 사진이 찍혀있다는 둥 했다. 그때는 약간 긴장하기도 했다. "사진이 있으면 시간 낭비하지 말고 내 앞에 내놓아봐라" "내 진술을 신뢰한다고 하지 않았느냐?"를 반복하며 조사는 별 어려움 없이 끝났다.

조사관들이 몰려와 구속 사유가 없는데 왜 도망 다녔냐고 묻는다. "내가 죄가 있어서 도망간 게 아니고 경찰들이 못 잡아들여서 환장하고 쫓아다니니까 피한 거 아니냐?"고 했다. 나를 조사한 경찰은 "구속영장이 안 떨어질 수도 있다"며 투덜거렸고, 나는 "다른 사람들 다 구속됐는데 나만 구속 안 되면 쪽팔리니까 제대로 구속영장 신청해 보라"고 했다. 결국 라성사거리 경감 사망 건은 빠지고 한양대 교내 집회와 거리시위에 따른 '집시법 위반'으로 구속영장이 발부돼 5월 1일 수원구치소로 들어갔다.

나는 내내 행복한 수배 생활을 한다고 생각했다. 현장 조합원들과 간부들이 부서별·반별로 편지를 써 인편으로 전해줘서 매번 반갑게 받아 읽었다. 또 고생한다고 허약해진다며 보약과 돈까지 모아서 보내주곤 했는데 그런 수배 생활이 어디에 있겠는가. 마음 한편으로 행복했지만 염치없음을 깨달았을 때는 민폐를 끼친다는 생각도 들었다.

감옥에서 동지들과 조우

저녁 8시경 배방(방 배치)을 기다리고 있는데 각 사동에서 메이데이 행사를 하고 있었다. 구치소는 왁자지껄했고, '임을 위한 행진곡'이 들려왔다. 노동절의 유래도 들려오고 "반노동자적인 노태우 정권 타도하자"는 울림이 구치소를 흔들었다.

취침시간(구치소는 저녁 9시경)이 되어 배방이 되었다. 나는 '혼거 방'(여럿이 있는 방)으로 안내되었다. 철문을 열자마자 똥 냄새가 진동했다. 6명이 생활할 방에 9명을 집어넣었으니 비집고 들어갈 틈이 없었다. 조심스럽게 들어가다가 한 사람 다리를 조금 밟았다. 그런데 밟힌 놈이 벌떡 일어나며 내뺨을 후려갈긴다. 반사 신경으로 나는 그놈 얼굴을 주먹으로 후려갈겼다. 방 안에 있던 재소자들이 전부 다 일어나 나를 집단으로 구타한다. 소리소리 지르며 아수라장이 되고 교도관들이 호루라기를 불면서 떼거리로 몰려오고 다른 방에서는 신이 났는지 철문을 쾅쾅 차기도 하고 난리가 났다.

교도관들의 협박으로 잠잠해졌지만 잠이 오지 않는다. 아홉 명이 자려면 머리와 발을 서로 반대로 하고 껴서 옆으로 자야 하니 머리 양쪽엔 늘 두 사람의 발이 와 있다. 아침에 기상하자마자 각 사동에서 "○○형님 평안히 주무셨습니까?"라는 익숙지 않은 인사가 줄을 잇는다. '제 아버지한테도 저렇게 인사하나?' 혼자 중얼거렸다. 일어나서 보니 내가 갈긴 녀석이 방장이었다. "이 방에서 감히 내 얼굴을 갈겼으니 아침 먹고 나서 죽여 버리겠다"라고 한다. 나는 '어떤 놈이 뒤지는지 해보자'라고 맘먹고 있는데 아침 식사가 끝나고 설거지도 안 했는데 교도관들이 몰려와서 방을 깬단다. 방을 깬다는 건 그 방 재소자들을 모두 다른 방으로 보내는 것이다. 수감번호가 호명될 때마다 몇 명씩 관물을 싸서 나가고 나 혼자 남았다. 쌓인 매트리스에 누워서 '이게 뭐지? 나는 왜 남겨둘까?' 생각하는 중에 철문이 열리고 어디서 오는지 2명의 재소자가 관물가방을 들고 들어온다. 방안에 들어오자마자 나에게 넙죽 절을 한다. 황당해서 벌떡 일어나 왜 이러냐고 물었더니 신고식이란다. 이 방에선 그런 거 하지 말고 잘 지내자고 했는데 잠시 후에 철문이 열리고 또 두 명이 들어오자마자 큰절을 한다. 그렇게 들어온 재소자가 8명이었다. 전방(방 옮김) 온 사람들은 대부분 구치소 들어온 지 오래됐지만, 이 방에서는 고작 하루 먼저 들어온 내가 제일 오래된 고참이 되었다. 8명의 범죄 혐의는 폭력, 교통사고, 간통, 사기 등 다양했다.

다른 방에서 넘어온 재소자들은 방 서열을 정하자고 하며 나를 당연직 방장이라고 했다. 나는 방장을 거부하며 이 방에서는 방장 없이 지내자고 했다. 그렇게 나는 자연스레 마치 고문 같은 지위가 되었다. 방에 처음 들어온 두 명 중에 앞에 들어온 재소자가 배식반장이 되었다. 감방에서는 문지방을 먼저 들어오는 사람이 무조건 앞 서열이 된다.

배식반장은 할 일이 많다. 접견에서 들어온 영치품 관리와 함께 구치소에서 나오는 반찬 외에 고추장, 김치, 칫솔, 퐁퐁 등 필요한 물품을 구매해야 한다. 구매한 물품은 3일 후에 들어오기 때문에 3일 전에 미리미리 앞당겨 계산하고 구매하지 않으면 무능한 배식반장이 된다. 그래서 배식반장은 영치카드(개별이 소유하고 있는 구치소 돈)를 관리하고 밥을 푸는 역할까지 하므로 방 안에서는 어느 정도 권위가 있다.

내가 수원구치소에 갔을 때는 이미 경수노련 조직사건[20]으로 동지들이 들어와 있었다. 그런데 보름쯤 지났을 때 박창수 열사 투쟁으로 동지들이 굴비 엮이듯 끌려 들어왔다. 평택의 동영알미늄, 기아자동차, 안산의 삼양금속에서도 단지 생존권과 기본권을 요구했다는 이유로 동지들이 줄줄이 묶여 들어오는 분노의 여름이었다. 박창수 열사 투쟁으로 들어온 김종배 동지와 인연도 이때 수원구치소에서 시작된 셈이다.

---

20 경수지역노동자연합(경수노련)은 국가보안법상 이적단체로 규정돼 1991년 3월 15일 6명이 구속되고 9명이 수배됐다.

수원구치소는 일본 강점기에 지어진 건물이어서 바깥에 있는 수도꼭지에서 물을 받아 써야 하고 빨래는 세탁장에서 잠깐하고 와야 한다. 편지나 항소이유서 등을 쓰려면 볼펜심 하나만 지급받아 필경실에서 쓰고, 나올 때는 볼펜심을 반납해야 했다. 방 한쪽에 화장실이 있는데 재래식이어서 냄새도 심하고 구더기가 기어 나와 같이 생활해야 했다. 이른바 '대포알'(빵 봉지 등을 모아 변기통을 틀어막는 뭉치)을 덮어 놓지만, 그 틈새로 늘 구더기는 기어 나온다. 장마철에는 똥통에 물이 넘쳐 방으로 똥 덩어리가 스멀스멀 밀려온다. 그럴 때는 똥물 넘친다고 소리치고 난리지만 아무런 소용이 없다. 방에 빨래를 널어야 하는데 끈이 없으니 빵 봉지를 갈라서 이어 붙이고 새끼로 꼬아서 빨랫줄을 만드는데 검방(방 검사)만 오면 다 걷어간다. 다양한 사람들이 모이는 곳이다 보니 손재주들도 탁월하다. "교도소에 3개월만 검방이 없으면 헬리콥터 만들어서 탈출한다"는 말이 그래서 나온 거다.

옥중투쟁위 '민주방송' 진행

수원구치소에는 옥중투쟁위원회(옥투위)가 꾸려져 있었다. 사동마다 책임자가 정해져서 책임자는 그 사동에 '민주방송'을 진행한다. 1주일에 세 번씩 민주방송을 하는데, 민주방송은 집회하는 방식이고 사동 책임자가 시국 연설 같은 걸 하지만 때로는 돌아가며 하기도 한다. 갇힌 공간에서 민주방송을 시작할 때 '임을 위한 행진곡'을 부르는데, 틈나는 대로 통방으로 다른 방 재소자들에게 노래도 알려줘야 한다. 무료한 시간을 보내는 재소자들에게 민주방송이 기다려진다는 얘기도 들렸다. 투쟁 전술은 다양한데 국그릇으로 창틀 긁기, 바닥에 바로 누워서 철문 차기(소음투쟁이라고도 하며, 방 몇 군데에서 철문을 두 발로 차대면 사동 전체가 떠나갈 듯 쿵쾅거린다) 등이다.

 민주방송은 시국에 대한 문제만을 중심에 놓지 않고 재소자 모두에게 관련된 사안도 연설 주제로 정해서 일반 재소자들의 참여와 관심을 독려한다. 때로는 면회 시간이 짧다는 이유로, 운동이나 목욕 시간이 짧다는 이유로, 심지어 1주일에 두 번 주는 고깃국에 번갈아 나오는 돼지고기와 소고기가 함량 미달이라며 구치소를 성토하기도 한다. 함량 미달인지 아닌지는 사실 우리도 모른다. 그렇지만 방송을 외칠 때는 그램 수까지 아는 척을 하면서 구치소를 규탄한다. 구치소 측에서는 이런 이슈를 노태우 타도나 정치적 사안보다 더 민감하게 바라보고 대응한다.

일반 재소자들이 민주방송에 참여해 함께 노래 부르고 구호를 외치며 더욱 적극적으로 소내 투쟁에 결합하는 이유는 자신의 생활과 직접 연관됐기 때문이다. 민주방송이 거듭되면서 어떤 재소자들은 "여기서 나가면 저도 선생님처럼 운동권 하고 싶어요. 받아주실 거죠?"라며 진지하게 상담을 해 오기도 했다.

그런 와중에 옥투위 평가에서 법정투쟁이 점차 약해진다는 평가가 있었다. 법정투쟁을 꺼리는 것은 학생 동지들을 면회 온 가족의 영향이 컸다. 학생 부모님들이 "너 재판받으면 나올 테니까 변호사님 말처럼 절대로 재판장에서 시끄럽게 하면 안 된다"라고 당부하는 것이다. 대학교 다니며 운동하다가 징역 온 것도 미안한데 부모님의 이런 충고가 그들에게 짐이 되는 것은 당연하다.

세상을 향해 주먹질해야 할 수밖에 없는 오늘

누적된 모순을 씻으려는 듯 비가 내린다

폭우가 퍼붓는다

노동대중과 격리된 엄연한 이곳에서 현실에서

자유란 취할 수 없고 해방이란 개처럼 짖어댈 뿐

분노가 있으면 사랑이 있고 희망이 있으면 투쟁이 있다는데

한정된 공간에서 정세 반전의 몸부림이 계속되고 있으나

투쟁의 깃발 위로 끊임없이 비가 내린다

멈추지 않는 빗줄기에

구치소는 똥물이 넘쳐 사동 감방으로 스며든다

- 1991년 수원구치소에서 쓴 시(詩) '폭우' 중에서

법정투쟁 했더니 괘씸죄로 징역 2년

선고 공판을 하루 앞두고 오전에 변호사가 접견을 와서 "판결문을 슬쩍 봤는데, 내일 집행유예로 석방된다"라며 "절대 법정 투쟁하지 말라"고 한다. 오후에는 조합원들이 면회 와서 내일 환영식을 잡았다고 환영식장에서 보자고 한다.

저녁에 자려고 누우니 법정투쟁에 대해 약간 갈등이 생겼다. 그러나 당시 구치소에서 법정투쟁을 소홀히 한다며 신랄하게 비판하고 법정투쟁의 결의를 모았던 나로서는 고민할 이유가 없었다. 호송버스를 타고 법정에 도착했고 내 이름이 호명됐다. 법정에 들어가면서 외치기 시작했다. "노동운동 탄압하는 노태우 정권 타도하자", "노태우 정권 타도하고 노동해방 쟁취하자" 방청석에 앉은 동지 중 일부는 구호를 따라 했지만, 다수는 긴장된 표정이었다. 변호사로부터 법정투쟁만 안 하면 출소한다는 얘기를 전해 들었던 거 같다.

나는 판사를 노려보며 다시 외치기 시작했다. "노태우의 똥

개 새끼 주제에 누굴 심판하겠다고 그 자리에 앉아 무게 잡고 있느냐?"며 소리치고 덤벼들다가 법정 경위들에게 막혔다. 기고만장하던 판사의 표정은 뭐 씹은 얼굴이었고, 법정 서기에게 볼펜을 달라고 하더니 판결문에 적힌 형량을 찍찍 긋고 선고했다. 구형량보다 높은 징역 2년이었다.

법정에서 교도관들에게 끌려 나오는데 누가 큰소리로 외친다. "양규헌 정말 잘났다, 잘났어~" 원망에 가득 찬 아내의 외침이었다. 당연히 당일 예정되었던 출소환영식도 취소가 되었다.

시작의 순간처럼 두터운 껍질에서 벗어나
새로운 알맹이를 찾습니다.
투쟁에서 휴식이란 무엇을 의미하는지…
급박한 정세에서 무질서한 퇴각은 어떤 결과를
가져오는지…
암흑 속에 던져진 돌멩이의 상태를 벗어나
처음의 시작과 가야 할 길을 찾으려고 하고 있으나
눈깔을 부라린다고 찾아지지 않습니다.
…
우리의 형제들이
어물시장 생선 엮이듯
줄줄이 묶여오는 분노의 이 여름!

우리는, 허물어지는 계급의 울타리를 보수하고

붕괴되는 노동자 권리를 위해

새로운 여름을 준비해야 합니다.

- 1991년 수원구치소에서 쓴 시(詩) '분노의 여름' 중에서

배려는 필요없다, 투쟁으로 원직복직하겠다

회사가 구치소에 있는 나에게 인사위원회를 알려왔다. 소명하라는 문서였다. 징역에 갇혀 있는데 소명은 무슨 얼어 죽을 소명이냐고 혼자 중얼거리고 있는데, 회사 간부가 특별 면회를 왔다. 그는 "공문 보낸 거 받았냐. 신경 쓰지 마라"며 "건강 챙겨라"라는 말을 남기고 돌아갔다.

출소해 보니 예상대로 해고가 돼 있었다. 해고자는 구속되었던 여성부장과 나, 둘이었다. 복직 투쟁을 해야만 했다. 단위노조, 지노협, 전노협 회의 다니기 바쁜 와중에도 출퇴근 시간에 여성부장과 출근 투쟁을 했다. 해고라는 것은 정신적으로 황폐해지며 삶의 형식이 완전히 달라진다. 우선 사람과 사람 관계에 보이지 않는 균열이 생기고, 같은 조합원이라도 복직 투쟁을 민망한 시선으로 보는 사람들이 있었다. 처음에는 조합에서 생계비를 마련하지만, 시간이 지나면 그조차 달라질 수밖에 없다. 출근 투쟁 중에 회사에서 사무국장을 통해 만나자는 연락이 왔다. 만남 장소는 민물장어 집이었다. 그때까지 민물장어를 먹어본 적이 없었다. 식당에서 풍기는 냄새는 침을 삼키기에 충분했다.

관리이사는 미리 와서 방을 잡고 기다리고 있다가 나와 사무국장이 들어가자 장어를 굽기 시작하더니 "왜 복직하려고 하냐"고 묻는다. "그걸 몰라서 묻냐?"고 반문했더니 "복직해서 평생 월급 받아봐야 얼마를 벌겠냐"며 회사가 고민 끝에 중요한 결정을 내린 게 있어서 보자고 했다는 거다. 그 중요한 결정은 "회사의 자동 라인인 테이핑 라인을 줄 테니 그거 받고 힘든 싸움하지 말고 편안히 사는 게 어떠냐?"는 거였다. 그걸 받아서 운영하든 양도하든 당신 소유니까 당신 맘대로 하면 된다는 말도 덧붙였다.

나는 "노동자 삶에 있어서 해고가 갖는 의미가 어떤 건지, 내가 왜 복직투쟁을 하는지, 왜 해고수당을 거부하는지도 모르는 당신들이 불쌍하다"고 말했다. 관리이사는 당황하는 기색이 역력했다. "서로 살아가는 방식과 사물을 바라보는 관점이 다른 관계로, 회사가 나를 도와준다는 생각으로 이런 제안을 한 거 같아 이번엔 참지만 앞으로 이런 식의 회유를 또 하면 그냥 두지 않겠다"라고 했다. "다시 말하지만 나는 싸워서 원직복직을 쟁취하겠다"는 말을 남기고 장어집을 나왔다.

사무국장이 울먹이며 따라 나와 징징거린다. "그 돈 받아서 운동에라도 쓰지 그러셨어요⋯."라고.

내부 투쟁 시작되다

출소 이후에 경기노련에서 심각한 문제들이 돌출되기 시작했다. 중장비 노조 위원장이 노동운동단체 사무실에 화염병을 던진 사건이다. 개인의 불만과 분노를 표출하는데 권력이나 자본가 집단에게나 할 행동을 동지들이 일하는 사무실을 대상으로 벌인 것이다. 당사자는 특정 단체에 좋지 않은 감정 때문에 화염병을 던졌다고 하는데 어느 누구도 그의 행태를 이해할 수 없는 사건이었다. 더군다나 그가 "경기노련 수원지구에서 일하는 쟁의차장이 화염병을 던지라고 했다"고 얘기하는 바람에 지역이 발칵 뒤집히기도 했다. 수원지구 쟁의차장은 "단지 화염병 만드는 법을 가르쳐 줬을 뿐"이라며 강하게 항변했다.

또 하나의 사건은 '이적행위' 건이다. 경기노련은 집행위원회가 있고 사무처 회의가 있는데 매주 사무처 회의에서 논의해 집행위 안건을 준비한다. 사무처 회의는 안양, 안산, 수원지구 대표와 사무차장들로 구성돼 있다. 경기노련 사무처장을 맡은 나는 지역 대표들과 안건을 공유하고 회의에 임하는 것이 바람직하다고 판단해 지역 대표들과 안건 관련 사전모임을 한 후에 사무처 회의를 진행하고 있었다. 그런데 이러한 사전모임을 '이적행위'로 규정하는 단체가 있었다. 이적행위라고 하는 근거는 단순했다. 그 문제를 제기하는 단체 사람이 사전모임에 없다는 이유다. 이 모임은 안양, 안산, 수원지구 대표자(사무처 성원)들이었으며 모든 단체가 참여하는 단위가 아니었기 때문에 합당하지 않은 제기였다. 경기노련 조직표 상에 없는 기구라고 비판한다면 효율적인 사무처 운영이라는 측면에서 토론할 수 있지만 '이적행위'라는 제기는 맞지 않았다.

수차례의 토론과 논쟁에도 해결의 실마리를 풀기가 쉽지 않았다. 전노협 조직국 등에서 여러 번 경기지역에 내려와 해결 방안을 모색했지만, 한쪽이 이적행위라는 표현을 취소하지 않는 상태에서 대화와 토론으로 문제를 해결하긴 쉽지 않았다.

결국, 토론 자료를 만들고 성균관대 강당을 빌려 전국에서 관심 있는 동지들이 참여하는 토론회를 조직하게 됐다. 토론회는 사안의 본질과 의미에 접근할 수 있지만 결정할 수 있는 자리는 아니었다. 토론회를 한 뒤 경기노련은 대표자회의에서 사전모임을 이적행위라고 규정한 단체(조직)를 징계하는 것으로 결정했다. '경기노련은 (해당 단체와) 공식적으로 연대를 포함한 사업을 안 하는 것'으로 결정하면서 지루하고 힘들었던 논쟁은 막을 내렸다.

지긋지긋한 논쟁의 와중에 나는 감정을 억누르지 못하고 동지의 멱살을 잡고 막말까지 내뱉으며 폭력 일보 직전까지 가기도 했다. 그런 나의 행위와 관련해 당시 경기노련 부의장을 맡았던 동지에게 미안한 마음이 크다.

소련 붕괴와 사회주의 세력의 혼란

인민노련 내부에는 기존의 지역 중심적 활동을 고수하는 〈노동자의 길〉 발간그룹과 사회주의 직접 선동 및 전국적 전위조직 건설을 주장하는 〈사회주의자〉 발간그룹, 2개의 진영이 형성돼 있었다.

1989년에 조직 사건으로 노회찬을 중심으로 하는 중앙지도부가 구속됐고 주대환을 중심으로 새로운 지도부, 이른바 '신중앙'이 구성됐다. 주대환의 신중앙은 전위당 건설을 명분으로 비합법 사회주의 조직들의 통합을 시도했다. 그 결과 1991년 8월에 '삼민동맹(민족통일민주주의노동자동맹)', '노동계급' 등의 그룹들과 통합해 '한국사회주의노동당 창당준비위원회'(한사노당 창준위)를 구성했다. 유력한 비합법 조직 중에서는 사노맹과 제파PD그룹 정도를 제외하고는 대부분 규합한 것으로 볼 수 있다.

그러나 곧 주대환의 '신노선'(또는 '신전략')이 제출되면서 합법적 노동자정당 건설을 조직 노선으로 결정, '노동자정당 추진위원회'(노정추)라는 이름으로 공개 공간에 나오게 된다. 어느 날 경기노련 사무처장이 토론을 요청했고 나를 포함해 2명이 토론 장소에 도착했는데, 김○○, 홍○○(만도기계에서 노조를 만든 장본인인 동시에 노조를 깬 당사자) 등 여러 명이 기다리고 있었다. 그들은 한사노당을 추진하는 사람들이었다.

쟁점은 사회주의에 대한 태도였던 것으로 기억한다. 그들의 신노선은 공개적으로 당을 띄우는 것이었는데, 당시 합법정당을 추진한다는 것은 사회주의 포기를 선언하는 것이나 다를 바 없다고 보았기 때문에 나는 반대했다. 그러나 당사자들은 사회주의 포기가 아니라 공개된 영역에서 당당하게 사회주의운동을 하는 것이라고 했다. 한사노당 문제는 전노협 중앙위에서도 한차례 치열한 논쟁이 벌어졌지만, 결론은 나지 않았다. 한사노당을 지지하는 동지들에게 정치적 자유를 허용하는 수준에서 논의를 마감한 것으로 기억한다.

1991년 8월 소련 붕괴로 좌파운동 진영은 근원적 혼란을 겪게 되었다. 주대환의 신노선은 그러한 시대적 배경에서 나온 것이다. 신노선을 채택하고 공개 공간으로 올라온 노정추는 노동운동 지도자들을 규합해 1992년 1월 '한국노동당 창당준비위원회'(한노당 창준위)를 결성했다. 기층의 좌파계열 지구당위원장들과 함께 소수 명망가 중심인 민중당[21] 지도부를 당 안팎에서 압박하여 통합을 요구했다. 통합의 조건은 당명을 '한국노동당'으로 바꾸고 단일지도체제를 도입하자는 것이었으며 사실상 흡수통합을 시도한 것이다.

그러나 노태우 정권은 이런 시도를 차단하려고 칼을 빼 들었고, 주대환 위원장을 비롯한 주요 지도부를 안기부에서 구속했다. 위기 상황에서 한노당 창준위는 애초 목표와는 전혀 다른 조건으로 민중당과 통합하게 되었다. 당명과 지도부는 유지하는 상태에서 역으로 흡수 통합된 것이다.

민중당은 1992년 총선에서 당선자를 내지 못하고 등록 취소됐다. 총선 직후에 열린 중앙위원회에서 당의 존폐가 거론됐으며 좌파 진영은 재창당과 12월 대선 독자후보를 주장했다. 그러나 당권파는 진보정당 실험이 실패했음을 주장하며 '법적 해산'만이 아닌 '정치적 해산' 결정을 통과시켰다. 진보정당을 통해서는 금배지를 얻을 수 없다고 판단한 것이다. 그들은 훗날 김영삼 정권 시절에 앞다퉈 가며 집권당으로 들어가기도 하고 더 오른쪽으로 치우치는 정치적 행보를 보여주기도 했다. 현재 주대환의 역사관은 이승만을 '건국의 아버지'라고 칭송하는 극우의 그것과 다르지 않다.

---

21 1987년 13대 대선에서 독자적 민중후보 출마를 주장하던 사람들을 중심으로 1989년 '진보적 대중정당 건설을 위한 준비모임'을 결성한 뒤 이를 바탕으로 1990년 11월 10일 창당, 1992년 2월 7일 한노당 창준위와 통합했다.

1992년 대선에서 백기완선본 운동

1992년 대선에서 민중 진영은 또다시 '비판적 지지'와 '독자 후보' 견해로 양분되었다. 1992년에 구성된 백기완 선본(백선본)에는 '진보정당 추진위원회(진정추), 사회당 추진위원회(사추위), 민중회의 준비위원회(민중회의), 전국노동운동연합(전국노련) 4개 조직이 결합했다.

선본 구성은 각 조직에 고르게 안배됐다. 중앙선거대책위원장은 민중회의 오세철, 부위원장은 진정추 최윤, 사추위 김종석, 전국노련 한경남 등이 역할을 맡았다. 집행단위인 중앙선거대책본부장은 진정추 황선진, 부본부장은 사추위 김철수 등이 맡았다.

백선본은 조직뿐만 아니라 정책에서도 5년 전(민중의 당[22])보다 발전한 모습을 보였다.

---

22   1987년 13대 대선에서 백기완후보선거대책본부 활동 이후 1988년 3월 창당, 13대 총선을 치렀으나 당선자를 배출하지 못해 등록이 취소됐다.

대선 강령을 작성해서 선거에 임한 것도 성과로 볼 수 있다. 대선 강령은 크게 정치, 경제, 통일 부문 등으로 분류했다. 정치 강령은 '민중대표자회의'를 최고 권력기관으로 하는 민중 주체 민주주의 구현을, 경제 강령은 '노동자 자주 관리'를, 통일 강령은 '남북한 민중이 주도하는 연방제 통일'을 주요 내용으로 했다. 백선본의 대선 강령은 내용의 충실성 문제와 관점에서 논란이 있을 수는 있다. 그러나 한국의 사회주의 조직들이 최초로 공동의 강령을 만들었다는 점에서 기념비적 사건으로 평가할 만한 일이다. 대선에 임하는 지향점도 5년 전과는 다르게 명확했다. 민중후보 운동의 정치적·조직적 성과를 모아 진보정당을 건설한다는 분명한 목표를 세웠다.

1992년 11월 올림픽공원 사이클경기장에서 민중후보 선출대회가 열렸다. 예상을 뛰어넘는 규모인 1만여 명이 모여 백기완 선생을 민중후보로 선출하고, '인터내셔널가'를 합창하며 대회를 마무리했다. 사회주의자들의 1차 당대회를 상상케 하는 광경이었다. 경기지역에서도 나를 포함, 수십 명의 동지가 민중후보 선출대회에 참가했다.

1992년 백선본은 선거운동 방식에서도 좀 더 세련됨을 추구했다. 백발이 성성한 백기완 후보가 염색을 결심한 것도 획기적 일이 아닐까 싶다. 일부에서는 양복을 입어야 한다는 의견도 나왔지만, 그것만큼은 백 선생의 고집을 꺾지 못했다.

1992년 민중후보 운동은 1987년 대선보다 여러모로 발전

했음에도 결과는 참담했다. 사퇴 없이 끝까지 갔다는 점에서 5년 전과는 달랐지만, 그 결과는 독자적 정치세력화의 꿈이 결코 가까이 있지 않다는 점을 확인하게 했다.

선거가 끝난 직후 단병호 위원장이 백 선생에게 인사 가자고 한다. 가고 싶은 마음이 없었지만 어쩔 수 없이 함께 갔는데, 백 선생은 선거 결과에 따른 후유증으로 낙심하고 계셨다. 전노협을 포함한 노동자들에 대한 배신감에 엄청난 상처를 받은 선생님의 분노는 하늘을 찔렀다. 내 생전에 그렇게 많은 욕을 얻어먹어 보긴 처음이었다.

'전노협 중심성' 둘러싼 치열한 사투

1992년 전노협은 안팎으로 매우 어려운 시기에 직면했다. 자본과 권력의 침탈이 계속되는 가운데 이른바 '진보'를 자처하는 지식인들이 전노협을 향해 짖어대는 공격 때문에 전노협 내부는 어느 때보다 어려웠다.

그들은 진보적 노동조합주의, 사회발전적 노동운동론 등을 들이대며 전노협의 전투성에 공격을 퍼부었다. 전노협이 너무 과격하다는 것이고, 그러한 전노협의 운동방식은 노동조합 대중조직으로 적합하지 않으며, 무엇보다 대화를 통한 해결 방법을 찾아야 한다는 것이다. 더 나아가 전노협 지도부의 정치적 의도까지 들이대며 전노협 노선을 전면적으로 수정하라는 충고들이었다. 이들의 관점에서 전노협이 처한 상황에 대한 고민의 흔적은 찾아볼 수가 없었다. 그들은 노동운동에 대한 고민보다 지배계급과 노동자계급 사이에서 거간꾼 역할을 하며 결과적으로 노동자계급 내부를 분열시키는 데

혈안이 된 듯했다. 그들은 결국 지배계급의 행태를 답습하고 있었던 거다.

문제는 지배계급이 자행하는 탄압에는 개인과 노동조합조직의 결의로 맞설 수 있었지만, 그들의 주장에는 끝없는 토론과 지리한 논쟁을 계속해야 했다는 점이다. 비생산적인 논쟁은 조직 내부의 혼란과 조직력의 약화로 귀결될 수밖에 없었다. 노동조합의 조합원이 다물단원이 되어 회사 쪽에 치우쳐 노동조합 투쟁을 가로막는 것처럼 말이다.

전노협은 어쩔 수 없이 '조직발전 소위원회'(조발소위)[23]를 꾸렸고 나도 참여했다. 전노협은 계급적 산별을 건설하기 위한 과도적 조직이므로 '산별노조의 성격과 방향을 어떻게 설정할 것인가'에서 시작된 토론이지만, 논쟁의 중심은 '전노협 중심인가 대공장 중심인가', '전노협 중심인가 업종회의 중심인가'였다.

전노협에는 수배자가 있는 상태여서 조발소위 소집도 쉽지 않았다. 정보기관의 눈을 피해 종로 뒷골목 허름한 여관을 전전하며 밤을 새우기도 했다. 소위원들은 여러 차례 만나 논의를 이어갔고, 조발소위가 모아낸 결론은 전노협 중심성이 강화되어야 한다는 것이었다. 전노협 조직발전 전망은 중앙

---

23   전노협 23차 중앙위원회(1992년 4월 29일)에서 위원장 단병호, 사무총장 오길성, 경기노련 의장 양규헌, 광노협 의장 박종현, 중앙위원 문성현, 김진국 등 중앙위원 6명과 상임집행위원회 구성원 일부를 포함해 구성했다.

위를 거쳐 확정했지만, 서노협 의장 김영대[24]는 출소 이후 정세의 변화를 빌미로 현실론을 들이대며 끊임없이 조직발전 전망에 문제를 제기[25]했다.

---

24 청계피복노조 위원장 출신으로 열린우리당을 통해 정치를 시작, 이후 통합민주당, 국민참여당, 통합진보당을 거쳐 2018년 박원순 시장 시절 '서울시50플러스재단' 대표이사를 지내다 사임했다.

25 이른바 '전노협 한계론'으로 전노협, 업종회의, 대공장노조를 모두 포괄하는 전국조직의 건설을 시급한 과제로 삼았으며, 조직 원리도 현실적으로 연대할 수 있는 업종별 단위를 선호했다. 전노협의 중심성을 상대화·부차화시켰다는 점에서 '전노협 해소론'으로 불리기도 했다.

동지들 결의 모아 경기노련 의장으로

경기노련 대의원대회가 준비되고 있는 와중에 의장이었던 임
석순 동지가 석방됐다. 경기노련 창립부터 의장을 맡았던 임
동지가 긴밀히 얘기 좀 하자고 해서 만났다. 임 동지는 자신이
더는 경기노련 의장을 할 수가 없는 상황이라며 "양규헌 사무
처장이 경기노련 의장을 맡아야 한다"고 했다.

그가 더는 경기노련 의장을 할 수 없다는 근거는 첫째, 경
제적으로 어려운 문제를 해결해야 하고, 둘째는 지속된 활동
에 지쳐 건강 상태가 심각해졌기 때문에 운동을 계속할 의지
가 없다는 것이고, 세 번째로 다시 경기노련 의장을 맡으면 이
혼해야 할 상황이라는 것이다. 제안을 받은 나는 차기 의장을
얘기하는 건 지금 상황에 맞지 않으니 일주일간 더 고민해 보
고 얘기하자고 했다.

1주일 후에도 임 의장의 생각은 변함이 없었다. 대의원대
회 일정은 다가오는데 계속 미룰 수 있는 상황도 아니었다. 그

렇다고 그 자리에서 내가 결의하고 판단할 수 있는 문제는 더
더욱 아니었다. 경기노련 동지들과 얘기도 해야 하지만 무엇
보다 대우전자부품노동조합 내부에서 결의를 모아야 가능한
상황이었다. 당시 지노협 의장을 한다는 것은 해당 노조가 집
중적인 탄압을 받을 수밖에 없는 상황이라 내부의 결의가 뒷
받침되지 않으면 조직 사수가 불가능했기 때문이다.

논의는 지역과 소속 노조 두 갈래로 진행되었는데 소속사
업장의 논쟁은 예상외로 길었다. 활동가 그룹에서는 이견 없
이 노동운동 차원에서 모든 걸 사고하자는 쪽으로 결론이 났
으나 확대 간부들 생각은 두 가지로 나뉘었다. 간부들은 다가
올 탄압에 대한 두려움이 컸던 것으로 보였다. 지부별로 편차
가 있었는데 정주지부(정읍으로 통합 전)는 대체로 동의하는
상황이었고, 안성과 안양에 이견이 있었다.

논쟁이 계속되자 연우회가 발 벗고 나섰다. 연우회는 노동
자 문화 단위지만 대부분이 소모임에 소속되어 있는 동지들
이었고 가투에서 늘 선두에 서는 동지들이었다. 연우회 소속
모임들은 소모임 명의로 여성부 명의로 청년부 명의로 입장
문을 내고 지역에서 대우전자부품노조의 역할을 내세우며 여
론을 모아가기 시작했다. 그 결과 다가올 탄압에 대해서는 간
부들과 조합원이 극복해야 할 과제이지 주눅 들고 두려워할
문제가 아니라는 데 뜻이 모여 내가 경기노련 의장직을 맡아
야 한다는 쪽으로 정리되었다.

경기지역 논의에서도 다른 방안이 없고 사무처장인 양규헌이 적임자이니 힘 있게 차기 집행부를 꾸리자는 쪽으로 의견이 모였다.

경기노련 대의원대회를 준비하는 와중에 임 의장이 개별적으로 만나자는 연락을 해 왔다. 임 의장은 매우 심각한 표정을 지으며 "이전에 내가 했던 말 취소하면 안 되겠냐"는 거다. "장난하는 것도 아니고 몇 번씩 확인하고 의견을 모아왔는데, 도대체 왜 그러냐?"고 반문하자 본인 상황이 변화된 것은 하나도 없는데 어떤 단체에서 집으로 찾아와 밤새 잠도 못 자게 하면서 경기노련 의장을 계속하라고 협박하는 바람에 나랑 약속을 지킬 수 없다는 거다. "경기노련 의장은 전노협 부위원장인데 이런 식으로 말장난하듯 하면 어떡하느냐?"고 했더니 "그럼 안 나오겠다"라고 하는 둥 횡설수설했다. 나도 지금까지 논의와 결의 단위가 있었으니 동지들과 논의해보고 다시 만나자고 헤어졌는데 '이게 도대체 뭐 하는 거지?'라는 생각이 들면서 머리가 띵했다.

조합에 들어가서 간부들과 활동가들에게 상황설명을 하니 "경기노련이 무슨 취미 써클이냐?"는 등 별별 이야기가 다 나왔다. 지역 동지들도 "코미디도 이런 코미디가 없다"며 지금 단계에서 다시 돌이킬 수 없다는 생각들이 완강했다. 임 의장을 만나 상황을 설명하자 하는 말이 "그럼 둘 다 나가서 경선해 보자"라고 한다. 본인은 하기 싫은데 단체 사람들이 워낙 못살게 굴어서 형식적으로 나갈 테니 그렇게 하자는 것이다. "연극도 아니고 짜고 치는 고스톱도 아니고 꼭두각시도 아니고 뭐냐?"고 따졌다.

지노협 의장을 하고 안 하고를 떠나, 개인의 생각과는 상관없이 임 동지의 표현을 빌자면 '폭력적'으로 한 노동단체가 경기노련 의장을 심하게 압박하는 이유는 무엇일까. 정파의 이해득실 앞에 지역 운동의 전망은 아랑곳없다는 것인지. 그런 단체를 이해할 수 없었고 그런 압박에 당당히 맞서지 못하는 의장도 이해가 가지 않았다.

지역과 조합 내의 논의를 다시 할 수밖에 없었는데, 패권에 맞서는 것도 노동운동이라는 결론이 내려졌다. 이 기회를 통해 지역 운동방식을 바꿔야 한다는 의견이 모이면서 전노협 건설 이후 지노협이 한 번도 하지 않았던 '경선'의 길을 가게 되었다.

경기노련 대표자회의 분위기는 매우 어색했으며 정견 발표 후 투표에 들어갔으나 쉽게 결정되지 않았다. 1차 투표는 2명이 기권하며 딱 반반이었다. 2차 투표는 내가 한 표 많았지만 과반수가 안 됐고, 3차 투표에서 내가 과반을 살짝 넘는 표를 얻어 경기노련 의장이 되었다.

새해에 사업계획을 수립하고 경기노련 주최로 지역 운동단체 간담회를 열었다. 현 정세와 경기노련의 투쟁계획을 설명하고, 투쟁 사안을 단체들과 함께 고민하며 대응 방향을 논의하는 자리였다. 3시간에 걸친 간담회는 열띤 분위기 속에서 진행됐다. 정세를 비롯한 지역 상황을 공유하는 자리를 정기적으로 갖는 것은 전체운동에 긍정적이라는 평가와 함께 이후에도 분기별로 한 번씩은 이런 자리를 갖자는 제안도 있었다.

원칙보다 패권 앞세우는 사람들

한국기독노동자수원지역연맹(수기노) 사무실에서 간담회를 마치고 나가려는데 누가 할 이야기가 있다고 잠시 다방에서 보자고 한다. 다방에는 예의 그 단체 사람들 7명이 앉아있었다. 무슨 일이냐 물었더니 "경기노련 의장도 되고 했으니 이제 경기노련이 우리 단체에 내린 징계를 철회해야 한다"는 거다. 나는 "단체에 내린 징계는 개인 양규헌이 내린 결정이 아니라 경기노련 대표자회의가 내린 결정이기 때문에 내가 조치할 수 있는 사안이 아니다"라고 차분하게 설명했다. 그러나 그들은 "의장이 나서면 충분히 할 수 있는 결정"이라며 막무가내로 밀어붙였다. 나는 상식적인 설명으로는 어렵다는 판단에 반문했다. 사전에 어떤 통보도 없이 7명이 모인 자리에 불러서 협박하려고 했는가, 조직과 개인조차도 구분하지 못하는 것이 노동운동 단체냐고 항의했다.

그리고 "만약 징계 철회를 요청하려면 징계를 내린 주체,

즉 경기노련에 공식적으로 요청하면 대표자회의에서 논의할 수는 있지만 이런 식의 요청은 경기노련을 바라보는 관점부터 바꿔야 하는 게 아닌가?" 하고 다방을 나왔다. 결국 경기노련이 해산될 때까지 그 단체에 대한 징계는 수정되지 않은 것으로 기억한다.

1992년 총선을 앞두고 노동자후보 운동이 있었다. 지노협에서 추천하는 노동자는 지역연합 후보로 정해지고 그에 따른 선거방침에 따라 조직의 결의가 뒷받침된다.

경기남부연합[26]은 상임대표와 공동대표가 있는데 경기노련 의장과 수원지역대학생연합(수대협) 의장은 당연직 공동대표다. 경기남부연합 집행위에서 연합 후보 관련 회의가 있었다. ○○노조 위원장을 경기지역 노동자 후보로 선정하자는 한 정파의 의견과 후보 선정에는 절차와 방식이 있으니 그 과정을 거쳐서 얘기하면 좋겠다는 경기남부연합 집행위의 의견이 대립됐다. 경기남부연합 상임의장은 경기노련에서 후보 결정과 관련한 토론을 한 적이 있냐고 물었고, 경기노련은 소속 노조 중에 노동자후보를 요청한 바가 없어서 한 번도 논의한 적이 없다고 했다.

그런데 한 정파의 대표가 반노동자적 발상이니 하면서 가

---

[26] 1991년 12월에 결성한 민주주의민족통일전국연합(전국연합)은 경기남부연합 등 11개 지역조직을 두고 1992년 14대 총선에 대응했다. 이후 2007년 한국진보연대로 개편되면서 2008년에 공식 해산했다.

방에서 카트 칼을 꺼내더니 자신의 손목을 그어버렸다. 절차에 따라 노동자 후보를 추대하면 될 것을 왜 그렇게 했을까. 순식간에 회의는 난장판이 되었고 수대협 의장이 자해한 동지를 병원으로 데려가면서 험악한 분위기는 일단락됐지만 운동판에서 이런 일이 있다니 이게 도대체 뭔가 싶었다.

해고노동자들의 아사 단식투쟁

개혁을 전면에 걸고 김영삼 정권이 등장하자 군사 정권 시절 해고된 노동자들은 복직 투쟁에 나섰다. 전국구속·수배·해고 노동자원상회복투쟁위원회(전해투)가 병역특례 해고 노동자들의 문제 해결을 촉구하며 1993년 9월 11일 단식에 돌입했고, 뒤늦게 나도 1주일 동안 단식에 동참했다. 마포 민주당사에서 농성하며 진행한 단식은 30여 일이 지나고 있어서 쇼크사까지 우려되는 상황이었다.

당시 전노협 직무대행을 맡고 있던 나는 전해투 위원장 배일도(서울지하철노조)와 함께 이인제 노동부장관을 찾아갔다. 인권변호사까지 하며 개혁의 아이콘이라고 자처했던 이인제 장관과는 그가 국회의원이던 시절부터 안면이 있었다. 그가 안양지역 국회의원으로 있을 때 당사 점거 투쟁으로 얼굴을 익힌 정도다. 배 위원장과 장관실을 찾아가 문민정부의 노동정책을 비판하며 "군사 정권하에서 피해당한 전해투 동지들이 사활을 건 아사 단식을 하고 있는데 모두 죽이려는 거냐?" 항의하고 "빨리 해고자 문제를 해결하라"고 했다.

그런데 이인제 장관은 뜬금없이 "양위원장은 이전 정부에서 빚어진 문제를 우리(문민정부)에게 해결하라고 하는데, 이것은 정부가 해결하는 것이 아니라 기업이 해결해야 하는 것 아니냐"고 한다. 여유를 갖고 고민해야 할 사안이라며 덧붙이는 말이 "전노협이나 양 위원장이 우리를 지지하지 않는다는 걸 알고 있다. 조만간 전노협은 전노협 이념에 맞는 정당을 만들 것 아니냐"는 것이다. 지지하지도 않으면서 왜 부탁을 하러 왔냐는 식이었다. 같이 배석한 노동부 국장에게 화를 내고 소리를 지르면서 그런 이야기를 하는 걸 보고 정상적 대화가 어렵다는 걸 느꼈다.

그냥 물러설 수는 없어서 장관 태도에 대해 문제를 제기하고 "우리는 부탁하러 온 것이 아니라 이후 투쟁 전술을 구사하기 위해 당신들의 태도를 확인하러 온 것"이라 말한 뒤 "그래도 한때 민변까지 했던 장관으로서 기본적인 양심과 인권 의식은 있을 것으로 생각했는데 오늘 보니 꼴통 관료라는 사실을 알게 됐다. 관료들과 얘기하는 것보다 개와 대화하는 것이 훨씬 편하겠다"라고 말했다. 덧붙여 "관료들과 대화를 하려니 웬만한 인내 없이 대화하기 어려우니 조속한 시일 내에 전해투 문제를 해결하지 않으면 모든 수단을 동원해서 싸울 것이다. 그렇게 알라"고 하고는 배 위원장과 함께 장관실을 나왔다.

전노협 첫 경선, 조직 발전전망 확인

1993년 6월 전국노동조합대표자회의(전노대)가 여의도 여성 백인회관에서 출범했다. 출범식 직후 전노협 단병호 위원장이 차 한잔하자고 한다. 나, 문성현[27]과 찻집에서 전노협과 전노대에 관해 이야기를 나누다 단 위원장이 신상 발언을 했다. 단 위원장이 "나는 더 전노협 위원장을 할 수가 없으니 차기 집행부를 책임질 사람을 찾아야 한다"는 것이다. 전노협 선거를 고작 6개월 남겨둔 상황에서 상상도 못 한 폭탄 발언이었다.

주관적 판단이었지만, 폭탄 발언의 배경에는 전노대 출범도 영향이 있다고 생각했다. 다시 말하면 전노협 중심론이 와해된 결정적 출발 지점이 바로 전노대 출범이었기 때문이다.

27　전노협 창립을 주도하다 수차례 투옥, 1993년 전노협 사무총장을 거쳐 1999년 금속연맹 위원장을 역임했다. 2000년 창당한 민주노동당에서 활동하다 2011년 통합진보당이 출범하자 탈당했다. 18대 대선에서 문재인 후보 캠프에서 활동, 문재인 정부 시절(2017년 8월~2022년 7월) 경제사회노동위원장을 맡았다.

단 위원장의 폭탄 발언을 이해할 수 없는 것은 아니었지만 나에게는 충격이었다. 사전에 몰랐던 다른 동지들도 마찬가지였을 것이다. 단 위원장은 전노협의 상징인 동시에 민주노조 운동의 중심이었기 때문이다.

신상 발언 후 단 위원장은 차기 집행부를 누가 맡았으면 좋겠냐고 물었다. 한 번도 생각해 보지 않은 질문에 당황스러울 뿐이어서 잠시 침묵이 흐르다가 대화는 전노협 조발 전망 얘기로 넓혀졌다. 그렇게 대화를 이어가는 중에 문성현이 "마땅한 사람이 없으면 제가 전노협 위원장을 하겠습니다"라고 했다. 단 위원장은 "(출신학교 등의 이유로) 문동지는 안 된다"고 완강하게 반대했다.

그 말에 문성현이 "제가 안 되면 누구 생각해 둔 사람이 있냐"고 반문하자, 단 위원장이 "양 위원장이 적임자라고 생각한다"라고 했다. 뒤통수를 얻어맞은 기분이었다. 사전에 단 한 번의 귀띔도 없이 이렇게 단도직입적으로 당사자가 앉은 자리에서 적임자 운운하는 건 아니라고 생각했다. 또 문성현 본인이 하겠다는 의견을 밝혔음에도 나를 지목해 버리니 난감했다. 나도 이런저런 이유를 대며 완강하게 거부했다.

완강하게 거부한 이유는 체면치레도 아니고 난감해서만도 아니고 솔직한 마음이었다. 전노협 수석부위원장은 했지만, 위원장을 하겠다는 생각은 물론 그런 꿈조차 꾼 적이 없었기 때문이다. 그날 여의도 만남 이후 전노협 조직국, 쟁의국,

정책실 동지들이 경기노련으로 찾아오는 발걸음이 잦아졌다. 전노협에서 온 동지들은 하나같이 차기 집행부 구성이라는 주제로 찾아왔고 아마 단 위원장이 보낸 것 같았다.

단 위원장과 문성현을 몇 차례 더 만나 토론을 했다. 논의가 조금씩 진척됐는데, 차기 전노협 위원장의 임무는 전노협 노선(전노협 중심론)을 대중적으로 확인해야 한다는 데 공감대가 형성됐다.

전노협 위원장에 출마할 것인가 말 것인가는 결정되지도 않았는데 소문은 파다하게 나돌고 있었다. 만나는 동지마다 "전노협 위원장 출마하기로 했냐?"고 묻기도 하고 "고생길이 열렸다"는 이야기도 했다.

상황이 이렇다 보니 단위사업장과 경기노련에서도 논의하지 않을 수 없었다. 전노협 단 위원장의 거취와 고민을 전달하고 차기 전노협 위원장 선거에 어떻게 대응할 것인가에 대해 다양한 토론이 도처에서 진행됐다.

여의도 모임 직후에는 전노협 위원장 선거가 2자 구도로 형성될 것이라고 봤다. 전노협 조직발전 논쟁에서 '전노협 중심론'에 문제를 제기하며 다른 안을 제시한 김영대가 있었기 때문이다.

9월쯤 선거 준비에 들어갔다. 선거대책본부 사무실을 서울 서부역 앞에 마련하고 지역별로 선대본 구성을 시작했다. 동시에 전노협 노선을 '비타협적 투쟁노선'으로 확정하고 그 노선에 입각한 정책자료집, 홍보물 등을 만들었다.

위원장 후보는 대체로 김영대, 양규헌 두 사람이 출마하는 것으로 확인되고 있었다. 그런데 막바지에 갑자기 이흥석[28] 동지가 후보 등록을 하면서 마창지역이 발칵 뒤집혔다. 이흥석 동지가 속해있는 마창노련에서 논의도 거치지 않은 채 후보 등록을 했다며 지역에서는 무효운동 움직임까지 나오는 상황이었다.

절차도 문제지만 보다 중요한 부분은 문성현과 이흥석 동지의 관계 때문이었을 것이다. 경남지역노동조합협의회라는 단체에서 함께 활동해 온 문성현과 이흥석은 마창지역에서 서로 누구보다 가까운 사이였다. 문성현이 양규헌과 함께 사무총장 후보로 나선 상황에서 이흥석 동지가 출마하니, 문성현을 비롯한 지역 동지들은 배신감에서 헤어나지 못했을 것으로 생각된다.

기호 1번 김영대, 2번 이흥석, 3번 양규헌으로 전노협 최초의 경선이 시작됐다. 세간에서는 이 3파전을 좌-중-우 간의 선거투쟁으로 규정하기도 했다. 그러나 그렇게 규정하기에는 각 후보의 정책 차이가 모호했다. 정책의 중심에는 노선이 드러나야 하는데, 2번은 노선은커녕 정책조차 될 수 없는 '통 큰

---

28 코리아타코마조선노조 위원장 출신으로 마창노련 의장, 전노협 부위원장, 민주노총 경남본부장 등을 거쳐 민주노동당 활동을 시작했다. 이후 2017년 19대 대선에서 문재인 대선후보 캠프에 결합했고 2020년부터 더불어민주당 민생특위 위원장을 맡았다.

단결'이라는 용어로 뭉뚱그려 표현했다. 1번과 3번의 조직 발전전망과 관련한 정책 내용도 선거 초기에는 명확한 차이를 드러냈으나 시간이 갈수록 불분명해졌다. 각 후보의 공약도 선거일이 임박할수록 차이가 좁혀지는 기이한 현상이 나타나기도 했다.

당시 선거에서 노선은 전노협의 성격을 둘러싼 대립이 핵심이었는데, '전노협 중심론'을 비판한다는 것은 선거에서 불리할 수밖에 없다는 점을 모두 알고 있었다. 지역을 순회하는 선거운동은 후보 간 토론 형식으로 진행됐는데, '전노협 중심론'을 비판하며 조직 발전전망 2안을 제출했던 김영대 후보도 '전노협 강화'를 이야기하며 민주노조 진영을 확대하자는 식으로 쟁점을 피해갔다.

우리 선대본은 총무팀, 조직팀, 정책팀, 대외팀, 수행팀 등으로 구성됐고 선대본 총괄은 사무총장 후보인 문성현이 맡았다. 역할에 따라 매일 점검 회의를 진행하는 구조였다. 사전에 지역의 상황과 분위기를 취합하고, 취합된 내용으로 토론한 뒤에 지역 동지들을 만나 지역순회 간담회, 토론 등을 진행했다.

2개월 정도 진행되는 선거운동에서 여유나 틈은 없었다. 지역에서 조직되는 간담회가 급작스럽게 잡히면 비행기를 타기도 했고, 차량을 이용해 하루에 몇 개 지역을 도는 때도 있었다. 전노협 수석부위원장으로 직무대행을 하고 있었던 데

다가 지역의 구체적 상황이나 변동된 특이사항까지 놓치지 않으려면 잠을 줄여야 했다.

선거운동이 진행되는 와중에 사노맹 재건위 쪽에서 보자는 연락이 왔다. 등촌동 호텔로 갔더니 중앙위원회가 열리고 있었다. "운동의 발전을 위해 고생하시는데, 우리가 십시일반 작은 성의를 모았으니 보탬이 되었으면 좋겠다"라는 말과 함께 봉투를 주며 "이 돈의 출처는 밝히지 말아 달라"고 당부했다. 선대본 사무실에 와서 봉투를 내밀었더니 어디서 나온 거냐고 묻는데 난감했다. "나쁜 돈은 아닌 거 같으니 그냥 썼으면 좋겠다"라며 건넬 수밖에 없었다.

당선은 됐지만 '전노대' 둘러싼 동상이몽

3파전으로 진행되는 전노협 선거는 시간이 갈수록 쟁점이 흐려지는 경향을 보였다. 주요 쟁점은 조직 발전 전망이었다. 전노협의 조직적인 입장은 '전노협 중심론'과 '대산별'이었다. 전노대 차원에서는 관련해서 다양한 의견이 제출돼 논쟁이 벌어졌으나 전노협은 중앙위원회를 통해 조직 발전 전망을 다수안으로 정리한 상태였다.

선거일인 대의원대회가 다가왔다. 전노협에서 한 번도 해보지 않은 경선, 그것도 2개 조가 아닌 3파전으로 치러졌고 2차 투표에서 내가 당선됐다. 예상과 달리 이흥석이 김영대를 누르고 2위를 했고, 결선에서 이흥석 후보는 김영대 후보에 대한 지지표 80% 정도를 가져갔다. 결과적으로 김영대-이흥석 후보는 연합적 성격을 띠었다고 볼 수 있다.

새로운 집행부가 출발하는 것은 여러 가지 의미가 있지만, 무엇보다 조직 발전 전망에 대한 구도가 확인되었음을 의미했다. 그러나 그것은 매우 순진한 판단이었다. 전노협 조직 발전 전망과 관련해 내부에는 여전히 이견이 존재했고, 전노대가 출범한 것은 민주노총으로의 이행 과정이기 때문에 논쟁은 계속될 수밖에 없었다.

전노협의 운동방식은 비타협적인 투쟁 정신에서 비롯되었고 조직화도 투쟁을 통한 조직화에 방점을 찍었다. 전노협 가입노조에 대한 심사가 엄격했던 이유는 모진 탄압을 견딜 수 있는 조직력이 있어야 하기 때문이다. 전노협은 업종 쪽이 제조업에 비해 연대투쟁의 경험이 취약하다고 봤다. 전노대로의 결집은 민주노총의 전단계이기 때문에 업종과 제조업의 조직력과 투쟁력이 상향평준화 되어야 민주노조운동의 정신을 계승하는 민주노총이 가능하다고 생각했다. 하지만 시간이 지날수록 전노협 내부에서도 전노협 중심론 보다는 민주노조 진영의 통 큰 단결, 대산별 보다는 단결하기 쉬운 소산별 주장이 제기됐다.

전노협 선거운동에서 우리 양규헌선본이 제출했던 공약과 사업은 '전노협 강화론'에 무게를 두고 있었기 때문에 역량을 충원해야 했다. 전노협 상근자 지원 원서를 받았는데 10여 명이 원서를 접수했다.

전노협 사무총국 성원 채용은 민감한 문제였던 모양이다. 전노협 사무총국과 임원진 내부에서 문제 제기가 있었다. 지원자 심사에서 어떤 이는 사노맹 출신이어서 안 되고 어떤 이는 나이가 어려서 안 된다는 것이다. 반대 의견을 들으면서 문제 제기가 운동적 수준을 넘어 헤게모니 수준이라고 판단했다.

한 동지 채용에 대해서는 사무총장과도 의견이 엇갈렸다. 사무총국 채용에만 긴 시간을 허비할 수 없어서 밀어붙일 수밖에 없었다. 나는 "인사권이 누구에게 있는가?"라며 다소 과도한 무리수로 대응했다. 역시 감정적으로 대응한 측면이 컸다.

전노협 사람들

신인령 교수로부터 연락이 왔다. 선거하느라 고생도 했고, 앞으로 전노협 꾸려가려면 힘들 테니 사무총장과 같이 점심을 먹자고 했다. 문성현 총장과 나는 신촌로타리 옆에 있는 식당으로 갔다. 식당에는 신 교수와 역시 전노협 후원회원인 김 원장이 동석하고 있었다.

식사를 마치자마자 신 교수가 밥값을 계산했다. 뒤따라 나오던 김 원장이 "점심을 내가 사려고 했는데 신 선생님이 계산해 버렸네요"라며 "나중에 식사나 하시라"며 봉투를 내민다. 봉투를 문 총장에게 건네고 전노협 사무실로 들어와 나는 위원장실로 들어가 업무를 보고 있었다. 그런데 문 총장이 눈이 휘둥그레져 위원장실로 들어왔다. "다른 곳에 갈 봉투가 잘못 온 거 같다"며 내민 봉투에는 1천만 원짜리 수표가 한 장 들어있었다. 나도 놀라긴 마찬가지였다. 전화를 걸어 "오늘 받은 봉투가 잘못된 것 같다"라고 하니 김 원장은 "절대 비밀로

해 달라"고 몇 번을 당부[29] 한다.

당시 전노협 사무총국 동지들 한 달 활동비로 5만 원 지급할 때다. 돈의 출처는 밝힐 수 없었지만, 재정이 어려운 시기에 거액의 기부금은 전노협 사업에 유용하게 쓰였다. 30년이 다 되도록 고마운 마음을 제대로 전하지 못한 나의 태연함이 놀랍다.

이런 일도 있었다. 전노협 위원장 취임 직후 홍보국장이 노동부 기자간담회를 해야 한다고 한다. 기자들과 자리하는 것이 내키지 않아 거부했는데 전노협 사무총국 대부분이 해야 한다는 의견이어서 나만 이상한 사람이 된 기분이었다.

과천에 있는 중국집을 예약하고 점심시간에 10명이 훌쩍 넘는 노동부 출입 기자들과 만났다. 짜장면이 나오기 전에 기자 한 명이 할 말이 있다고 입을 뗐다. "위원장님, 홍보국장 왜 안 자르세요? 저 사람 선거운동 기간 내내 양위원장 비판하면서 다른 후보 운동했어요"라며 "저런 사람은 빨리 잘라야 한다"라는 것이다.

간담회 시작도 하기 전에 분위기가 좀 이상해졌지만, 기왕 기자간담회를 하러 온 자리인 만큼 전노협 사업은 설명해야겠다는 생각에 내가 나섰다. "홍보국장이 나를 지지하지 않은 것은 내가 더 잘 알고 있어요. 그리고 홍보국장과 저는 노선과

---

29   30년 전, 거액을 후원하며 비밀로 해달라 당부했던 전노협 후원회원은 '김지영 내과의원' 원장
이다.

견해가 다르고 생각도 달라요. 그런데도 여기 홍보국장과 같이 온 것은 그간 기자들과 관계를 홍보국장이 담당해 왔기 때문에 기자님들 입장 생각해서 그런 것이니 기왕 만난 거 짜장면이나 먹고 얘기나 하고 헤어집시다. 홍보국장을 자르든 남겨두든 그건 전노협에서 할 일입니다"라고 얘기하고 별맛도 나지 않는 짜장면을 먹었다. 식사 후에 전노협 사업 기조와 계획 등을 설명하고 기자들의 질문을 받은 뒤 전노협 사무실로 돌아왔다.

핵심 공약사업 발목 잡히며 한계 실감

선거 직후 중앙위에서부터 논쟁이 시작됐다. 공약 실행에 강한 태클이 걸렸다. 공약과 정책 중에 심혈을 기울이며 준비했던 사업은 첫 번째, 전자게시판(BBS)를 설치해 전국적인 네트워크망을 구축하는 것이었고, 두 번째는 '노동해방 사상'을 체계화하기 위한 연구소를 만드는 것이었다.

첫 번째, 전자게시판은 설치·운영부터 중앙위원회에서 결사반대했는데 나로서는 이해할 수가 없었다. 물론 1994년 초 당시에 전국적인 네트워크를 구축한다는 것이 낯설 수는 있었다. 어려워서 이해가 안 된다는 주장에 충분하게 이해할 수 있도록 그림과 도표까지 그려서 설명했다. 그러자 그다음에는 기술진이 없어서 어렵다는 거다. 나는 "신림동에 전자공학 네트워크 전문성을 가진 6명의 인력을 확보해 준비까지 하고 있으니 중앙위원들이 동의하면 그 팀을 전노협 사무실에서 일하게 할 생각"이라고 했다. 아울러 "천리안을 활용한 인터넷 통신 네트워크는 시대의 대세인 만큼 머지않아 그런 통신망을 대중적으로 활용할 수 있을 것"이라고 덧붙였다. 그러자 이제는 가뜩이나 전노협의 재정이 어려운데 그 재정을 어떻게 충당할 것이냐며 반대했다. 나는 "전노협 사무실에 작은 공간을 확보하면 재정에 어려움을 겪을 이유가 없다"고 답했지만, 반대하는 동지들은 막무가내였다.

나중에 왜 그렇게 BBS 설치에 반대했는지 알게 됐는데, 전자게시판 설치가 이후에 건설될 민주노총의 주도권을 잡기 위해 기획된 사업이라고 판단했다는 얘기를 들었다. 민주노조 운동에서 노선과 입장보다 주도권 확보를 우선시하는 유치함이 드러난 대목이다. 민주노조 운동에서 한 번도 시도해 보지 않은 사업에 대한 의혹이나 두려움은 있을 수도 있다. 그러나 변화하는 시대에 걸맞은 인터넷망을 구축하는 것을 헤게모니 쟁탈전으로 본다는 것은 정말 천박한 발상이라는 생각이 들었다.

민주노총이 만들어지고 얼마 지나지 않아 그렇게 반대하던 통신망이 구축됐다. 전노협은 안 되고 민주노총은 괜찮은 건가.

두 번째, "노동해방 쟁취하자"는 구호는 1987년 노동자 대투쟁 때부터 울려 퍼졌고 당시에도 민주노조 운동의 모든 행사에서 펄럭이는 깃발이었다. 그러나 그 구호의 의미가 명확히 정리돼 있지는 않았다.

노동해방을 사회체제 변혁으로 판단하는 동지들도 있었고, 노동을 편하고 쉽게 한다는 것으로 생각하는 동지들도 있었다. 그 외에 각각의 의미가 조금씩은 달랐어도 자본의 모순에 맞서는 뜻이라는 데에는 대체로 동의했던 것으로 알고 있다. 1970~1980년대로 거슬러 올라가면 전태일 정신을 '해방정신'이라고 했던 데 비해 '노동해방'의 뜻은 긴 시간이 지났어도 체계적으로 정리되지 않아 모호했던 게 사실이다. 논쟁이 될 수도 있고 민감할 수도 있지만, 운동적으로 '노동해방'의 개념과 성격을 정리하는 게 필요하다는 판단에서 중앙위원회에 안건으로 제출했다.

그런데 이 또한 상황이 만만치 않았다. 우선 지도위원들부터 "그동안 어떻게 만들고 지켜온 전노협인데 양 위원장이 전노협 말아먹으려고 작정했냐"며 반대했다. 상당수의 중앙위원도 마찬가지였다. '노동해방'이라는 구호의 해석을 어떻게 정리하는가에 따라 대중조직으로서 감당하기 어려울 수도 있겠지만, 핵심적으로 내세웠던 공약들은 그렇게 하나씩 무너지고 있었다.

그 모두가 내 능력의 한계였고, 도식적으로 선거에서 승리하면 노선도 확정된다는 안일함의 발로였다고 생각한다. 다만 그렇게 펄럭였던 노동해방 깃발도 우렁찬 함성도 현재는 보거나 들을 수 없다는 것이 안타까울 뿐이다.

또 하나의 쟁점이 있었는데 사무총국 국장 업무 배치였다.

새로운 집행부가 들어서면 신임 집행부의 정책에 맞게 역량이 배치돼야 한다. 가장 기억에 남는 인선은 정책국장이다. 전노협 초기부터 김 아무개 동지가 정책 책임자였는데, 1993년쯤에 조사통계를 맡고 있던 다른 동지가 정책국장으로 이동하면서 김 동지는 정책국원이 됐다. 강등된 것인데 그 이유는 알 수 없었고, 입지도 애매해진 셈이다.

김 동지는 내가 속한 선대본에서 정책을 생산해 냈고 공약과 핵심사업 기조까지 정리했다. 따라서 김 동지를 정책국장에 선임하는 것은 당연하다고 생각했다. 나는 사무총국 인선과 관련하여 김 동지를 다시 정책국장에 임명하고자 했는데 큰 난관에 부닥쳤다. 다른 동지들의 반대는 그렇다 치는데 사무총장까지 사활을 걸고 반대했다. 사무총국 신규 채용하는 데 한바탕 난리를 친 상황에서 계속 밀고 가기엔 역부족이었다.

극구 반대했던 사무총장은 "김 동지는 전노협 정책국이 아니라 정치조직으로 가야 한다"며 "그는 전노협에서 정책국장을 할 수 없고, 대중조직에 적합하지 않다"고 주장했다. 내부에서 그런 논쟁이 지루하게 계속되자 김 동지가 총무국으로 가겠다고 자청했다. 총무국장을 한다는 데는 누구도 반대하지 않았다. 한마디로 '한직'이라는 뜻이다.

업무 배치와 관련한 문제는 집행부의 향후 사업에 대한 밑그림을 그리고 실천하는 데 있어서 중요했다. 더욱이 민주노총 건설이 구체화되고 있는 시점에서 전노협 사무총국의 업무 배치는 향후 민주노총 사업 기조와 직접적 연관이 있었으므로 아쉬움이 남는다. 솔직히 나는 앞날을 내다보는 안목이 그렇게 넓거나 길지 않았다.

국제회의에서 기립박수 받은 '전노협'

국제자유노련(ICFTU)³⁰ 중앙위원회가 프랑스 마르세유에서 열린다고 초청장이 왔다. 한국에서 참가 대상은 한국노총과 전노협이었다. 전노협 내부에서 토론한 결과 총액임금 5%에 대한 한국노총의 태도도 비판할 겸 가야 한다고 의견이 모였다.

여권을 신청했으나 나오질 않아 총무국에서 확인해 보니, 안기부에서 붙잡고 있는데 내가 그들을 만나면 내준다는 것이다. "안 가면 안 가지 그 짓은 할 수 없다"고 버텼는데 시간이 좀 지나자 전화 통화라도 한번 하잔고 연락이 왔다. 안기부 쪽과 통화해야 할 아무런 이유가 없다며 역시 거부했다.

출발해야 하는 날로부터 이틀 전, 집으로 누군가 전화를 해서 "김포공항에 여권을 맡겨 둘 테니 찾아서 다녀오라"고 했

30　국제자유노동조합연맹(International Confederation of Free Trade Unions).

단다. 그런데 그날 옆집 아주머니가 우리 집으로 놀러 와서 아내에게 "동호 아빠 프랑스 가냐?"고 물었다고 한다. 내가 어디 출장 간다는 말을 아무에게도 한 적이 없는 터라 이상하게 생각한 아내가 그 아주머니한테 "어떻게 알았냐?"고 반문했고, 그 아주머니가 말하기를 자신이 몇 번 만난 사람한테 들었다는 것이다. 그의 명함에는 '고려개발 상무'라고 적혀 있었다고 했다. 전노협 위원장이 되면서 정보기관의 감시망은 수단과 방법을 가리지 않고 집안까지도 깊게 스며들어 있었다.

우여곡절 끝에 비행기를 탔다. 마르세유까지는 13시간이 걸리는데 파리 드골공항을 경유하는 비행기여서 15시간을 가야 했다. 드골공항 바닥에는 담배꽁초가 수북이 쌓여 있었고 물은 사서 먹어야 했다. 물을 사 먹는다는 게 도무지 이해가 안 갔지만 나도 목이 마르니 물을 사야 했다. 오후 2시에 서울에서 출발했지만, 시차 때문에 15시간 비행 후에도 도착한 때는 어둑해지는 저녁이었다. 한국 시각으로는 새벽이었으니 피로가 몰려왔다.

어떻게 알았는지 박인상 위원장이 마중을 나와 있고, 숙소에 도착하니 한국노총 팀들이 삼겹살까지 구워서 접대했다. 우리와 달리 한국노총 쪽은 1주일 전에 도착해 여기저기를 관광했다고 한다.

ICFTU 중앙위는 각국의 주요한 노동 현안을 설명하고 신자유주의에 대응하기 위한 노동자계급의 전략을 논의했으며, 저녁에는 섹션별로 그룹미팅을 통해 교류하는 시간을 보냈다. 동시통역 서비스는 5개국 언어가 제공됐는데, 안타깝게 한국어는 없어서 어쩔 수 없이 일본어 채널로 들을 수밖에 없었다. 그나마 공장 다닐 때 일본 몇 번 다녀오면서 익힌 게 다였으니 완전히 이해하지는 못했다.

100여 개 나라가 참가한 가운데 개회식이 시작됐다. 참가 단위를 소개할 때 남아프리카공화국노동조합회의(코사투)와 전노협은 기립박수를 받았다. 특히 전노협은 "국제적으로 유례를 찾아볼 수 없을 정도의 탄압을 받는 조직이고 지도부들은 지금도 구속되고 수배되는 고통을 당하고 있다"는 점을 설명하며, 바로 그 조직의 대표가 이 자리에 참석했다고 소개해 기립박수를 유도한 측면도 있었던 것 같다.

조별 미팅에서는 한국을 포함해 남아프리카공화국, 이탈리아, 브라질, 독일 등 좌파 성향 대표자들이 모여 이후 공동 소식지를 발간하자고 의견을 모았다. 하지만 내가 귀국한 뒤 공동 임투와 관련해 수배가 떨어지는 바람에 논의를 진척시키지는 못했다. 수배 중에 회의 때 만났던 프랑스노동총동맹(CGT) 동지로부터 몽블랑 만년필만 선물로 전해 받았다.

회의 기간에 박인상 위원장과 마르세유 해변을 구경하기도 했고, 열차를 타고 영화제로 유명한 칸에 다녀오기도 했다.

ICFTU 중앙위원회 3박 4일의 일정을 마치고 귀국길에 올랐다. 공항 면세점 앞에서 박인상 위원장이 무언가 포장한 것을 주면서 "공항 도착하면 사모님 배웅 나와 있을 텐데 선물로 드려라"라며 건넨다. 안 받으려고 했지만, 일부러 산 것이라고 하니 어쩔 도리가 없었다. 한국노총팀과 같은 비행기였는데 그들은 VIP석, 전노협 팀은 일반석이었다. 박 위원장에게 "한국노총은 정부에서 비행기 표도 끊어 주냐"고 빈정거리며 비행기에 오르는데 "자리 바꿀 거냐?"고 묻는다. "내 자리는 흡연석인데 왜 바꾸느냐"며 거부했다.

서울로 돌아오고 1주일쯤 지나서 박인상 위원장이 문성현 총장을 통해 저녁 식사 같이하자는 연락을 해 왔다. 여의도 일식집에서 만났는데 박 위원장이 앨범 하나를 내밀었다. 앨범에는 프랑스에서 찍은 사진들이 빼곡히 들어있었다. 살아오면서 또 활동하면서 몇 번의 과잉 친절을 받아본 적이 있다. 과잉 친절은 주로 회사 임원이나 노동부 직원들, 혹은 정보과 경찰들이었고 그들의 과잉 친절에는 늘 의도가 숨어있었다. 박 위원장의 친절은 무엇이었을까. 노동부나 정보 경찰과 같은 의도는 아니었고, 노동조합 활동에서 몸에 밴 일종의 조직화 방식이었을 것이다. 덕분에 프랑스에서 찍은 사진 몇 장을 그나마 지금까지 가지고 있다.

전노협 지도위원 김문수의 민자당 입당

1994년 3월, 느닷없이 전노협 지도위원이던 김문수가 민자당[31]에 입당했다고 신문에 대서특필됐다. 이 사건은 당시 전노협은 물론 운동진영 전체에 커다란 충격을 던져주었다.

그는 민자당에 입당하면서 "김영삼 대통령이 가장 개혁적인 분이기 때문에 개혁에 동참하기 위해 입당한다"라고 자신의 행동을 합리화했다. 김영삼 정권은 집권 초기부터 신경영전략을 필두로 반노동자적 정책을 쏟아내고 있었는데 '가장 개혁적'이라는 말장난으로 자신의 민자당행을 합리화한 것이다.

나는 전노협 기관지 『전국노동자신문』(118호, 1994년 3월 23일 자)을 통해 "지금의 상태는 어젯밤까지 적들과 총을 쏘

---

[31] 민주정의당(노태우), 신민주공화당(김종필), 통일민주당(김영삼)이 1990년 '보수대연합'을 기치로 합당해 만든 민주자유당의 약칭으로, 전노협 출범일인 1990년 1월 22일에 합당을 선포했다.

며 전쟁하던 동지가 하룻밤 자고 나서 보니 적진에서 아군에게 총질하고 있는 것"이라고 규정했다. 그리고 김문수에게 "노동운동가로서 양심이 남아있다면 자신의 언행과 처신에 대해 되돌아보고 자숙하라"라며 "노동운동가로 사는 삶을 욕되지 않게 하려면 즉각 민자당을 떠나라"라고 촉구했다.

주장기사를 읽은 장기표 씨[32]가 급하게 전노협을 찾아왔다. 김문수 같은 사람이 집권 여당에 들어가면 전노협에도 도움이 된다는 것이다. "장 선생도 같은 생각이라면 그냥 민자당으로 가지 왜 논리가 안 맞는 말을 하냐"며 심한 언쟁이 오가는 와중에 장기표 씨는 자신의 고민을 얘기했다. 자신은 정치인이고 정치를 하려면 돈이 필수인데 요즘은 쉽지가 않다는 것이다. 예전엔 후배들에게 전화하면 100만 원도 바로 보내주곤 했는데 지금은 돈 없다며 부탁을 들어주지 않는다고 토로했다. "김문수도 그런 고민 끝에 선택한 결정인 것 같다"라며 "3김 쪽에 줄을 서야 그나마 정치할 수 있는 여력이 생기는데 전노협에서 그렇게 반대하면 도대체 어떡하라는 것이냐"고 반문했다.

토론도 논쟁도 아무런 의미가 없다고 생각했지만, 천영세 지도위원과 셋이 점심을 다 먹을 때까지 불필요한 언쟁만 이어졌다. 장기표 씨는 그 후 내가 철폐연대에 있을 때도 연락을

---

32   1960년대 학생운동을 시작으로 재야운동가로 살아왔으나 1990년대 이후 계속 제도 정치권 진입을 시도하다 실패한 뒤 여러 보수정당을 전전하다 2024년 9월 운명했다.

해와 그가 추진하는 정당(한국사회민주당)과 함께 비정규운
동을 하지 않겠냐고 제안하기도 했다.

　1999년 굴뚝 청소 일을 할 때, 김문수가 국회의원 신분으로
보좌관과 함께 찾아왔다. 앞머리에 기름을 바른 모습이 낯설
게 보였다. 그는 나에게 노동운동 경력도 있고 하니 정치를 해
보라고 했다. 현재 자신이 한나라당 공천위원장이라고 강조
하면서 "안산은 공업지역이고 하니 양 위원장이 안산지역에
출마하면 승산이 있을 거 같다"라고도 덧붙이며 같이 정치를
해보자고 제안했다. "아울러 권용목에게도 얘기해서 안산과
울산에서 두 사람이 출마하면 좋지 않겠냐"고 했다.

　나는 "내가 비록 굴뚝 청소를 하고 있지만, 노동자를 배신
하고 싶지 않다"라며 거절했다.

전국적 투쟁전선 구축하며 전노협 강화

1994년 임금인상과 단체협약 갱신 투쟁이 시작됐다. 1994년 임단투는 어용 노총 타도와 전노협 강화, 그리고 민주노총 건설에 초점을 맞추는 한편 조직 강화와 해고자 복직을 위해 전국적인 투쟁 전선을 구축하는 데 역점을 두었다. 특히 조직 강화 사업은 '전노협 중심론' '노동운동위기론' 등과 맞물려 있는 중요한 노선상의 기준이라고 생각했다. 전노협은 1992년부터 조직 규모가 줄어들기 시작했다. 가입 조합원 숫자로 평가할 수 없다 하더라도 전노협을 유지하고 운영하기 위해서는 기본 동력이 매우 중요했다.

1994년 임단투는 철도·지하철 등 궤도 노동자들의 연대 파업을 중심으로 폭발적인 대중투쟁이 전개돼 노동조합운동의 침체국면을 극복할 수 있었다. 쟁의 건수도 1993년 132건보다 100여 건이 많아 전반적으로 투쟁이 활성화됐다. 또 대다수 사업장에서 노조 간부들만이 아니라 다수의 조합원이 참여하는 대중투쟁이 전개됐다.

전지협(전국지하철노동조합협의회)을 중심으로 전개된 궤도 노동자들의 투쟁은 그 자체가 운동사 측면에서도 획기적이었다. 요구와 일정의 통일성을 바탕으로 공동투쟁의 모범을 창출한 투쟁이었다. 한진중공업, 금호타이어, 대우기전 등 대구 3사, 울산의 현대중공업 노조도 비타협적인 투쟁을 전개했다.

완강하고 비타협적인 대중투쟁은 김영삼 정권의 본질을 폭로해 냄으로써 정치의식 강화에도 기여했다. 전국적으로 한국노총 탈퇴운동[33]을 확산하며 대중적으로 민주노조 운동의 노선을 강조해 나갔다. 그 와중에 지역별로 전노협 가입 사업도 진행돼 16개가량의 사업장이 신규 가입하기도 했다. 가입조합 수가 많다고 할 수는 없으나 조직이 축소되고 있는 상황에서 신규 가입은 가뭄에 단비 같았다.

33　한국노총이 1994년 3월 30일, 전국 노동자들의 거센 반대를 무시하고 경총과 임금 5~8.7% 인상에 합의하자 전국에서 거부투쟁이 일어났다. 전노협은 4월 20일 중앙위원회에서 노·경총 임금합의 분쇄투쟁 방안으로 한국노총 의무금납부 거부와 탈퇴투쟁, 노·경총 임금합의선을 뛰어넘기 위한 시기집중 공동투쟁을 결정했다. 전국적 투쟁의 결과로 1994년 임투 시기에 한국노총을 탈퇴한 노조는 37개, 맹비 거부 사업장은 153개에 달했다. 이렇게 서울지하철공사, 부산교통공단, 기아자동차, 쌍용자동차, 만도기계, 효성중공업, 한국중공업, 현대중공업, 세일중공업, 금호타이어, 아시아자동차, 대우조선, 한라중공업, 코리아타코마, 한진중공업, 현대중공업 등 대공장 노동조합과 파티마병원, 경북대병원, 영남대병원, 동산의료원 등 병원 노동조합들이 대거 한국노총을 탈퇴하기에 이르렀다.

절차 하자에도 '전노협'이라서 해고

1991년 해고에 대한 무효소송이 진행됐다. 대우전자부품노
조 위원장 시절 실형을 선고받았다는 이유로 회사가 인사위
원회를 소집해 해고를 결정하는 바람에 나는 해고자 신분이
었다. 구속 상태에서 해고는 소명의 기회가 박탈되었기 때문
에 절차상 문제가 있었다.

　회사에는 "투쟁으로 원직 복직을 쟁취하겠다"고 큰소리쳤
지만 경기노련과 전노협 활동을 하면서 복직 투쟁까지 할 겨
를이 없었다. 해고가 부당하다고 항의해서 받은 해고수당은
수령을 거부하는 바람에 국고로 들어갔고, 지노위와 중노위
는 생략하고 해고무효 소송만 남겨두고 있었다.

　법정에서 판사가 원고 양규헌에 대한 해고 무효소송 심리
를 시작하면서 한마디 했다. "본 해고 건은 원고가 구속 상태
에서 진행됐기 때문에 절차상 하자가 있는 것으로 보인다"라
는 것이다. 판사가 절차상 문제를 들고 나왔으니 이 싸움은 이

기겠구나, 이렇게 생각했는데 회사 측 변호사가 벌떡 일어나서 사건과 전혀 상관없는 한마디를 내뱉었다. "재판장님! 원고 양규헌은 지금 전노협 위원장입니다!"

밝아 보였던 판사 얼굴이 금세 일그러지며 매우 당황스러운 표정을 지었다. 결국 재판에서는 해고가 적법하다고 인정됐다. 그 후 진행된 대법 판결까지 전노협의 '위력'이 유지돼 절차상 하자가 있었던 해고는 정당화되고 말았다. 법 절차보다 전노협의 위력이 훨씬 강하다는 것이 입증된 셈이다.

전지협 투쟁에 '3자 개입'해 수배

공동 임단투 분위기가 고조되고 있던 1994년 투쟁의 중심에
는 전지협이 있었다.

　전지협은 서울지하철노조, 부산지하철노조, 전기협(전국
기관차협의회)이 결성한 조직으로, 당시에는 서울지하철노조
가 투쟁의 열쇠를 쥐고 있었다. 서울지하철은 전노협 소속사
업장이기도 해서 역량을 집중하지 않을 수 없었다. 창신동 허
름한 식당에서 김연환 서울지하철노조 위원장을 여러 번 만
났던 것으로 기억한다.

　전지협 투쟁을 조직했다는 이유로 김영삼 정권은 권영길
위원장과 나에게 현상금과 특진까지 내걸고 체포에 열을 올
렸다.

　국제적으로 유례를 찾아볼 수 없는 3자개입금지 조항은 정
상적인 입법 절차를 거친 것이 아니라 전두환 정권 시절 임시
행정기구인 국가보위입법회의[34]에서 노동자 투쟁을 압살하

기 위해 만든 악법이었다. 그런데도 김영삼 정권이 국제적으로 지탄받는 3자개입금지 조항 위반으로 현상 수배까지 한 것은 '법'대로가 아니라 정치적 전략이었으리라.

하루는 파출소 앞을 지나는데 게시판에 붙어있는 수배자 전단이 눈에 들어왔다. 그곳에 적힌 나에 대한 현상금은 500만 원이었는데, 나란히 붙어있는 흉악한 살인범 현상금도 500만 원이 넘지 않았다. 거기에 우리는 '체포경찰관 특진'까지 걸렸으니 '3자 개입'은 살인보다 더 흉악한 범죄라는 뜻일까? 잠시 씁쓸함이 스쳐 갔다.

수배 상태가 활동에 불편을 초래하는 건 당연하지만 그렇다고 활동을 안 할 수는 없었다. 투쟁의 파고를 높이는 것이 김영삼 정권에게 타격을 가하고 조직적으로는 민주노총 건설의 토대를 구축하는 것으로 판단했기에, 비밀리에 지역순회를 통한 투쟁사업장 조직화에 집중했다.

34　전두환은 쿠데타로 정권을 장악한 뒤에 초법적인 국가보위비상대책위원회(국보위)를 설치해 국가를 통치했다. 이후 1980년 9월 29일 국보위를 국가보위입법회의로 확대·개편, 1980년 10월 27일 공포된 5공화국 헌법의 부칙을 통해 국회를 해산하고 국가보위입법회의에 헌법과 법률상 국회의 권한을 부여했다.

체포된 동지만 남긴 채

명륜동에 있는 성균관대에서 전노협 중앙위를 마친 뒤 양재동에서 저녁을 먹고 과천 쪽으로 넘어가다가 검문을 당했다.

차에는 수배 중이던 나와 권영길 위원장, 단병호 위원장, 그리고 경기노련 사무처장 오관영(원태조·박성호 열사 투쟁으로 수배)이 타고 있었고, 이창환 전노협 문화부장이 운전하고 있었다. 차에 탄 5명 중 이창환을 제외하고는 모두 수배 상태였다.

경찰이 신분증 제시를 요구했고 권영길, 단병호, 이창환, 나는 신분증을 공손하게 건넸다. 그런데 오관영이 신분증을 안 가져왔다고 버티다 주민등록번호를 알려줬는데, 자기 형인 오우영의 번호였다. 4명의 신분증을 가져가서 신원조회를 마친 경찰은 "협조해 줘서 고맙다"고 하더니 오관영에게는 내리라고 하며 집 전화번호를 물었다.

경찰이 오관영 집으로 전화를 하니, 어머니가 전화를 받으셨다. 어머니에게 "오우영 씨가 여기 있어서 확인차 전화했다"라고 하자 어머니는 "우영이 지금 자고 있는데 무슨 말이냐"고 했고, 경찰은 "죄송하지만 좀 깨워서 바꿔달라"고 했다. 결국 오우영 씨가 전화를 받았고 경찰이 "여기 오우영이라고 하는 사람이 있는데 본인 아니죠?"라고 물으니 오우영 왈 "어떤 개새끼가 늦은 시간에 다른 사람 사칭하냐"고 항변하는 바람에 오관영은 꼼짝없이 잡히고 말았다.

문제는 차에 앉아있는 3명의 수배자였다. 동지가 한 명 잡혔으니 당연히 항의하고 싸워야 하지만 진퇴양난이었다. 잠시 논의한 끝에, 치사하지만 우리는 이 자리를 빨리 피하는 게 현명하겠다고 결론을 내렸다.

경기노련 박은호 동지에게 연락해서 상황이 이렇게 됐으니 빨리 와서 조치하라는 말만 남긴 채 우리는 그 자리를 피할 수밖에 없었다. 같이 이동하던 동지가 체포되는 상황을 보면서도 항변조차 할 수 없어 더러운 기분이었다.

좁혀오는 수사망

현상 수배에 특진까지 걸리면 경찰서별로 전담반이 구성되고 또 경찰관들이 사비를 털어서 별도의 수배 전단을 만들기도 하며 영상까지도 제작한다고 했다. 특히 50대 이상 경찰관들은 한평생 경찰 생활을 해도 계급이 경사를 넘지 못한다. 그런데 경찰대학을 나온 경찰관은 곧바로 경위를 달고 경찰서에 배치되니, 20대 후반이 50대를 지휘하는 꼴이다. 경찰은 계급 사회이므로 진급이 그들의 꿈이지만 쉽지 않았다. 다만 특진이 걸린 공안 사범이나 강력범을 체포하면 그들이 평생 안고 살아가는 설움에서 조금이나마 벗어날 수 있는 것이다. 그러니 특진이 걸린 수배자에게 수사망은 끊임없이 좁혀온다.

팔뚝만 한 전화기를 하나 가지고 있었지만, 그 전화기를 사용하기는 어려웠고 휴대전화가 대중화되지도 않은 시절이었다. 통신기기는 주로 '삐삐'(무선호출기)를 이용했는데, 번호 열두 자리를 최대한 활용해 연락을 주고받고 약속 장소와 날짜, 시간을 정하기도 한다.

상대방이 나에게 보내는 번호에 미리 약속을 정해둔다. 난수표와 비슷한데, 장소가 주기별로 달라지지만 10곳의 장소에 고유번호가 있고 날짜 칸과 시간 칸을 정해서 활용하는 것이다. 나에게 통화를 요청할 때는 전화번호를 그대로 넣는 것이 아니고 1, 2, 3, 4, 5, 6을 더하기도 하고 빼기도 하는데, 홀수 날짜와 짝수 날짜에 따라 덧셈과 뺄셈이 달라진다.

쌍문동 안가에서 홍은동 스위스 그랜드호텔에서 열리는 민주노총 준비위 중앙위원회 회의에 가는 도중에 삐삐가 울렸는데 들어온 번호가 '생번호'였다. 생번호라는 것은 덧셈이나 뺄셈 등 변조를 안 한 번호가 들어왔다는 것이다. 모든 지역 번호는 0으로 시작하기 때문에 변조가 안 된 번호는 앞자리를 보면 금세 알 수 있다. 모처럼 생번호가 들어오니 호기심이 발동했다. 정릉 길 도로 옆 공중전화 부스에서 삐삐에 찍힌 생번호로 전화해서 "삐삐하신 분 있냐"고 했더니 친절하게 "위원장님, 이 정도면 거의 끝난 거 아닙니까? 기왕 정리하시는 거 저희를 통해 정리하시죠?" 한다. "개새끼야 엿이나 먹어" 하고 끊었다. 삐삐는 보름 이상을 소지하고 있으면 그 자체가 노출되는 모양이다. 그 후로 삐삐의 수명은 1주일로 단축됐고 그만큼 주변의 동지들도 힘들어졌다.

소산별이냐 대산별이냐

전노대에서도 조직 발전 전망과 관련해서 숱한 논쟁들이
진행됐고 미세한 부분에서 끊임없는 이견들이 드러나고 있
었다.

　민주노총 건설 시기를 언제로 할 것인가라는 문제 외에도
대공장의 입지와 업종이냐 산별이냐 문제에서 전노협은 '대
산별 건설'이라는 입장에서 물러설 수 없는 상황이었다. 특히
산별 구획과 관련해서는 자본에 의해 금속산업 내에서도 수
백 조각으로 갈라지는데, 소산별을 주장하는 것은 노동자계
급의 산별과는 거리가 멀기 때문이다. 또 소산별이 동종업체
라는 동질성을 갖기 때문에 조직화가 쉽다는 주장은 산별이
아니라 기업별 노조의 연장으로밖에 보이지 않았다.

　산별노조 논쟁 과정에서 계급적 원칙은 사라지고 기업
별 노동조합 운동의 관행이 계급적 단결을 저해하기도 했다.
1960~70년대 산별노조가 자본가들을 대신해 노동자들을 관

리하는 노무관리 기구에 불과하다는 역사적 사실이 소산별 대산별을 주장하는 관점에도 반영되고 있었다.

수배 중에 배범식(쌍용차) 위원장과 이재남(기아차) 위원장으로부터 연락이 와서 안양에서 만났다. 전국자동차산업노동조합연맹(자총련) 조직화에 집중하던 두 동지는 "업종별 산별이 현실적으로 가장 적합한 방식인데 도대체 반대하는 이유가 뭐냐"고 한다. 산별에 대해 긴 이야기를 했다. 업종별 산별은 일본 방식이 분명한데 그것은 산별이 아니라 기업이라는 것, 그러한 산별 구분은 자본의 구도와 시각에 멈추어 있는 것이라는 비판, 계급적 산별이라는 것은 업종이나 기업의 이해가 아니라 계급의 이해로 접근해야 한다는 점에 대해 긴 시간을 할애해서 설명했다.

두 동지가 그간 진행해 온 산별 논쟁에서 감정적인 요인이 있었는지는 모르겠지만 내가 주장하는 산별에 대해서는 고민하려고 하지 않는다는 느낌을 받았다. 결국 토론은 평행선만 유지한 채 찜찜하게 헤어졌다.

전국 투쟁전선 구축 실패

1994년 5.18 광주민중항쟁 기념식 전야제가 열리는 조선대에서 전노대 대표자회의가 열려 수배자들도 광주로 내려갔다.

그곳에 대우전자부품 동지들이 찾아왔는데 정말 반가웠다. 1년 이상 편지글을 통해 안부를 전하고 격려했던 동지들이다. 현장에서 소모임과 일상 활동은 물론 가투도 함께했던 동지들이니 반가운 마음을 이루 말할 수 없었다. 하지만 전노대 회의 시간이 다 되어 짧은 만남 후 다음 날 보기로 했다.

밤에 진행한 전노대 회의에서 산별에 관한 토론을 진행하는데 광주지역 자동차업종에서 활동하는 동지들이 얼굴까지 붉히며 토론이 아닌 집중적인 공격을 해왔다. 내 생각과 전노협 입장을 설명했지만 이미 감정적으로 대응하는 상황에서 쟁점을 둘러싼 간극이 좁혀질 수가 없음을 느꼈다.

회의를 진행하던 중에 디데이를 잡아두고 있던 한국통신

노조가 투쟁을 접는다는 소식이 전해졌다. 우리는 급하게 서울로 올라와야 했다. 권영길·단병호 위원장과 나는 한국통신 노조 지도부를 만나야 했다. 지도부와 연결선을 잇고 있는 특정 정파의 리더를 만나 한국통신 투쟁이 갖는 의미 등을 얘기하며 지도부와 만날 수 있도록 급하게 자리를 만들자고 부탁했으나 소용없었다.

한국통신 투쟁을 중요하게 생각했던 것은 전국 전선 형성의 관건이기 때문이다. 당시는 현대자동차에서 양봉수 열사 투쟁을 진행하며 울산지역 파업을 조직하고 있었다. 한국통신과 함께 전국 전선으로 조직하지 않으면 울산 투쟁까지 모두 한계에 부닥칠 우려가 컸다.

광주에서 급히 올라왔지만, 한국통신 투쟁 지도부를 만날 수조차 없는 우리 셋은 무기력감을 감출 수 없었다. 울산 투쟁은 현대자동차 투쟁에 그쳤고 한국통신 투쟁 대오는 퇴각했으며, 그 결과 노동자들은 정세를 돌파해 내지 못했다.

특별한 휴가

여름휴가 때에는 수배자들도 특별한 일정이 없다. 수배 생활이 누적되면 조금씩 보안에 나태해지기도 한다. 수배 중이라고 방구석에 박혀 있으면 수배 생활의 의미가 퇴색하는 듯한 느낌에 젖어 들곤 한다. 수배 생활은 탄압에 저항하며 활동을 이어가기 위한 수단일 뿐이기 때문이다.

수배 중인 권영길 위원장과 단병호 위원장과는 중요한 사안이 있는 경우 가끔 만나는 편이었다. 수배자들이 만난 자리에서 "여름휴가 때는 우리도 바람 한 번 쐬고 오자"는 결론에 이르렀다. 오대산에 다녀오기로 했다. 매미 소리가 귓전을 울려대는 계곡과 끝이 보이지 않는 배추밭, 밤이 되면 눈부시게 반짝이는 별들이 펼쳐지는 은하수를 보니 태고적 광야의 꿈을 꾸는 것만 같았다.

다음날, 수배자 일행이 오대산을 오르는데 누가 아는 척을 한다. 우리 셋은 모두 모르는 사람이니 반가워하기보다는 바

짝 긴장했다. 상대가 '짭새'라면 어떻게 해야 할지 생각하고들
있었다. 상대방은 주머니를 부스럭거리더니 봉투에 뭘 넣어
주면서 "고생하시는데 식사라도 한 끼 하시라"라며 건넨다.
그러면서 긴장한 우리들의 표정을 살폈는지 자신은 상지대
무슨 교수라고 소개했다. 약간의 안도감은 들었지만, 긴장이
없어지지는 않았다. 우리는 서둘러 하산했고 봉투에 들어있
는 돈으로 모처럼 맛있는 식사를 즐기며 "그 교수 참 좋은 사
람"이라고 입을 모았다.

　　새벽하늘에 획을 긋는 유성은
　　감탄부호를 내려 찍는다.
　　거나하게 들이킨 막걸리 잔을 집어던지고
　　축축히 이슬 맺힌 배추밭 옆 산소 언저리를 담요 삼아
　　은하수 뿌옇게 뿌려진 하늘을 바라보며
　　별들이 발산하는 광채에 한숨을 내 뱉고
　　시 한 구절 읊고픈 심정으로 여유로운 감상에 잠긴다.
　　별들이 쏟아내는 광채는 새로움이 아니라
　　태고적부터 있었던 것이며 변혁의 물줄기를 손짓하며
　　꿋꿋하게 버티고 있을 뿐이었다.
　　　　- 1994년 8월 14일 수배 중 오대산에서 쓴 시(詩) '오대산에서' 중에서

휴가를 마친 뒤 하반기에는 노동법 개정 투쟁에 집중하면

서도 조직 발전 전망과 관련한 논의가 계속됐다. 조발 논쟁은 운동노선과 분리하려야 분리할 수 없는 밀접한 관련을 맺고 있었다. 노동운동에 파열구를 내고자 한 '전투적 조합주의'는 노동운동 내부에서 유행어처럼 사용되었는데, 여기에는 두 가지 혐의가 덧씌워지면서 본질과는 무관한 비난을 생산해 내는 기제가 되기도 했다.

전투적이라는 말은 '비타협'이라는 수식어가 붙지만, 당시 전노협은 타협하고 싶어도 할 수가 없는 조건이었다는 사실을 왜 외면하며 비난에 열을 올렸을까. 나아가 '조합주의'를 한발 더 나아가 우파 생디칼리즘(경제투쟁에 한정하는 조합주의)으로 해석해 비난했다. 앞뒤가 전혀 맞지 않은 근거를 들어 '전투적 조합주의'로 몰아갔다. 그래서 이런 주장들을 '비판'이라고 하지 않고 '비난'이라고 하는 것이다.

안전하지 않은 안전가옥

수배자들에게 안가(안전가옥)는 매우 중요하며 구하기도 쉽지 않다. 절대적인 보안이 유지돼야 하기 때문이다. 체포 압박이 심해질 때는 안가를 1주일 이상 사용할 수 없어서 수시로 거처를 옮기는 불편을 감당해야 한다.

안가가 정해졌다고 해서, 수행(이창환)과 둘이 워드프로세서와 단출한 짐을 꾸려 상계동으로 갔다. 그 집은 유초하 교수[35]의 아파트였다. 유 교수가 반갑게 맞이했고 이내 술병을 들고 나왔다. 8월 중순 찜통더위로 숨이 막힐 지경인 데다 술생각도 별로 없었지만, 집주인이 마시자는데 어쩌겠는가.

나와 수행 동지와 유 교수는 상견례 겸 술을 마셨다. 대병에 담은 소주를 반병 정도 마셨을 때 사모님이 오셨다. 술상을 들여다보면서 하는 말이 "남자들이 왜 이렇게 쪼잔시럽게 술을 마시냐"며 소주잔을 걷어가고 맥주컵을 들고 나왔다. 거기다 소주 대병을 한 병 또 들고 나오며 하는 말이 "이렇게 더운데 옷은 왜 입고 있냐. 벗어라"라고 한다. 벗으라는 기준이 유 교수 정도였을 것이다.

유 교수는 홀랑 다 벗고 팬티 하나만 걸쳤는데, 우리는 아무리 술을 마셨고 더워도 벗을 수가 없었다. 사모님은 편하게 해주신다고 몇 마디 더 하신다. "와서 있는 동안 내 집같이 편하게 지내셔라"라고 하는데 그 말이 더 불편하게 들렸다.

저녁 늦어서야 술자리가 끝났다. "우린 어느 방을 써야 하냐"고 잠자리를 물어봤다. 사모님은 그 질문을 얼른 받아 "같은 식구인데 무슨 방 얘기를 하냐"며 "거실에 자고 싶으면 거실에서 자고 들어가서 자고 싶으면 아무 방이나 들어가서 자라"고 한다. 그러며 덧붙여 "이렇게 만난 것도 인연인데 앞으로 술은 많이 마시지 말고 1인당 대병 한 병씩만 마시자"고 하는 말에 질려버렸다. 문간방에 들어와서 수행과 둘이 이 사태를 어찌할 것인지 논의했다. 이 집에서는 업무처리와 점검 등을 아무것도 할 수 없으니 내일 아침 일찍 안가를 옮기기로 했다. 예정대로 안가를 옮겼는데, 그다음 날 신문에 유 교수 집이 사회민주주의청년연맹(사민청) 조직 사건으로 압수수색 당하고 유 교수는 안기부에 잡혀갔다는 기사가 떴다. 하루만 더 머물렀으면 나도 잡혀갈 뻔했다.

---

35 1948년에 태어나 서울대 정치학과를 졸업했으며, 고려대에서 문학석사와 철학박사 학위를 받았고, 1982년부터 충북대 철학과에서 강의했다. 민주화를위한전국교수협의회 상임공동의장을 역임한 바 있는 유 교수는 2019년 1월 10일, 71세를 일기로 타계했다.

통닭구이 될 뻔하다

부정기적으로 사용했던 안가는 홍대 입구에 있는 '착한 집'이었다. '착한 집'이라는 별칭은 수행팀이 붙인 것인데 그 집 부부가 워낙 착하다고 생각했기 때문이다.

'착한 집'에서 인천 쪽에 있는 안가로 옮기는 날이었다. 차에서 덜덜거리는 소리가 들려 카센터에서 수리를 하고 경인고속도로를 따라 인천 쪽으로 가는데 사이드 브레이크 틈새로 불길이 확확 올라왔다. 차 안은 열기로 가득하고 차량 하부에 불길 번지는 소리가 달리는 속도에 따라 후룩후룩 들려왔다.

급히 고속도로 출구로 나갔는데 바로 공단이었다. 부평공단이었던 것 같다. 처음 보이는 회사 정문으로 무작정 진입했는데 경비가 가로막았다. "차 아래에 불이 붙어 통닭 되게 생겼다"라며 쓰레기장이 어디냐고 소리쳤다. 당황한 경비가 손짓하는 쪽으로 차를 몰고 가서 쓰레기장 옆에 있는 수도 호스로 차 밑바닥에 물을 뿌리기 시작했다. 차량 마후라(소음기)를 중심으로 불길이 많이 번졌지만 굵은 호스 덕분에 불길이 잡혔다.

경비가 왜 그러냐고 묻는다. 내가 차량 수리 전문가도 아니고…. "이유를 모르겠는데 고속도로에서 불이 붙어 어쩔 수 없어 여기로 왔다"라고 했다. "쓰레기장에 수도꼭지가 있는 건 어떻게 알았냐"며 신기한 듯 쳐다보는데, 수배자 처지로는 쳐다보는 자체에 긴장할 수밖에 없었다.

경비에게 고맙다고 말하고 다시 안가 쪽을 향해 출발했는데 사이드 브레이크 틈새로 또 불길이 올라온다. 급히 근처 카센터로 가서 불을 껐다. 서울을 출발하기 전 마후라에서 나는 덜덜거리는 소리 때문에 카센터에 차를 맡겼는데, 카센터에서 마후라를 고정시킨다고 기름걸레를 꽉꽉 채워 고정한 것이 사달이었다. 멀쩡할 때 같으면 당장 그 카센터를 찾아가서 난리를 쳤겠지만, 수배자라는 신분 때문에 그냥 넘길 수밖에 없었다. 카센터에서 마후라에 붙은 기름 보루를 빼내면서 긴 한숨을 내쉬었다. "수배 생활 중에 통닭구이 될 뻔했다"고.

민주노총 출범을 둘러싼 논란

1994년 전국노동자대회 하루 전날인 11월 12일 경희대 노천극장에서 전야제가 펼쳐졌다.

전야제는 '건설 민주노총, 자주적 단결권 쟁취'라는 불 글씨가 점화되고 불꽃놀이가 펼쳐지면서 절정에 달했고 새벽 2시가 되어서야 막을 내렸다. 일부 참가자들은 "맨 문화행사만 하고 투쟁적 기풍을 세우기 위한 준비들이 없고 홍보용으로만 하는 것 같아 아쉬웠다"라고 평가했지만, 처음 참석한 어떤 동지는 "매우 신선하고 충격적인 행사였다. 이래서 노동자는 하나구나!"라는 느낌을 강하게 받았다고 감회를 밝히기도 했다.

전노대 쪽에서 내일 민주노총 준비위 출범에서 낭독하는 대회사를 사전에 보고 검토해야 한다는 의견들이 빗발쳤다. 그런데 직접 나에게 얘기한 동지는 없고 모두 전노협의 누구를 통해 "사전에 대회사를 봐야 한다"고 전하는 것이다.

전노대 때부터 대회사는 민감한 부분이었는데 내용보다도 누가 할 것인지가 관건이었다. 논란 끝에 집행 단위에서 확정한 안은 노동절대회는 업종 대표가, 전국노동자대회는 전노협 위원장이 하는 것으로 정리된 바 있다. 따라서 전국노동자대회에 민주노총 준비위 출범을 선언하기로 했으니 내가 대회사를 할 순서다.

사전에 왜 대회사에 관심을 두는지 나는 대충 알고 있었다. 그것은 조발 전망과 관련하여 민감한 부분이 있으니 우려가 있을 수도 있지만, 그보다는 전노협의 정서와 업종의 정서에 차이가 있다는 점의 반증이다. 나아가 대회사 기조에 대해서 신경이 많이 쓰였을 수 있다. 그런데 나는 보여주지 않았다. 그것은 자존심의 문제가 아니라 지금까지 수년간 권영길 위원장과 교대로 대회사를 했으나 한 번도 사전 검열을 받은 적이 없었기 때문이다.

11월 13일 경희대학교, 민주노총 추진위원회가 주최한 '민주노총 건설을 위한 전국노동자대회'가 열렸다. 3만여 노동자들이 대회장을 가득 메우고 있는 가운데 대회장 곳곳에 참가 조직들의 깃발이 나부끼고 있었다. 풍물패의 길놀이와 노래 공연, 율동 배우기로 어느덧 대회가 시작되었다. 민주노총의 출범을 미리 축하하는 듯 '또다시 앞으로' '바위처럼' 등 힘차고 빠른 노래들이 분위기를 고조시켰다.

나는 대회사를 낭독했다.

"동지 여러분! 24년 전 오늘, 한 점 불꽃이 되어 산화해 가신 전태일 열사를 비롯한 모든 노동 열사들의 피맺힌 한을 담고, 1천만 노동자의 노동해방 열망을 담아 벅찬 가슴으로 선언합니다. 1994년 11월 13일 오늘, 전국노동조합대표자회의가 발전적으로 해소되고 민주노총준비위가 발족되었음을 여러분 앞에 엄숙히 선포합니다!"

본 대회는 민주노총 건설을 위한 대합창, 결의문 낭독으로 마무리되었다. 모든 조합원은 결의문을 통해서 '1995년 임단투와 사회 대개혁 투쟁을 통한 민주노총 건설, 복수노조금지 조항 철폐 등 노동 악법 개정 투쟁, 산별노조 건설' 등에 앞장설 것을 결의했다.

민주노총 준비위가 출범하고 전노협은 역량 파견에 대해 고민하지 않을 수 없었다. 전노협이 집행 역량 대부분을 보유하고 있으니 민주노총 준비위와 금속에 파견해야 하기 때문이다. 조직 배치가 아니라 파견이기 때문에 한시적이라는 전제를 달고 있지만 그래도 민주노총이든 금속이든 사무총국 동지들이 희망하는 조직이 있는 것은 당연할 수 있다.

그렇다고 전노협이 모든 성원을 희망하는 곳으로 파견할 수는 없었다. 파견된다 함은 민주노총을 건설하기 위한 준비 작업이 맡겨지는 것인데, 전노협도 자신의 역사를 정리해야 하고 해산대회를 조직해야 하고 그에 따른 지역별 토론회나

간담회도 조직해야 하기 때문이다. 더군다나 지도부가 구속(문성현), 수배(양규헌)된 상태에서 집중해야 할 일상 사업 과제들도 널려있었다.

중앙위는 늘 비공개로 진행될 수밖에 없다. 어찌 생각하면 중앙위원들이 불편하겠지만 그런 상황 자체가 전노협의 일상인 동시에 전노협의 역사였다. 전노협 임원은 물론이고 중앙위원들도 정상적으로 활동할 수 있는 조건이 되지 못했다. 전노협 초기에는 중앙위원회 장소에 경찰이 습격하여 모두 연행[36]되는 바람에 전노협 중앙위원회를 경찰서 유치장이나 구치소에서 하지 않으면 성원 부족으로 정상적인 회의가 성립될 수 없는 지경이었다.

전노협 중앙위원회에서 파견에 대해 이견을 제시하는 국장이 있었다. 자신은 민주노총에 파견 가고 싶은 생각이 추호도 없고 금속으로 가겠다는 것이다. 배치도 아니고 파견인데 이렇게 강수를 둘 이유가 있을까 싶기도 해서 "이후에 임시파견이 아닌 업무 배치 때는 사무총국 전체를 면담한 다음에 각자의 생각을 반영할 테니 우선 한시적 파견에 따라 달라"고 했지만, "재배치 안 하면 그만두겠다"라고 했다. 그래서 그만두고 싶으면 그만두라고 했다. 이런 내 발언으로 전노협 지도

---

36 1990년 12월 20~21일 이틀간 서울 우이동에서 열린 전노협 11차 중앙위원회에서 21일 아침식사 후 속회를 준비하는 순간 160여 명의 백골단이 난입해 중앙위원과 지도위원, 상근자 31명을 전원 연행했다.

부 내부에서 가까웠던 동지들과 약간의 갈등을 빚기도 했다. 갈등의 핵심은 내가 동지들을 이해하지 못한 측면과 문제 제기를 긍정적으로 받아들이지 못한 탓이었다. 당시에는 금속과 민주노총 파견이 왜 그렇게 민감한지 이해하지 못했다. 나중에 생각해 보니 사무처 동지들에게는 향후 운동의 전망과 관련된 핵심적인 고민이었다.

민주노총 건설 일정이 가까워지면서 전노협 사무총국도 분주해졌다. 전노협 6년 평가와 향후 과제를 어떻게 설정할 것인가 보다 민주노총과 금속에 어떻게 자리매김할 것인가에 집중하는 것 같았다.

그런 와중에서도 민주노총 준비위의 조직 발전전망 논의가 논쟁을 거듭했고 전노협은 전노협 내부의 논쟁을 이어갔다. 민주노총 준비위 운영위에서 민주노총 건설 시기를 둘러싸고 두 개의 안이 대립한다. 지자체 선거에 민주노조 진영이 조직적으로 개입하기 위해 메이데이(5월 1일)에 출범하자는 안과 건설 준비가 되었을 때 출범하자는 안이 맞서다가 표결을 해보니 10대 9로 '조기 건설론(5월 1일 건설)'이 다수를 차지했다. 운영위 결정처럼 보였지만 그것은 표결이라기보다는 의견분포를 확인하는 수준이었기에 다수의 견해대로 갈 수 있는 상황은 아니었다. 전노협의 일부 지노협과 그룹노조도 동의하지 않았다.

전노협 내부의 논쟁은 전노협 중심론, 대공장 업종 중심론에서 대산별인가 소산별인가를 거쳐 민주노총 건설 시기 논쟁으로 확산됐다. 이는 민주노총 조기건설론과 민주노조 진영이 총단결할 수 있는 상황과 조건이 갖추어졌을 때 건설하자는 주장으로 구분된다.

조기건설론의 근거는 자본과 정권의 탄압이 엄혹하니 민주노조 진영이 크게 한 조직으로 모여서 지배 세력에 맞서는 것이 효율적이라는 주장이다. 시기를 늦추자는 주장은 포괄적으로 민주노조 진영이라고 하지만 운동의 경험도 다르고 투쟁을 바라보는 기조도 다르므로 이후 연대투쟁을 통해 민주노조 정신의 동질성을 확보한 다음 민주노총을 건설해야 한다는 주장이었다. 그 외에도 구획과 관련하여 지역조직의 위상, 그룹노조의 위치, 금속 산별에서 산별과 업종 구분이 어떠해야 하는지 등에 관한 지루한 논쟁이 이어졌다. 팽팽한 논쟁 끝에 건설 시기에 대한 중재안이 제출됐다. 전노협 중앙위는 민주노총을 1995년 10월에 건설하자는 중재안을 받을 수밖에 없었다.

전노협 건설 때 시기상조를 주장하며 전노협 건설에 반대했던 정파들이 민주노총 건설에서는 조기 건설을 주장한 것으로 보아 조직 발전전망은 노동운동의 노선을 둘러싼 논쟁과 투쟁이었다. 그 투쟁은 30년이 지난 지금도 계속되고 있다고 볼 수 있다.

전노협 비판에 대하여

전노협은 6년간 민주노조 운동의 격동기를 가슴에 안고 달려왔으며 길지 않은 기간에 살인적인 탄압과 맞서면서도 숱한 논쟁과 아울러 많은 비판에 직면해야 했다. 정치세력화에 대한 이견은 물론 진보적 노동조합, 사회발전적 노동운동 등이 전노협의 '노동해방'과 '평등사회' 이념에 강한 태클을 걸기도 했다. 나아가 정치투쟁을 한다, 투쟁 일변도다 등의 비판이 제기되기도 했다.

특히 투쟁 사안뿐 아니라 사업 전반이 내리꽂기 식이라는 비판도 제기되었다. 그런데 전노협은 6년간 사업과 투쟁에서 단 한 번도 독자적으로 지도부 지침을 내린 적이 없다. 모든 결정은 중앙위원회 회의를 거쳤고 중앙위원회는 지역의 대표가 참석한다. 중요한 사안을 결정할 때는 미리 각 지역에 공지하고 토론을 거쳐 중앙위원회 참석을 요청한다. 지역의 대표가 구속·수배 등으로 공석일 때는 다른 동지가 위임받아 중앙위원회에 참석하도록 했다. 주요한 사안을 논의하는 중앙위원회는 표결로 전노협 지침을 마련하지도 않았다. 토론하면서 의견분포를 확인하고 이견이 있을 때는 좁히기 위한 진지한 토론이 고통스럽게 진행되기도 했다. 물론 지노협은 단위노조와 토론으로 의견을 모아야 하는 책임이 주어진다.

이러한 사업 관행이 매우 중요하다고 판단한 근거는 형식적인 민주적 절차를 거친다는 의미보다는 결의를 통한 투쟁의 중요성을 강조한 것이었다. 그렇지만 지역별 편차는 있었고 편차에 따라 전노협 결정 사항에 심한 부담을 느끼는 지노협도 있었다고 생각한다. 선거 전술이나 한사노당을 둘러싼 논쟁과 같이 정치적 문제가 이견에 부딪혔을 때, 충분한 토론을 거치고도 이견이 좁혀지지 않았을 때, 전노협은 결정을 유보하고 의견분포만 확인하는 것으로 정리하기도 했다. 다만 긴박한 사안에 대한 대응 방향에 대해서는 사전 토론할 수 있는 조건이 안 되기 때문에 임시중앙위원회를 통해 결정한 적은 있다. 이런 상황인데도 전노협이 내리꽂기식 사업을 한다고 비판하는 바탕에는 노선이 다르거나 정치적 의도가 있거나 지노협 또는 단위사업장의 책임 방기에 일종의 변명 같은 게 담겨있었다고 생각한다.

전노협이 정치투쟁을 한다고 비판한 근거도 취약하기 짝이 없다. 정치투쟁의 범주를 어디까지 설정했는지 모르지만, 경제투쟁을 벗어난 모든 투쟁은 정치투쟁인가 반문하게 된다. 임단투 외에 전노협의 파업 조직은 모두 조직 사수 투쟁이었다. 자신의 조직을 유지하기 위해 어려운 상황에서 안간힘을 다하며 파업을 조직하는 것 자체를 정치투쟁이라고 비난하는 것은 한 그루 나무만 바라보고 숲을 보지 못하는 한계와 오류에서 비롯된 비판이다. 물론 전노협이 정치투쟁을 안 했다는 것은 아니다. 정권 타도 투쟁이나 퇴진 투쟁도 했고, 노동운동 탄압에는 지배 세력과 맞선 투쟁을 했다. 전노협은 대중조직이지만 경우에 따라 정치적 임무까지 부여받았다는 것을 부인할 수 없다. 노동자계급의 정치적 요구를 수렴할 수 있는 정치조직(정당)이 없는 취약한 상태에서 전노협은 직접정치에 나서지 않을 수 없었고 그것은 가두 투쟁을 통해 노동자계급의 요구를 선전 선동하는 것이었다.

전노협 조직이 창립 때보다 축소되었다며 '그래서 전노협 중심은 안 된다'고 주장하기도 했다. 전노협 조직이 축소된 것은 사실이다. 창립 3년 후에는 조직이 반 토막이 났으니, 조직 축소는 맞는 말이었다. 탄압으로 조직이 와해된 측면도 있지만 보다 분명하게는 휴·폐업에 따른 조직축소였다. 마치 전노협이 투쟁 일변도였기 때문에 조직을 말아먹었다는 식의 주장은 전노협 중심론을 와해시키기 위해 갖다 붙인 억지 주장에 불과했다.

전노협은 6년의 역사에서 위원장이 상근한 날이 8개월도 안 된다. 이 짧은 시기에 지도부는 자신의 정견을 발표할 여유도 없었다. 그렇다면 전노협 지도부는 실제 지도부일까 상징적 지도부일까. 산술적으로 보면 실제적 지도부라고 할 수 없을 것이다. 그러나 전노협은 지도부가 수배됐든 구속됐든 사업과 투쟁은 쉼 없이 진행했다. 지역과 업종별로 명확한 견해 차이를 얼마나 좁혀가고 결의를 높였는지는 자신 있게 말할 수 없지만, 민주적 운영 원리에 따라 지도부 공백 상태를 지도위원, 임원, 지노협, 사무총국이 채워주었다.

　전노협의 정책적 기능에 대한 비판도 제기되었다. 여기서 제기하는 정책기능은 내셔널센터로서 노동문제 전반을 총괄하며 전투적인 투쟁뿐만 아니라 자본과 정권과의 창구가 마련되지 않았다는 점을 강조하는 측면이다. 노동조합 중앙조직은 정책적 기능에 집중하는 것이 국제적으로도 보편적인 방식이다. 전노협이 노동조합 중앙조직으로서 정책기능에 집중할 수 없었다는 것은 자본과 권력이 전노협 자체를 인정하지 않고 불법화한 측면도 무시할 수 없으며 복수노조 금지라는 법·제도적 걸림돌이 있었던 것도 사실이다.

　내셔널센터가 갖는 위상과 역할을 고려하면 정부나 자본과의 교섭 자체를 부정할 수 없다. 중요한 지점은 정부와 자본의 의도에 따라 교섭하는 것이 아니라 전노협의 조직적 힘과 조합원의 요구로 교섭하고 요구를 관철해야 한다는 것이다. 그러나 자본과 권력은 전노협 자체를 인정하지 않는데 그들과의 교섭을 통한 정책적 기능을 얘기하는 것은 맞지 않다.

따라서 중앙조직으로서 역할이 미약하다는 비판은 한편으로 올바른 지적이 될 수 있고, 다른 한편으로는 당시 정세를 간과한 측면이 크다.

상황과 조건을 무시한 선언적 비판은 그것이 아무리 원칙에서 비롯되었다고 해도 공허한 메아리에 지나지 않는다. 전노협이 해산한 지 30년이 돼가며 역사의 뒤안길에 나풀거리고 있지만, 운동의 발전을 위해서 전노협 6년은 제대로 평가돼야 한다. 전노협 6년에 대한 평가는 전노협 해산 대의원대회 전날 진행된 전노협 6년 평가토론회[37]에 잘 정리되어 있다.

---

37 1995년 12월 2일. 전노협후원회, 민교협, 학술단체협의회가 주최하고 김진균(서울대) 전노협 고문, 임영일(경상대) 영남노동운동연구소 부소장의 공동발제했으며, 양규헌, 윤재건(현대중공업노조), 남구현(한신대), 윤진호(인하대) 등이 토론자로 나선 가운데 4백여 명의 노동자, 시민, 학생들이 토론회장(연세대학교 상경대 강당)을 가득 메웠다.

수배 중에 민주노총 출범

경찰서에서 집시법 관련 조사를 받고 온 동지들 하는 말이 경찰들 책상마다 권영길 위원장과 내 사진을 각각 A4 크기로 확대해서 책상 유리판 밑에 깔아놓고 있다고 한다. 수배자들을 체포하기 위해 혈안이 된 경찰들이 자비로 제작한 것이리라.

노동자뉴스제작단(노뉴단)에서 볼일을 보고 안가로 가는 중인데 합정동 뒷길에서 검문이 진행되고 있었다. 경찰 정지 신호에 따라 차를 세우고 유리문을 내렸는데 사복경찰관이 나를 보면서 하는 말이 "어디서 많이 봤던 얼굴이네요" 한다. 몹시 당황스러웠지만 태연하게 대응했다. "나도 어디서 많이 본 얼굴이네요" 했더니 나보고 집이 어디냐고 묻는다. 내가 "댁은 어디냐"고 반문했더니 자기는 불광동에 산다고 한다. 그 말을 받아서 "우리 집도 불광역 뒤 먹자골목이다"라고 했더니 무릎을 치면서 "아! 동네서 뵌 분이군요" 하며 조심히 들어가시라고 신분증 조사도 생략했다. 유리문을 올리고 출발한 뒤, 가슴을 쓸어내리며 '멍청한 놈'이라고 혼자 중얼거렸다.

민주노총 건설이 임박해짐에 따라 논의 구도 또한 변화가 생겼고, 민주노총 집행부 구성과 관련해 특정 정파에서 민주노총 경선 주장도 나왔던 모양이다. 민주노총 준비위 공동대표를 했던 권용목과 나는 가끔 만나 얘기하며 서로 했던 약속이 있다. 우리 둘은 민주노총이 출범하면 현장으로 들어가는 것이 운동가의 정신이라는 데 의견을 같이하고 그렇게 하기로 했다. 중앙에 지도부로 있는 동지들이 계속 그 자리를 지키면서 다람쥐 쳇바퀴 돌 듯 번갈아 가며 직위를 차지하면 운동역량 재생산이 어렵고 운동적이지도 않다고 생각했기 때문이다.

민주노총 지도부 선출을 둘러싼 풍문을 들었는지 권영길 위원장이 보자고 했다. 권 위원장 생각은 지금 시기에 민주노총이 경선 구도로 가게 되면 잡음도 많고 외적으로도 생각지 않던 언론의 표적이 될 수도 있으니 공동대표가 역할 분담을 하자는 취지였다. 나는 이전에 권용목 동지와 논의한 내용을 전달하며 난감한 표정을 지었고, 그 논의는 권영길 위원장과도 여러 차례 진행했다. 공동대표였던 당사자들이 민주노총 건설 흐름을 원만하게 만들어 가는 것도 책임이라는 데 동의하고 나는 권용목 동지를 설득하기 시작했다. 권용목 동지도

처음엔 "이전에 서로 약속하지 않았느냐?"고 펄펄 뛰었다. 여러 차례 토론 끝에 흔쾌한 동의는 아니었지만 일단 권영길 위원장 의견대로 하고 우리는 민주노총 건설 이후에 현장으로 돌아가자고 의견을 모았다.

민주노총이 건설되는 시기에 나는 수배 중이었고 문성현 총장은 구속 중이었다. 그 상황에서 가장 어려운 점은 사무총국 동지들의 업무 배치였다. 전노협 총국 동지들은 민주노총이나 금속연맹으로 가는 동지들과 못 가는 동지들로 나뉘었다. 복잡한 상황에서 수행을 책임졌던 김종배 동지가 자청해서 전노협백서 발간에 몸을 담기로 했다. 5기 집행부가 인선한 사람 중 화학·섬유 쪽 조직을 맡았던 최미숙, 총무국에서 일했던 정성범, 그 외에도 몇 명은 갈 곳이 없었다. 대부분의 사무총국 성원이 운동의 열정을 녹여 낼 일자리를 찾는 와중에 전노협 6년사를 백서에 담아 노동운동사적으로 커다란 흔적을 남긴 동지들의 헌신과 운동성은 제대로 평가되어야 한다.

숱한 토론과 논쟁을 거치며 민주노총이 출범했다. 준비위 기간에 강령·규약과 임원진, 사무처 등은 꾸려졌기 때문에 어려움은 없었지만 민주노총 초기에 진행해야 할 사업이 많았으므로 회의는 분주하게 돌아갔다. 그러는 와중에 같은 '3자 개입'으로 수배 중이던 권영길 위원장이 구속됐고 민주노총 회의는 서울 시내 대학을 돌아다니면서 할 수밖에 없었다.

서울대에서 민주노총 회의를 하던 중 부위원장 한 명이 밑도 끝도 없이 "전노협은 왜 해산을 안 하는 거야?"라고 한다. 순간 회의를 진행하던 내 얼굴이 험악해진 모양이다. 전노협 해산 대의원대회가 잡혀 있는 민감한 시기에 기분이 언짢은 것은 당연했을 것이다. 일부 임원들이 정회를 요청했고 10분 쉬었다가 속개하기로 했다.

　　전노협 해산 발언을 한 민주노총 부위원장을 옆 교실에서 잠깐 보자고 했다. 그 교실에 들어가는 순간 손이 부들부들 떨렸지만, 간신히 참는 대신 입에 담을 수 없는 욕설을 퍼부었다. "네까짓 새끼가 전노협에 한 게 뭐가 있다고 전노협 해산을 들먹이고 지랄이냐"며 "한 번 더 그런 소리 하면 그냥 안 둔다"고 한 것으로 기억한다. 같이 활동하는 동지에게 입에 담지 못할 무지막지한 욕을 퍼부은 것이 마음에 남아 있었는데 한참 후에 그가 민주노총을 그만두고 무슨 공제회 감사로 있다며 강남에서 식사 한번 하자고 연락이 와서 만났다. 그 후에 그는 볼 수 없는 사람이 되었다. 고인이 된 그에게 미안함이 남는다.

　　그다음 민주노총 회의는 동국대에서 했는데 회의 중에 수시로 비상 상황이 접수됐고 민주노총 임원들은 회의를 빨리 접어야 한다고 했다. 경찰들이 회의하고 있는 옆 교실까지 들어온 모양이다. 별도 팀을 구성해서 옆 교실 경찰들을 내쫓고 퇴각 전술을 짜야 했다. 교실에서 내려가면서 준비된 차량에 한 명씩 타고 운동장을 뺑뺑 돌다가 감시의 사각지대에서 나는 내려 빠져나오는 전술이었다. 그 전술이 성공하여 퇴계로 쪽에서 수행의 차에 안전하게 오를 수 있었다. 그 시간에도 동국대에서는 7대의 차량이 운동장을 돌다가 내가 안전하게 빠져나갔다는 연락을 받고 차량 행렬을 중단했다고 한다.

침통했던 전노협 해산대회

민주노총 건설 후 1995년 12월 3일 전노협 해산대회가 연세대 대강당에서 열렸다. 12월 2일에는 전노협후원회 주최 토론회를 열어 지난 6년을 평가하고 전노협의 의미와 향후 과제를 진지하게 논의했다. 밤에는 고난의 역사와 함께 한 전노협의 의미를 되새기는 문화제를 이어갔는데 끝날 때까지 분위기는 침울하기 짝이 없었다. 전야제가 끝나고 삼삼오오 모여 전노협을 회고하며 민주노총과 산별노조에 대한 우려와 결의를 모아내기도 했다.

동지들은 전노협 해산을 아쉬워하며 연세대에서 거의 밤을 새웠다. 아침 세면장에 가던 김종배 동지가 경찰들에게 잡혀갔다. 경찰은 김종배를 양규헌으로 오인하고 "양규헌 꼼짝마!" 소리치며 잡아갔다고 한다. 양규헌으로 잡혀간 김종배가 종로경찰서에서 꼬장을 부리다가 택시비까지 받아 대회장으로 돌아왔다. 연세대는 비상이 걸렸다. 이미 수배자를 체포하려는 경찰들이 쫙 깔려 있었다. 경찰서까지 갔다 온 김종배는 "어딜 봐서 내가 양규헌 같냐"고 투덜거린다. 선봉대가 어슬렁거리는 경찰 몇 명을 잡아 눈도 가리고 쇠파이프로 협박하며 쫓아냈지만 사복경찰은 여기저기서 눈에 띄었다.

전노협 해산대의원대회가 시작됐다. 대회를 준비할 때 지역을 돌며 지역 혹은 사업장별로 토론했지만, 여전히 이견이 강해서 토론 시간은 길어지고 있었다. 동지들은 대부분 "지금 시기에 전노협을 해산하면 안 된다"며 해산안에 강한 반대 의견을 개진했다.

지역순회 토론까지 마친 다음이어서 큰 문제가 되지 않을 것이라고 예단했던 나의 불찰도 있었다. 회의를 진행하는 나로서는 여간 난감한 게 아니었다. 만약 오늘 전노협 해산을 결정하지 않으면 이후 전노협은 해산도 못 하는 결과를 초래할 것이기 때문이다. 문제 제기의 핵심은 민주노총의 노선이 확인도 되지 않았고 근본적으로 전노협과 다른 조직이기 때문에 지금 전노협을 해산하면 민주노조 운동은 후퇴한다는 우려였다. 그런 주장에 동의는 하면서도 어쩔 수 없는 상황이 바로 그런 것이었다.

지노협을 포함한 전노협 출신들이 민주노총에서 민주노조 운동의 정신을 계승·발전하기 위해 노력하겠다고 설득한 끝에 표결을 통해 전노협 해산안이 원안대로 통과됐다. 회의 내내 '내 임무는 전노협 해산하는 것까지'라고 되뇌었다.

2부 기념식에도 여전히 침통한 분위기가 이어졌다. 말없이 눈물을 흘리는 동지들이 많았다. 전노협의 지난 6년은 자본과 정권의 모진 탄압을 이겨내며 민주노조 운동의 정신을 부여 잡기 위해 구속, 수배, 해고는 물론이고 죽임까지 당했던 고통스럽고 참담한 시간들이었다. 모진 탄압과 회유에도 결코 내리지 않았던 전노협 깃발이 내려지는 순간이었다. 곁에 자리하신 박창수 열사 어머님 얼굴은 눈물로 범벅이 되어 있었다. 천천히 전노협 깃발을 차곡차곡 접어 나도 모르게 가슴에 꼭 안았다. 내 눈에서도 뜨거운 액체가 흘러 얼굴을 적셨다.

6년의 역사를 마감하는 전노협 해산대회장에서 아픔과 절규와 분노를 함께하며 죽임을 당한 동지와 구속되고 수배되어 참석하지 못한 동지들을 떠올렸다.

아! 전노협

공돌이 공순이를 운명처럼 받아들이던 때
노동자라 불리는 자신이 저주스러웠던 작업장에서
개새끼 개년으로 불리워지던 그날

동료의 팔과 손가락이 뚝뚝 잘려지고,
또 죽어 나가기도 하고
잔업 특근 철야로 아찔한 현기증이 계속되던 날

우리는 만났다네
노동자도 인간임을 선언하며 노동자의 조직으로
노동해방의 전망으로 만났다네

역사의 현장 눈 쌓인 성균관대 교정
짐승처럼 할퀴고 간 치 떨리는 그곳에서
동지들은 백골단에게 머리가 터지고
팔이 부러지며 끌려가고
아우성의 흔적만이 남아 그 적막 위로
솟구치는 분노의 화염병이
노동자의 불타는 적개심으로 치솟고
그러나 지금은 하나둘 뒹구는 낙엽과 함께
6년의 세월을 얘기하고 있다네

지역은 압수수색과 구속이 줄을 잇고
중앙은 대림동에서 용산에서 제기동에서 그리고
동대문의 숭인동으로
동지들의 피와 땀이 젖은 돈을 요구하는 대로 주고도
입주하기도 정착하기도, 투쟁 없이는 불가능했던 그때를
잊을 수가 없다네

이런 개 같은 경우도 있는가

자본주의는 정말 이런 것이란 말인가

그러나 우리는 강화되는 검문검색도

숨 막히는 체포망도 온몸으로 돌파하고

3천 명의 구속자와 5천 명의 해고자라는 치욕을 감수하며

오랜 단절의 역사를 깨고 절름발이 평등을 치유하기 위해

노동자계급으로 전노협으로 만났다네

민중연대의 새 장을 열어젖힌 깃발로

산별노조의 징검다리를 고집했던 깃발로

자본과 권력에 비타협노선을 강조했던 깃발로

어깨띠나 항의서한보다 붉은 머리띠와 총파업을 선택했던

위대한 깃발로

조합 내 경제적 투쟁의 한계를 극복하고

계급투쟁의 기치를 움켜잡았던 전노협

전태일 박창수 열사의 투혼이 깃든 전노협이여!

아~ 우리의 전노협이여~

너무 과격하다고 했는가

죽을 수는 있어도 질 수는 없다고 하지 않았는가

투쟁일변도라고 했는가

노동조합은 투쟁조직인데 어찌하는가

정치투쟁한다고 했는가

노동자의 권리이며 임무인데 포기할 수야 없지 않은가

생존의 벼랑 끝에 선 각박함으로 분노를 모아내고

결의를 모아 투쟁의 불길을 일구지 않았는가

거대한 투쟁의 불기둥을 세우지 않았는가

어두운 밤을 벗어나기 위해

고통의 긴 터널을 탈출하기 위해

밝은 햇살 내리쬐는 아침을 향해 힘차게 달려오지

않았는가

깨지고 부러지고 터지고 찢겨진 육신위로 뿌려지는 눈물

결코 지랄탄 때문은 아니었다네

분노의 핏물은 심장을 가로질러 역류하고

'새날이 밝아온다 동지여'의 함성으로

떨리는 손으로 깃발을 부여잡고

감동의 눈물을 흘릴 수밖에 없지 않은가

피투성이 역사를 안타까워 하기보다는 계승,

발전시키고 싶을 뿐이라네

어허 세월은 흐르고 세상은 변한다는데

동지들은

동지들은 어디에 있는가

부산에 영만이와 대구의 용성이는 출소를 했고

경기의 준영이와 경옥이는 끌려갔으며

대구의 우달이는 겨울이 되어도 감방 안에 처박혀

나올 줄 모르고

마창의 승필이는 현상수배 되어 차가운 거리를 헤매이고

전노협 마지막 사무총장 성현이는 흔들고 피박을 쓴 채

구속되고

전노협 건설의 깃발을 움켜잡았던 병호는 어디에 있는가

전노협 사수를 위해 타살당한 창수는 진상도 밝혀지지 않아

구천을 맴돌고 있지 않은가

다들 돌아오게나

모두 돌아오게나

광풍과 폭우에 빛바랜 깃발을 함께 움켜잡아야 하지 않겠나

정상을 향해 걸음마를 시작하는 민주노총의 깃발을

함께 흔들어야 하지 않은가

산별 건설을 위해 징검다리를 함께 부수어야 하지 않겠나

다들 돌아오게나

모두 돌아오게나

못다 이룬 해방의 북을 함께 두들기세

- 1995년 전노협 해산에 즈음해 쓴 시(詩)

도처에 깔린 사복경찰을 뚫고

전노협 해산 기념식은 막바지로 향하고 있는데 도처에서 수배자에게 시선을 집중하는 사복들이 즐비했다. 우선 전노협 해산대회가 끝나면 연세대를 어떻게 벗어날 것인지 수행팀의 전술 논의가 있었다.

정각 몇 시에 대강당 전기가 꺼지면 나는 내가 앉아있던 반대편으로 옮겨가 옷을 갈아입고 변장하기로 했다. 주어진 시간은 15초, 15초가 지나면 전깃불이 다시 강당을 환하게 밝히니 그 시간을 지켜야 했다. 불이 켜지면서 퇴장하는 동지들 틈에 휩싸여 눈빛으로 안내하는 동지를 따라 강당을 나가서 부산에서 올라온 버스에 탔다.

버스에는 수배 중인 이승필 동지와 나, 그리고 수행팀이 올랐고 부산에서 온 동지들도 탔는데 버스에 타면서 깜짝 놀랐다. 버스 통로 바닥에는 선봉대 20여 명이 쫙 누워 있고 그들의 손에는 쇠파이프가 하나씩 들려있었다. 버스 창문에는 커

튼이 쳐져 있었고 나는 뒤쪽 자리에 앉았다. 버스는 정문이 아
니라 동문을 향하고 있었다. 이미 경찰들이 눈치챘는지 버스
뒤를 쫓아오는 차량이 꽤 많았다. 동문은 커다란 자물쇠로 잠
겨있고 100여 명의 사수대가 지키고 있다가 우리가 탄 차량
임을 확인하고 자물쇠를 풀어 문을 열어주었다. 그리고 우리
가 탄 차만 통과시킨 뒤 문을 다시 걸어 잠갔다. 버스를 쫓아
오던 '짭새들' 차량은 그야말로 닭 쫓던 개 신세였다.

안도의 한숨을 내쉬며 동문을 나섰는데 아뿔싸! 동문 밖에
서 기다리는 경찰들이 있는 줄은 몰랐다. 대략 봐도 승용차 10
여 대에 사복들이 타고 우리가 탄 부산행 버스를 쫓아오고 있
었다. 버스는 연세대에서 성산대교로 진입했다. "대교 위에서
차량을 덮치면 퇴로가 없는 것 아니냐"고 했더니, 쇠파이프를
잡고 있던 선봉대원이 "만약 우리 버스를 침탈하면 목숨 걸어
서 방어하기로 했으니 안심하셔도 된다"고 한다. 성산대교 끝
지점은 김포공항 가는 길과 서부간선도로 길로 갈라진다. 그
지점에 또 여러 대의 경찰 승용차가 대기하며 버스의 행방을
가늠하고 있다가 우리 버스가 서부간선도로 쪽으로 향하자
전부 따라오기 시작한다. 버스 안에서는 선봉대와 수행팀이
긴박하게 전술 회의를 하고 있다. 서부간선도로로 가던 버스
는 대림역 방향, 왼쪽으로 꺾었다.

대림역은 올라가는 육교가 두 개 있다. 첫 번째 육교에 버스
가 잠시 정차하고, 나와 비슷한 체격의 동지들 다섯 명이 대림

역을 향해 뛰기 시작한다. 그들은 대림역으로 경찰을 유인하기 위한 조였고, 서울역까지 가서 시계탑 앞에서 버스를 만나 부산으로 내려가는 동지들이다. 뒤에 쫓아오던 경찰들이 탄 차들은 급브레이크를 잡으며 대림역으로 뛰어가는 동지들을 쫓기 시작한다. 그 사이 우리를 태운 버스는 출발했고 두 번째 육교를 지나 이승필 동지와 나, 그리고 수행팀은 내려서 택시를 타고 공단오거리로 향했다. 공단오거리에 내린 우리는 아침부터 한 끼도 제대로 먹지 못한 탓에 심한 허기를 느꼈다. 긴장이 풀리면서 골목 안에 있는 설렁탕집으로 향했다. 혹시 모를 상황에 대비해 수행 최재호 동지는 오거리에 남겨둔 채….

설렁탕을 주문하고 앉았는데 최재호한테 연락이 왔다. 오거리까지 경찰들이 쫓아왔으니 빨리 다른 곳으로 피하라고 한다. 설렁탕을 먹을 겨를도 없이 일행들은 다시 택시를 타고 시흥사거리로 자리를 옮겨 2층 커피숍에서 숨을 돌리고 있었다. 이승필 동지가 커피숍 안에 있는 공중전화 부스에서 나온다. 혹시나 해서 물었더니 "혜자 씨(문성현 부인)에게 전화를 했다"고 한다. 일행은 다시 커피숍에서 급히 내려와 서울대 입구에 있는 안가로 이동해 라면을 먹으며 긴박했던 하루를 마감했다. 나중에 체포된 뒤에 경찰들한테 들으니, 시흥사거리 커피숍에서 한 전화 통화로 위치를 파악하고 급습했는데 1분 차이로 못 잡았다고 한다.

연말을 맞은 서울 시내는 거리마다 시끌벅적했다. 수행하던 동지에게 연말이고 하니 집에 들어갔다가 나중에 만나자고 했다. 혼자 차를 끌고 연세대 동문 쪽 골목길을 운전하는데 검문을 하고 있다. 검문하는 경찰이 사복을 입고 4명씩 있는 것으로 보아 무슨 정보를 탐지한 것으로 보였다. 창문을 내리라고 하여 창문을 내렸고 면허증을 요구해서 순순히 내줬다. 무전기로 조회를 하는데, 조회 상에는 문제가 없었을 것이다. 면허증을 가지고 차 쪽으로 오면서 경찰 한 명이 고참으로 보이는 경찰에게 "신원에 문제는 없는데 얼굴이 다른 것 같습니다" 한다.

가슴이 철렁했지만 태연한 척하고 있었다. 고참 경찰관이 나한테 와서 "면허증 본인 것 맞습니까?" 묻는데 '아! 이제는 수배를 정리할 때가 된 모양이다'라고 생각했지만 세게 나가야 한다는 판단에 한마디 했다. "면허증도 남의 것 갖고 다니는 사람 있나?" 했더니 "그런데 왜 얼굴이 달라요?" 하는데 나도 순간 혈압이 올랐던 모양이다.

운전석 문을 발로 콱 차고 내리면서 "이 개새끼들아, 얼굴이 다른 건 사진관 가서 물어봐야지 왜 나한테 묻고 지랄이야" 소리소리 지르며 악을 썼다. "잡으라는 도둑은 못 잡는 주제에 연말이어서 집에 들어가 파티하려고 했는데 분위기 다 잡친다"며 너희 임무는 시민들 갈구는 거냐고 계속 악을 써대기 시작했다. 검문 기다리던 차들이 줄 서서 기다리고 몇몇은 싸움 구경하러 나오는 그때, 고참 경찰이 작은 말로 옆에 있는 사복에게 한마디 한다. "성질 더러운 사람이다. 그냥 보내"
하는데 그 소리는 못 들은 척했어도 괜찮았겠지만, 나는 가
만히 있지 않았다. "내가 니네 집 똥개냐, 누구를 보내고 어쩌
구저쩌구 해!" 다른 사복 두 명이 화 푸시고 들어가시라고 사
정을 한다. "야 인마! 면허증을 줘야 가든지 할 거 아냐" 했더
니 잽싸게 면허증을 건네준다. 검문하던 장소는 약간 오르막
이었다. 신분증을 받아들고 스틱 기어를 넣고 출발하는데 나
도 긴장해서 엑셀과 기어의 균형이 맞지 않았던 모양이다. 차
는 "끼이익~" 소리를 내며 출발했고 창 옆으로 "와! 정말 성질
더럽네"는 말이 들려온다. 모른 척하고 금화터널 쪽으로 달렸
다.

이문동 안가에 도착했다. 안가는 1주일 사용하는 곳이었고
집 주인은 결혼해서 신혼여행 중인데 나는 주인의 얼굴도 모
른다. 검문 때문에 기분은 엉망이고 연말을 혼자 보내야 하는
형편도 유쾌할 수는 없었다. 두리번거리다 보니 찬장 안에 양
주가 한 병 보였다. 촛불을 켜고 전등을 모두 끄고 자그만 호
마이카 밥상에 양주와 맥주 컵 두 개를 놓고 양주를 마셨다.
두 잔을 따라놓고 혼자 주거니 받거니 하면서 기분에 취했는
지 분위기에 취했는지 어느새 양주 한 병을 냉수를 안주 삼아
다 마셔버렸다. 카세트에서는 휘트니 휴스턴의 '아이 윌 올웨
이스 러브 유'가 은은하게 흘러나오는데 속이 울렁거리기 시
작한다. 아침까지 변기통과 시름을 나누는 밤이었다.

금속연맹 출범식 참가 못한 채 발길 돌려

1996년 1월 21일 전국민주금속노동조합연맹(금속연맹)이 출범식을 했다. 민주노총 집행위에서 금속연맹 출범식에 누가 갈 것인가를 논의했고 내가 가는 것으로 결정했다. 출범식 장소는 부산 MBC 강당이었다. 수배 상태였지만 전노협이 심혈을 기울였던 금속이고 나 또한 금속 출신이니 내가 가는 것이 당연하다고 생각했다.

창립대의원대회 1시간 전에 대회장에 도착했는데 분위기가 이상하게 흘러갔다. 내가 수배 상태인 것이 사달이었나보다. 금속연맹 출범식에 수배자가 격려사를 하면 경찰 침탈이 우려되고 그렇게 되면 축하 분위기가 엉망이 될 수 있다는 우려 때문에 내가 축사하는 것을 반대한다는 얘기가 들렸다. 함께 갔던 김종배, 김태연 동지는 다른 곳도 아니고 금속연맹이 공권력 침탈을 우려해서 축사를 못 하게 하는 게 말이 되냐고 항의했지만 소용없었다. 투쟁으로 민주노조의 기풍을 다졌다는 금속연맹 창립대회를 공권력이 침탈하면 오히려 명분이 있다고 나는 생각했다. 그런데 수배자 격려사를 거부하는 데는 몇 가지 이유가 있을 거라는 생각이 스쳐 지나갔다. 첫 번째는 정말 공권력 침탈을 우려했을 수도 있다고 생각했고, 다음은 어떤 연유인지는 모르겠으나 감정적인 문제가 아닌가 하는 생각과 한편에는 정파적 판단이 개입되지 않았나 생각했다.

　주최 측 반대로 축사도 못 한 채 다음날 일정 때문에 서울로 올라와야 했다. 서울을 향한 선발대가 부산 톨게이트를 점검해 보니 경계가 삼엄해서 톨게이트를 안전하게 통과하기가 어렵다는 연락이 왔다. 김종배 동지와 화물 김종인 위원장이 궁리 끝에 컨테이너 화물차로 올라가면 톨게이트를 충분히 통과할 수 있다고 했다. 서울에서 몰고 간 차를 타고 김종인 위원장과 컨테이너 기지로 들어갔다. 우리가 끌고 간 차는 대형화물차 컨테이너에 실렸고, 나와 일행은 화물차 운전석 뒷자리에 앉았다. 대형차 뒷자리는 생각보다 넓었고 잠을 잘 수도 있는 공간이었다. 부산 톨게이트에서 운전하는 동지만 검문했고 뒷자리에 숨은 우리는 무사히 톨게이트를 벗어났다. 평택까지 와서 컨테이너에 실린 차와 우리를 내려주고 컨테이너 차량은 다시 부산으로 돌아갔다. 부산 MBC에서 있었던 금속연맹 출범식은 나에게 엄청난 충격과 고민을 안겼다. 도대체 민주노조 운동의 정신이 뭔가에서부터 노동조합운동에 몸담았던 나의 인생과 운동은 무엇인가까지.

수배 중, 세배 갔다가 대선배로부터 받은 질책

활동 일정은 수배 기간, 명절에도 빡빡하게 잡힌다. 지방이든 수도권이든 하루에 보통 3개 이상의 일정을 소화해야 한다. 그만큼 수행팀은 보안에 신경을 집중해야 하고 사전에 준비와 역할 분담이 되어 있다. 명절에는 전태일, 박창수 열사 가족에게 인사는 물론이고 평소 존경했던 어르신들에게도 인사를 간다. 인사를 받는 쪽에서는 부담이었던 모양이다. 편하게 앉아서 대화를 나누기보다는 이렇게 다니면 어떡하냐고 걱정이 만만찮았다.

1995년 설 명절에 세배를 나섰다. 서울과 수도권에 몇 분을 찾아뵙고 대구로 내려가 대구 동지들과 만나고 경산 이일재 선생 댁을 찾았다.

이일재 선생은 중앙정보부가 조작한 '남조선해방전략당 사건'[38]으로 20년의 옥살이를 한 사회주의 노동운동의 산증인이다. 그럼에도 노동운동 진영이 배려는커녕 도리조차 못

하고 있다는 생각에 자책감과 함께 '인간은 무엇이며 왜 운동을 하고 있는가' 라는 생각이 한동안 머릿속을 어지럽혔다. 선생은 내가 세배하러 왔다는 말이 도저히 믿기지 않으신 모양이다. 정말 세배 차 내려왔다는 말에 선생은 반가워하시기보다 질책이 앞섰다.

"양위원장! 우리는 자본가 계급과 전선을 마주하고 있는 전쟁 중이오. 그리고 그 전선에서 양위원장은 야전사령관으로서 임무를 부여받고 있소. 야전사령관이 보잘것없는 병사를 찾아오다가 사고라도 당하면 어쩌려고 이 무리한 행보를 했소? 야전 사령관은 개인의 몸이 아니오. 전선을 굳게 지켜 노동자 계급에게 승리를 안겨야 할 책임과 임무가 있음을 명심해야 할 것이오." 이일재 선생의 질책은 나에게 무거운 짐이 되었다.

대선배로서의 꿋꿋함으로 해방 전후 역사의 현장에서 활동하시던 이일재 선생의 강인한 모습은 분명, 우리 운동의 기준이 되어야 한다고 생각했다. 일흔이 넘은 나이에 몸 의지할 곳도 마땅치 않은 상태였음에도 선배님의 눈망울에는 광채와 함께 이글거리는 분노가 담겨있음을 보았다.

---

38 진실과화해를위한과거사정리위원회는 2009년 10월 12일에 "남조선해방전략당 사건은 1968년 중앙정보부가 권재혁 등 13명을 강제 연행한 뒤 불법구금과 가혹행위를 통해 조직한 사건"이라고 결론내고, 국가에 피해자 보상과 재심을 권고했다. 이일재 선생은 2011년 고등법원에서 무죄를 선고받았으나 검찰이 상고했고, 대법원이 2014년에 무죄를 확정했지만 2012년 5월에 운명하신 뒤였다.

그 후 내가 구속되었을 때 이일재 선생은 서울구치소로 면회를 오셨고 클라우제비츠의 <전쟁론>을 넣어 주며 꼭 읽어보라고 하셨다.

20개월 만에 가족과 만남 그리고 체포

수배 생활이 20개월을 넘기면서 나 스스로 지쳐있었다. 경찰은 수배 중인 나를 체포하려고 여전히 혈안이 되어 있었다. 김종배 동지는 가끔 집에 들러 아버지와 아내와 많은 대화를 나누며 위로했고, 아이들과 놀아주기도 했던 모양이다. 아내가 전해주는 편지에 김종배 동지는 정말 좋은 사람이라고 칭찬한 것을 보면 신뢰가 두텁게 쌓였던 것으로 보인다.

금속연맹 출범 후 보름쯤 지난날, 김종배 동지가 안산 우리집에 다녀와서 애들이 아빠를 보고 싶어 하니 한번 보는 게 어떠냐고 묻는다. 애들 본 지가 20개월이 넘었으니 나 또한 보고 싶었다. 수배 중이 아니었어도 나는 노동조합 활동과 노동운동을 하느라 바쁘다는 이유로 아이들 자랄 때 단 한 번도 내 무르팍에 앉혀주지 못했던 게 미안했다. 지금도 가끔 그런 마음이 들기도 하지만 지금은 내가 안아주기엔 애들이 너무 커버렸다.

가족과 점심을 같이하기로 하고 충분한 소독을 거쳐 주말에 만나기로 했다. 김종배 동지는 아내와 애들 둘을 데리고 소독을 반복하면서 나와 만나기로 한 장소에 나타났다. 내가 운전하는 차에 나를 포함 다섯 명이 타고 식당으로 향했다. 왠지 느낌이 이상하여 룸미러와 백미러를 주시하는데 내 차의 앞쪽과 뒤쪽을 교대로 바꾸면서 따라오는 차들이 있다는 걸 알았다. 내 뒤에 따라오는 승용차가 수시로 바뀌기는 하는데 공통점이 하나 있었다. 쫓아오는 차에는 4명이나 5명씩 탑승했고 운전석 옆엔 여성이 한 명 타고 있었다. 상대방이 안심하게 위장을 한 것 치고는 너무 표시가 났다. 김종배 동지에게 소독 제대로 된 거냐고 물었더니 소독 시간만 2시간 이상 걸렸다고 한다. 완벽하리만큼 소독을 했음에도 경찰이 쫓아왔다는 것은 아내가 운전했던 차량에 추적 장치를 부착한 것이 틀림없었다. 짧은 시간에 머리는 복잡하게 갈등하고 있었다.

연희동 큰길에서 중앙선을 U턴하여 연세대 안으로 들어가면 잡히지 않을 수 있겠다는 생각이 스쳐 갔다. 그러나 애들이 보는 앞에서 쫓고 쫓기는 영화 같은 장면은 보이고 싶지 않았다. 쫓아오는 승용차는 5대 이상으로 파악됐고 혹시 아닐 수도 있지 않겠냐 생각하며 차를 연희동 횡단보도 앞에 세웠다. 순간 나를 쫓아오던 승용차 7대가 내 차를 완전히 포위해 버린다. 그리고 영화에서 범인을 체포는 장면을 연출하는 양, 포위한 경찰들은 자신들의 승용차 뒤로 가서 권총을 겨누며 "양규헌! 꼼짝마!" 하고, 한 명은 내 차 옆으로 다가온다.

운전석 문을 열고 내리려고 하는데 내 옆에 다가온 경찰이 관자놀이에 권총을 겨눈다. 주먹을 꽉 잡고 권총을 겨눈 경찰관 아구창을 후려갈기며 한마디 했다. "이런 촌놈의 새끼가 어디다가 총질을 해! 개새끼들!" 김종배 동지도 작지도 않은 몸을 흔들며 난리를 치고 있었고 중학교 다니는 애들까지 합세했다. 인도에서는 수십 명의 구경꾼이 신기한 듯 영화 같은 광경을 구경하고 있었다.

순간 김종배 동지를 보호해야 한다는 생각이 들었다. 거의 끝난 상황인데 문제를 키울 이유가 없어서 김종배 동지에게 그만하자고 했고 그때서야 김종배 동지도 상황을 파악한 것 같았다. 주머니에 잡히는 것과 없애야 할 수첩과 메모지, 담배까지 순간적으로 김종배 동지와 애들에게 넘기고 나는 경찰들에게 연행돼 경찰서를 향해 출발했다.

그런데 경찰이 수갑을 채우려고 덤벼들기에 나는 큰소리를 쳤다. 만약에 차 안에서 수갑을 채우면 경찰서까지 가는 동안 다 같이 죽을 수 있으니 현명하게 판단하라고 했다. 자기네끼리 쑥덕거리더니 수갑은 안 채울 테니 대신 부탁을 들어 달란다. 그 부탁이란 것은 내 주변에 있는 사람들이 정말 너무 무섭다는 것과 자신들은 나를 잡고 싶어서 잡은 게 아니라 위에서 시키니까 명령체계에 따를 수밖에 없는 처지니 자신들을 이해해달라는 것이었다. 그들 말에 따르면 나를 잡으려고 집회장에 왔다가 나를 경호하는 사람들에게 붙잡혀서 죽을 수 있겠다는 위협을 당했다는 거다. 나도 한마디 했다. 잘 생각해 볼 테니 담배 있으면 달라고 했다. 모두 다 담배를 안 피운단다. 담배를 안 피우면 사 와야지 그걸 말이라고 하냐고 했더니 담뱃가게 앞에 차를 세우고 담배 한 갑을 사 왔다. 경찰서에 도착할 때까지 나는 여러 개비의 담배를 태웠다.

경찰서 도착해서 생각해 보니 지갑에 넣은 면허증을 없애지 않고 왔다. 이 신분증은 남의 것이지만 20개월 동안 내 역할을 했던 신분증이었다. 지갑에 있는 걸 빼서 애들에게 줘야 했는데 그러지 못했다. 화장실에 간다는데 경찰이 졸졸 쫓아온다. 똥 싸는데 안에까지 쫓아올 거냐고 했더니 바깥에 있겠단다. 화장실 들어가자마자 지갑에 있던 신분증을 잘근잘근 씹었다. 구겨지긴 하는데 씹히진 않았다. 작은 모양으로 변한 면허증을 변기통에 집어넣고 물을 내렸다. 그 외에도 처리해야 할 물건은 다 처리했다. 변기통이 막혀서 신분증을 발견한다고 해도 그 면허증은 나와 무관할 테니까.

안산경찰서에 도착한 지 몇 분 지나지 않았지만, 경찰서 앞에 모인 동지들이 항의 집회하는 소리가 경찰서 안쪽까지 들려왔다. 경찰은 서둘러 나를 서울에 있는 경찰서로 이송해야 한다고 쑥덕거렸다. 정문은 항의 집회로 막혀 있어서 경찰서 옆 비상구를 통해 안산시청 주차장을 거쳐 방배경찰서로 이동했다. 방배경찰서에 도착한 후 조사를 시작했는데 조사는 받을 게 별로 없었다. 경찰이 주목하는 것은 20개월 동안 어디에 기거했냐가 핵심이었다.

수배 중일 때 권영길 위원장과 잡히면 묵비권을 행사하기로 약속했다. 도피처에 대해서도 묵비를 하려다가 나는 장난기가 발동했다. "나는 내 안전을 위해서 주로 경찰서 가까운 곳에 안가를 두고 있었고 내가 머문 곳이 15군데 이상 되는데 서울 시내 경찰서 옆에는 거의 다 있었다고 보면 된다"고 했다. 조사하던 경찰관이 방배경찰서 옆에도 있었냐고 묻는다. "방배경찰서 옆에서만 6개월 있었다"고 말했지만 사실 방배경찰서 옆에는 한 번도 안가를 정하지 않았다.

조사가 갑자기 중단됐다. 잠시 후 과장인가가 오더니 방배동 쪽엔 안 왔다고 해주면 안 되겠냐고 난처한 표정을 짓는다. 나는 사실대로 진실만 얘기하는데 나보고 거짓말하라는 걸로 이해해도 되냐고 했더니 손사래를 치면서 그런 건 아니라고 한다. 뒤늦게 면회 온 동지들 만나고 노동부 근로감독관이 조사한다고 어쩌고 하면서 하루가 지나버렸다. 이튿날 경찰 간부가 커피를 타오고 담배를 주면서 안가에 대해 조심스럽게 얘기를 꺼낸다. "외람되지만 머물렀던 곳을 서울 시내 여러 학교 총학 쪽에서 있었다고 할 수 없느냐"고 묻는다. 생각해보겠다고 한 후 며칠 있다가 묵비로 처리하라고 했다. 경찰들 표정이 완전히 바뀌는 것을 보았다.

'3자 개입'에 대한 조사를 한답시고 노동부에서 근로감독관들이 나와 이것저것 묻는다. 나는 "법 같지도 않은 법으로 현상 수배에 특진까지 걸어놓은 불합리한 상황에서, 내가 천만 노동자 대표인데 당신들에게 쪽팔려서 묻는 말에 답할 수 있겠냐"며 "당신들이 내 입장이라면 어떻게 하겠냐"고 물었더니 충분히 이해가 간다고 한다. 다만 자기들도 노력한 흔적은 남겨야 하니 여기 좀 있다가 가겠다고 했다.

그렇게 하라고 하고 전화기 좀 빌리자고 해서 여기저기 전화를 했다. 아버지에게도 전화를 걸었다. 엄격했던 아버지에게 야단맞을 것을 각오하고 전화해서 죄송하다고 했는데 의외로 인자하신 목소리로 "아무쪼록 너나 몸조심해라"라는 말씀에 오히려 당황스러웠다. 그 목소리가 마지막이었고 그 후에는 아버지 목소리를 들을 수 없었다.

서울구치소에서 마주친 민중학살 주범들

경찰 조사, 노동부 조사, 검찰 조사는 묵비였다. 경찰, 노동부와는 달리 검찰 조사는 집요했다. 조사 시간은 일종의 기싸움 같은 거였고 묵비에서 편리한 점은 기싸움에 불리하면 말을 안 하면 되는 거였다. 나중엔 "계속 묵비를 하면 조직 사건으로 엮을 수 있다"고 협박 같은 것도 했는데, 능력 있으면 엮어보라고 했다. 물론 그들이 엮으려고 마음먹으면 엮을 수 있을 것이다. 그러나 전노협 위원장을 조직 사건으로 엮어버리면 그 조직의 위상이 달라질 수 있으니 정치적으로 민감한 검찰이 그렇게 할 이유는 없었을 것이다.

공소장에 '94 임단투 방향 및 투쟁지침' 등을 마련하고 결의대회를 개최했으며 전기협, 서울지하철·금호타이어·대우기전·만도기계·쌍용자동차노조 파업 등을 지원한 3자 개입 금지 위반, 집시법 위반 등의 딱지가 담겼다. 나는 서울구치소 독방에 수감됐다. 2월 초 구치소 독방은 엄동설한이다. 사동에 난로 하나 없으니 독방은 입김이 벽에 붙어 성에가 낀다. 독방에서 추위를 극복하는 것은 운동 외에 다른 방법이 없다. 독방에 들어간 다음 날부터 통방이 시작된다. 서울구치소 각 사동 독방은 주로 운동하다 들어온 사람들로 꽉 찼다. 간혹 통방에 반응이 없는 방이 있는데 그 방들은 전두환·노태우 시절 기세등등했던 소위 정치인들이 수감된 방이다.

'공안사범'이라고 부르면서, 특히 운동권의 경우는 '요시찰'이라는 이름까지 붙여 전염병 환자처럼 다른 사람과 접촉을 철저히 통제한다. 명찰 색상도 다르고 수번도 다르며 심지어 검치(검찰조사)나 출정(법정)갈 때 묶는 오랏줄 색상도 다르다. 면회 갈 때도 일반 사범들처럼 한꺼번에 수십 명이 무리를 지어서 가는 것이 아니라 교도관이 딸랑 한 명을 데리고 면회장으로 가며 운동 갈 때도 마찬가지다. 그리고 운동장도 여러 명이 사용하는 운동장이 아니라 개별로 1인 1실인 운동장에서 운동한다.

정치하다가 온 사람들도 공안사범 딱지가 붙어 독방에서 기거한다. 3월 중순쯤 운동가는 길에 교도관이 권영길 위원장이 어젯밤에 보석으로 나갔다고 한다. 여기에 한마디 덧붙이면서 하는 말이 "두 분이 공범인데 왜 한 분만 나갔어요?" 하기에 "그분이 먼저 왔으니까 먼저 나갔지. 그런데 그런 건 나한테 물어보면 약 올리는 거 아닌가"하고 잘라버렸다. 권영길 위원장 석방이 한편 다행이라는 생각을 하면서 또 한편에는 설명할 수 없는 허전함이랄까 그런 것이 있었다. 한정된 공간에 갇혀 있으면 생각도 허접해진다는 사실을 확인했다.

전두환·노태우가 구속되면서 그 일당들도 구속·수감됐다. 가끔 운동 갈 때 그들과 마주치면 그냥 지나칠 수가 없어서 시비를 건다. "개새끼들아, 징역 똑바로 살아라. 죽여 버리기 전에" 등 심한 욕설을 퍼붓는 식이다. 한번은 운동을 나가는데 허삼수가 훌쩍거리며 운동장으로 향하고 있었다. 그 전날이 총선이었고 옥중 출마했는데 떨어졌다는 것을 직감했다. 뻔뻔스럽게 옥중출마까지 했다는 생각이 들자 갑자기 화가 치밀어 올라 "저 우라질 새끼가 아침 운동 가는데 재수 없게 징징 짜고 지랄이냐"고 한마디 내뱉었다. 그랬더니 많이 울었는지 눈알이 벌겋게 상기되어 나를 노려본다. "쌍놈의 새끼가 노동자들 잡아먹어서 눈깔이 벌겋게 변했다"며 눈깔 뽑아버린다고 달려들었다. 인솔하던 교도관 2명이 나한테만 달려들어서 말린다.

면회 갈 때는 노태우가 머무는 근처를 지나서 가는데 지날 때마다 나는 인사를 한다. "태우야! 밥은 잘 먹고 있냐" 등등. 교도관들은 제발 좀 그러지 말라고 하지만 나는 지날 때마다 그렇게 인사하는 게 낙이었다. 전두환 일당 중 장세동은 몇 번 징역을 왔다 갔다 한 터라 잘 적응하는 편이고 의리의 사나이라고 재소자들 간에도 인기가 좋은 편이다.

한번은 장세동이 찾아왔다. "양형, 우리 징역에서 서로 고

생하는데 우리 사람들 괴롭히지 말고 잘 지냈으면 좋겠어요" 라고 화해를 요청한다. 하지만 화해할 상대가 아니다. "그러 니까 권력 잡았을 때 잘했어야지" 쏴붙였지만, '역시 전두환 따까리 중에 두목이구나' 하는 생각을 했다.

일본에 있는 지인으로부터 편지가 왔다. 편지 봉투가 두툼 했고, 봉투를 여는데 은은한 매화향이 독방에 가득해진다. 편 지지 세 장 뒷면에 방금 핀 것처럼 붉은 홍매화를 도배하듯 붙여 보냈다. 편지지에 붙어 향긋한 홍매화를 보며 몇 자 적 었다.

꿈이런가 의지런가
빗겨 올린 듯 하늘로만
뻗은 곧은 가지에
한방울 한방울
흐르지 않는
수천 수만 핏방울로 맺고
오직 서럽도록 아름다운
붉고 붉은
핏방울 터트려
흘러
지지않을 붉은 꿈을
노동자 가슴에 피워내는

그대는 홍매화

그대는 꿈이런가

- 서울구치소에 수감 중 일본에 있는 지인으로부터 편지를 받은 뒤에 쓴 시(詩)
'홍매화'[39]

내 옆방에 한 동지가 들어와 통방을 했는데 울산에서 활동하다가 잡혀 왔다고 한다. 그는 국가보안법 위반으로 구속됐으며 울산노동정책교육협회(울교협) 활동을 했던 성세경 동지였고, 그와의 인연은 가장 가까운 옆방에서 시작되었다.

김종배 동지는 전노협백서 작업을 하면서 정기적으로 면회를 왔다. 올 때마다 요구르트 100개와 빵 10개를 영치물로 넣어 주고 "위원장님 오늘 술 좀 넣었으니 맛있게 드세요"라고 한다. 교도관들은 그 말을 농담으로 이해하는데 영치물로 술을 넣는다는 건 상상도 못 했는지 알면서 모른 척한 건지는 모르겠다.

요구르트와 빵은 술의 재료로 훌륭하다. 빵을 잘게 부숴 빵속에 들어있는 크림을 걷어낸 다음 이틀 정도 말린다. 그다음 구하기 쉽지 않지만 작은 통에 빵부스러기를 넣고 요구르트를 부어서 밀폐시킨 뒤 3일 정도 지나면 '부룩부룩' 소리가 난다. 저녁 취침시간에 한 공기를 퍼서 뼹기통(화장실) 창가에

---

39   이후 이 시에 곡을 붙여 질라라비 공연에서 불렀다.

서 마시면 달달한 맛에 금세 취기가 오른다. 혼자 먹는 것은 아니다. 옆방에 있는 동지와 아래 사동 독방에 있는 동지들과 나눠서 마시고 나면 알딸딸해지면서 기분도 좋아진다.

운동시간에 운동장에 들어가면 그곳도 덜컹하며 문이 잠기고 옆 운동장에 인기척이 있으면 늘 누구냐고 묻는다. 동지일 가능성이 높기 때문이다. 그날은 운동장에서 문성현을 만났다. 만났다는 것이 서로 대면하는 만남이 아니라 높은 운동장 담벼락을 두고 대화했다는 뜻이다. 문성현은 국가보안법으로 나보다 먼저 구속된 상태였다. 이런저런 얘기를 하다가 PT독재[40]와 무장봉기에 대해서 자신은 생각이 바뀌었다고 한다. 빵에 들어와 갇혀 있는 공간에서 바뀌는 생각은 이상한 거 아니냐고 했더니 나에게도 잘 생각해 보라고 한다. 마주 보고 나눈 대화가 아니었고 한정된 운동시간이라 토론을 할 수는 없었다.

내가 기거하던 독방은 중층이었다. 3층짜리 건물에서 1층은 하층, 2층은 중층, 3층은 상층이라고 한다. 하층과 통방을 하는데 하층에 들어온 친구는 죄명이 국가보안법이라고 한다. 어디에서 일하냐고 물었는데 정읍에서 왔다는 둥 횡설수설이었다. 운동하는 친구가 아니라는 판단에 자신의 소개를 글로 적어서 보내라고 했다. 같은 독방끼리 음료수나 물건을

---

40 자본계급의 배타적 권력에 대항하는 노동계급의 권력으로, 궁극적으로 계급 철폐를 지향하는 이행 과정을 말한다.

전하고 받을 때는 엘리베이터를 사용한다. 여기서 얘기하는 엘리베이터는 유담뽀(독방에서 겨울에 추울 때 따뜻한 물을 담아서 안고 자는 물통을 뜻하는 일본말) 주머니를 끈에 묶은 것으로, 그 속에 물건을 넣어 교환한다. 아랫방 친구가 자세하게 쓴 글을 보니 국가보안법으로 들어온 것은 틀림없었다. 하광풍이라는 이름의 그 친구는 정읍이 고향인데 전과가 많았고 이번에 작성된 공소장에도 사기, 폭력, 협박, 국가보안법 위반 혐의가 담겼다. 그 친구는 범죄혐의로 도피하다가 가족과 함께 태국을 통해 북한으로 가려고 대사관까지 찾아갔다고 한다. 그런데 태국에서는 북한으로 가는 길이 없으니 북경을 통해 가라는 얘기를 듣고 북경에 있는 북한대사관에 들어가다가 잡혔다고 한다.

그 친구는 아침에 눈을 뜨는 동시에 나에게 안부 인사를 한다. "규헌이 형님 평안히 주무셨습니까?" 주변 보기도 민망스러워 그만하라고 해도 계속한다. 그 친구는 매일같이 검치를 나가는데 어느 날 검치를 다녀왔다고 인사하며 엘리베이터를 내리라고 했다. 엘리베이터를 내렸더니 유담뽀 주머니에 담배 한 갑이 들어 있다. 정확히 얘기하면 두 개비 뺀 한 갑이다. 이거 웬 거냐고 물었더니 "검사새끼 꺼 훔쳐 왔다"고 한다. 검치를 나갔다 올 때는 전신을 수색하는데 감추는 기술이 있었던 모양이다. 이걸 나 다 주면 어떡하느냐는 말에 그 친구는 형님 드실 만큼 남기고 달라고 한다. 공평하게 내가 아홉 개비

갖고 아홉 개비는 내려보냈다.

그곳에서 담배를 피울 때는 필터를 빼내고 한 개비를 세 개비로 가늘게 만든다. 담배 만들 때 가장 좋은 종이는 찬송가 책장이다. 방마다 찬송가 책이 없는 방은 없다. 불이 없으면 담배가 아무리 많아도 소용없다. 불을 만드는 것은 시기마다 변화하기도 하고 발전하기도 한다.

예전에는 구치소 들어오기 전에 라이터돌을 팬티 고무줄 넣는 곳에 감춰 들여와 불을 만들었다. 깜빵 안에는 옷을 걸어두는 나무판에 홈을 파서 꽂아두는 나무못이 있는데 그걸 빼서 나무못 중앙에 라이터 돌을 박아 감춰둔다. 담배가 생기면 (가끔 조폭들이 탄원서 항소이유서를 부탁하면서 담배를 하나씩 몰래 준다) 가늘게 만든 담배 개피를 놓고, 수건을 칫솔로 문지르면 솜을 만들 수 있다. 그 솜을 화장실 벽에 붙이고 물파스를 묻힌 다음, 바둑알을 화장실 시멘트 바닥에 깨면 매우 날까로운 칼날처럼 된다. 나무못에 박힌 라이터 돌을 솜 앞에 대고 바둑알로 라이터 돌에 터치하면 솜에 불이 붙고 그때 담배에 불을 붙인다.

그런데 1990년대 중반 이후 라이터 돌의 시대는 끝났다. 깜빵에 공급되는 바둑알은 고무알로 바뀌었고 물파스는 맨소래담으로 대체되었다. 궁리 끝에 건전지를 사용하기로 했다. 예전과 달리 건전지식 면도기 사용은 허용됐는데 그 속에 들어간 건전지를 꺼내 직렬로 연결하면 될 거 같았다. 운동시간에 운동장 바닥을 뒤져서 철사 하나를 구했다. 오랜 시간 화장실 시멘트 바닥에 갈아대면 가는 전선 모양이 만들어진다. 그 전선을 건전지에 직렬로 연결해 쇼트(합선)시키면 약한 부분이 빨갛게 달아오르는데 그때 담뱃불을 붙인다. 전선을 잘못 잡으면 엄지손가락 바닥이 살짝 익는 건 보통이다.

아버지와 영원한 이별

아내가 면회를 와서 하는 말이 아버지가 면회를 오고 싶다고 하셨단다. 나는 결사반대 했다. 철창에 갇힌 아들을 바라보는 아버지 마음이 예상되었기 때문이다. 그로부터 일주일쯤 지난날, 꿈에 아버지가 하얀 도포를 입고 나타나셨다. 입고 계신 도포에 온통 흙탕물이 묻어 있는 이상한 꿈을 꾸다가 깼는데 좀처럼 다시 잠이 오질 않는다. 뜬눈으로 꼬박 밤을 새웠다.

첫 면회 시간에 누가 찾아왔다는 소릴 듣고 집에 무슨 일이 있다는 걸 직감했다. 평소에는 면회를 11시 전후해서 오는 게 보통인데 9시 첫 시간은 처음이기 때문이다.

김상복 동지와 함께 3명의 동지가 면회실로 들어선다. 예상한 대로 표정들은 무겁고 어두웠다. 내가 먼저 집에 무슨 일 있는 거 맞느냐고 했더니 어떻게 아냐고 하면서 아버지가 돌아가셨다고 한다. 일시적으로 모든 사고가 멈춘 느낌이랄까. 방으로 들어와 그냥 멍하니 앉아있었다. 보안과장이 보자고 해서 갔더니 위로한다고 커피 한 잔을 주며 "아버지가 돌아가셨으니 당연히 보내드리고 싶지만, 구치소 규칙도 있고 해서 불가능하니 제발 마음 굳게 잡수시라"고 한다. 상대방에 대한 아픔보다는 혹시 사고라도 칠까 두려웠나 보다.

무엇보다 평생 아버지 바람에 반대 방향으로만 질주해 온 내 삶을 생각하면 고통은 나 스스로 감당해야 할 몫일지도 모른다. 그리고 임종을 지킬 수 없었다는 자책이 밀려왔다. 임종이란 돌아가시는 분이 이승과 저승의 교차점에서 죽음을 두려워하지 않고 편안한 마음으로 갈 수 있도록 마지막 곁을 지킨다는 뜻이다.

날이 어두워지면서 마음에 괴로움은 더욱 깊어지고 부모와 자식에 대해 처음으로 생각해 보는 시간이 됐다. '인연에서는 죽음이 마지막 선물'이라는 말이 있는데 선물의 의미가 뭘까도 생각했다. 뜬눈으로 밤새는 동안 교도관은 연신 방을 기웃거린다. 그렇게 밤을 새우고 뿌연 새벽이 독방 뺑기통 작은 창가로 스며들고 있었다.

아침 일찍 교도관이 방 앞에 와서 빨리 짐 싸서 나오란다. '어제는 구치소 규칙상 못 나간다고 하더니 보따리 싸라는 말은 뭐지?'라고 생각하며 보안과 사무실로 가면서 '보석 석방인가?'라는 생각을 잠시 했다. 그러나 보안과장은 장례 잘 치르고 오라고 한다. 석방이 아니라 외출인 셈이었다.

구치소 밖에서 기다리는 동지들과 집 앞에 도착했다. 즐비하게 늘어선 수백 명이 가운데 좁은 길을 내준다. 길을 따라 집으로 들어가는데 그렇게 창피할 수가 없었다. 집에서는 식구들이 상주 왔다고 곡을 하면서 나를 맞는데 나는 눈물 한 방울 나오지 않는다. 상주가 오면 하려고 염도 미루어 두었다며 아버지 얼굴을 보라는데 볼 마음이 생기지 않았다. 살아 계실 때 별로 못 뵙던 얼굴인데 돌아가신 모습을 마지막이라는 이유로 들여다보기에는 염치가 없었다.

내가 외출을 나오게 된 사연을 들었다. 집에서는 권영길 위원장이 상주 역할을 하고 있었고 그 시간에 청와대에서 문상을 왔다고 한다. 청와대 문상의 의미가 뭔지는 모르겠지만 아버지 사망의 사실 여부를 확인하려고 했거나 아니면 분위기 파악하러 왔거나 그중에 하나였을 것이다. 문상 온 청와대 사람들에게 권 위원장이 협박했다고 한다. "보다시피 이 집에 상주는 양 위원장 하나인데 만약 장례일까지 상주가 오지 않으면 우리(민주노총)는 관을 매고 청와대로 갈 테니 그렇게 알고 가라"고 했단다.

백기완 선생이 문상을 오셨다가 가시는 길에 바깥길까지 나가려다가 멈춰 서서 "선생님 우리 집안 풍습은 상주가 바깥에 나가지 않는 것이어서 여기서 인사하겠습니다"라고 했다. 그 말이 떨어지기 무섭게 "혁명가가 그런 고리타분한 유교적 습성에서 벗어나지 못하나?"하고 야단치신다.

장례를 마치고 스스로 검찰청을 향했다. 장례 기간의 짧은 외출은 끝났다.

검찰청에서 동지들과 헤어지고 나는 검찰청 승용차를 타고 다시 서울구치소로 이동했다. 또 입방 절차가 시작되고 배방을 하는데 이번은 다른 사동이었다. 내가 있던 방 뺐냐고 물었더니 여전히 비어 있다고 해서 그 방으로 가겠다고 했다. 자기들끼리 쑥덕거리다가 외출 전에 살던 방으로 안내했다. 성세경 동지가 잘 다녀왔냐고 반긴다.

외출 다녀온 첫날 밤의 독방은 정말 힘들었다. 짧지 않은 세월에 엉킨 아버지에 대한 기억들이 꼬리에 꼬리를 물고 나를 괴롭혔다. 긴 한숨 속에 죄송한 마음을 담아 보려 했으나 그것은 오히려 더 크게 마음의 고통으로 다가왔다. 그런 시간이 하루 이틀에 멈추지 않고 점점 심각한 상태로 변해가고 있었다. 장례식 내내 눈물을 흘리지 않았는데, 새삼 평생 흘려본 눈물의 수십 배가 쏟아졌다. 소용없었다. 고통과 괴로움은 점점 깊어 가고 밥도 잠도 운동도 모두 귀찮아지는 시간이 길어졌다.

나는 살기 위해 편지를 쓰기 시작했다. 살아있는 자식이 돌아가신 아버지에게 보내는 편지는 당연히 메아리가 없지만 내가 살아보겠다는 마음으로 그냥 써 내려갔다. 편지 내용은 아버지 삶의 흔적에 대해, 그리고 내가 선택했던 운동에 대한 변명도 있지만 생전에 좋지 않았던 아버지와의 관계 그리고 아버지에 대한 그리움으로 자신을 달래고 있었다. 아내가 면회 왔을 때 "집으로 아버지에게 편지를 보냈으니 49재 때 아이들에게 나 대신 아버지 지방 앞에서 길지만 좀 읽어주라고 해달라"고 부탁했다.

옆방에 있던 성세경 동지가 출소하고 다음 날 강희원 동지가 들어왔다. 강희원 동지는 『진보저널』 시절 몇 번 인터뷰로 만났던 동지였고 4년 전에 해산된 사노맹 사건으로 구속됐다. 그래도 옆방에 늘 통방할 수 있는 동지가 있어서 좋았다.

'3자 개입'을 했다는 것이 그렇게 중범죄일까. 재판은 계속됐지만 묵비와 검찰 공소장에 대한 '부동의' 입장은 변함이 없었다. 검찰은 증인만 수십 명을 불러 지루한 신문을 계속했다. 물론 우리측 증인 신청도 만만찮았다. 한번은 권용목 동지가 검찰 증인으로 나왔다. 검사 왈 "증인은 피고를 잘 알죠"? 권용목이 나를 힐끔 쳐다보더니 "잘 모르는데요"라고 답했다. 검사가 "같은 공동대표였고 민주노총 임원인데 잘 모른다고요?"라고 반박하자 권용목이 "양 수석이 워낙 말이 없는 사람이어서 업무상 회의 자리 외에는 같이 대화해 본 적이 없다"고 했다. 권용목 진술에 웃기는 놈이라고 생각했는데 어떻게 생각하면 현명한 답이기도 했다. 잘 안다고 하면 시시콜콜 귀찮게 했을 테니까.

1심에서 선고받은 6개월이 다가왔고 보석이 결정되어 출소했다. 서울구치소에서 나오는데 환영식이 진행되고 있다. 누군가 마이크를 잡고 외치는데 그 구호가 기가 막혔다. "가자 양규헌과 함께 민중의 나라로" 인지 "노동해방"인지는 기억이 정확하지 않지만 뜬금없는 구호라고 생각했다. 모자 쓰고 구호를 외치는 사람이 누군가 봤더니 지하철노조 배일도 위원장이었다. 그날 출소환영식에 참여한 동지들이 먹은 음식값은 배일도 위원장이 지불했다.

불구속 상태에서 재판은 정말 지루했으며 때로는 묵비권 행사를 후회한 적도 있다. 20여 년의 활동이 덧없는 시간으로 느껴지기도 했고, 불철저한 자신을 반성하는 시간도 겹쳐졌다.

돌아보며, 다시 걷는다

굴뚝 청소 시작하다

출소하자마자 1997년도에 권용목과 김준용을 만났다. 둘은
이미 덕트 청소 사업을 하기로 한 상태였고 나도 같이하면 좋
겠다며 강하게 권한다. 덕트는 일반적으로 건물 안팎의 공기
순환을 위한 공조 설비의 일부다. 쉽게 설명하면 빌딩 사무실
에 온풍이나 냉풍을 공급하고 순환시키는 배관이다. 우리는
덕트 청소를 '굴뚝 청소'라고 했다.

1997년부터 국회에서는 환경개선법 개정을 검토하는 단계
였는데 그 법안이 통과되면 모든 건물에 덕트 청소가 의무화
되기 때문에 사업 전망이 밝다는 확신으로 한 번도 해보지 않
은 사업을 시작했다.

집을 담보로 대출을 받아 '안산두라'(백두와 한라의 '두라')
라는 업체를 설립했다. 사업은 권용목, 김준용, 그리고 나 3개
업체가 수주하는 대로 공동작업을 하는 형태였다. 김준용이
하는 '안양두라'는 투자자들이 있어서 규모가 큰 편이었고 '울

산두라'와 '안산두라'는 규모가 작은 편이었다. 공동작업의 업체는 아니지만 성남에서는 김태년이, 강원도에는 최윤 등이 덕트 청소를 하고 있었으니 굴뚝 청소는 거의 운동권 출신들이 하는 꼴이 되었다.

울산에 있는 한국은행 덕트 청소를 수주했는데 한국은행은 보안상 사전에 명단을 제출해야 한다. 청소 시작하는 날, 안산에서 일할 사람들과 출발해서 내려가는데 울산 한국은행에서 전화가 걸려와 "양규헌이라는 사람은 현장 진입이 어려우니 일할 사람을 바꾸라"고 했다. 전화를 받은 내가 양규헌인데….

이미 출발했으니 무작정 내려갔다. 은행 관계자는 완전히 위축돼 있었다. 그가 긴장한 이유는 전과자가 많기 때문이었다. 전과자는 사람이 아니냐, 이런 식으로 할 거냐, 하다가 합의점을 찾았는데 양규헌은 금고에 안 들어가는 조건으로 합의했다.

그런데 은행 측 사람들은 누가 양규헌인지조차 모르고 있었다. 금고에 대한 호기심이 발동했다. 나는 다른 사람을 가르키며 "양규헌 너는 바깥에서 일해" 하고는 내가 장비를 챙겨서 금고에 들어갔다. 지하는 생각보다 넓었고 그 공간에 놓인 팔레트에 사람 키보다 훨씬 높게 쌓인 돈 무더기가 수백 개가 놓여있었다. 나는 돈 무더기 위에 올라앉아 덕트 점검구를 뜯고 청소를 했다. 수백억이 넘는 무더기 돈을 평생 그렇게 깔고 앉아 본 건 처음이었다.

하루는 안산에 있는 다농마트 빌딩에 권용목과 영업하러 가서 사장을 만났다. 다농은 10층 건물로 청소비용도 만만찮게 나오는 곳이다. 사장과 같이 점심을 하면서 청소 관련한 이야기를 하는데 사장이라는 사람이 자신은 한 달에 용돈을 2천만 원 쓴다고 폼을 잡는다. 자리가 끝나고 나오면서 권용목에게 "그 미친 새끼가 우리 앞에 똥폼 잡는 꼴을 봐줄 수가 없다"고 했더니 권용목 왈 "무슨 말인지 못 알아들었느냐"고 반문하며 수주를 따려면 2천만 원을 달라는 얘기라고 했다. 말을 이해하지 못한다고 생각하니 갑자기 사업을 하는 게 암담해지고 자신감이 없어졌다.

일이 많이 있는 것은 아니었지만 그럭저럭 유지하며 사업을 한답시고 과천, 수원, 산본, 안산, 울산, 서울 등으로 돌아다녔다. 덕트 청소는 사무실이 일하지 않는 시간에 해야 하므로 순전히 야간작업이다.

덕트 청소를 시작한 지 얼마 지나지 않은 1998년 10월쯤 정성범이 안양으로 찾아왔다. 정성범 동지는 전노협 선거 시기 선대본에서 간접적으로 소통하다가 내가 전노협 위원장으로 취임하면서 전노협에서 활동하게 된 동지다. 그는 총무국에서 일했으며 눈은 빛났는데 몸은 허약한 편이었다. 전노협 해산 이후 처음 만나는 자리여서 매우 반갑게 맞았다. 정성범 동지가 부탁할 것이 있다고 해 우리 둘은 관악산에 올랐다.

그는 민주노총 충남서부지역 조사통계부장으로 일하고 있다며 병역 문제도 해결되었고 한다. 그러면서 금속연맹에서 일하고 싶은데 소개 좀 해줄 수 없냐고 했다. 직접 가서 얘기해 보지 그러냐고 했더니 한번 갔었는데 전혀 관심을 안 줘서 부탁하는 것이라고 했다. 내가 지금은 끈 떨어진 연 같은 신세여서 어떻게 할 수가 없는데 얘기 한번 해보고 가능하다고 하면 연락하겠다고 하고 산에서 내려와 헤어졌다. 정성범 동지와 만남은 그날이 마지막이었다. 1999년 1월 말쯤 정성범 동지는 투병 생활 중 급작스런 건강 악화로 세상을 등졌다. 추모일이 다가올 때면 늘 내 귓전에는 "금속에서 일하고 싶다"는 정성범 동지의 목소리가 들린다.

동지 이상이었던 김종배가 죽었다

1999년 8월 27일, 날벼락 같은 비보가 날아들었다. 김종배 동지가 죽었다고 연락이 왔다. 믿기지 않아 몇 번을 반문했으나 답은 바뀌지 않았다. 머릿속이 하얗게 된 채로 차를 몰았다. 둥그런 눈알에 활짝 웃는 김종배 모습만 스쳐 지나갈 뿐 아무 생각이 없었다.

원주까지 어떻게 달려갔는지 기억이 나질 않는다. 병원에 도착하니 아직 많은 이가 온 것은 아닌데 저쪽에서 이황미 동지가 울고 있었다. 이황미 동지와 나는 인사를 나눌 기력도 잃었다. 왜 그렇게 죽었는지 궁금하지도 않았다. 죽었다는 것이 사실이지만 믿기지 않았고 금세 옆에서 "위원장님~"하고 나타날 것만 같아 환영(幻影)이 어른거렸다.

민주노총과 금속연맹이 출범할 때 사무총국 동지들은 어디로 가는지가 중요한 관심사였고 앞에 설명했듯이 활동 공간을 잃은 동지도 여럿 있었다. 그때 김종배 동지는 금속연맹이나 민주노총이 아닌 전노협 청산위원회 사업인 전노협백서 발간을 선택했다. 백서 발간이 좋아서 선택한 것이 아니라는 것은 나도 잘 안다. 무엇보다 백서 발간을 책임질 사람이 마땅치 않았던 상황이었다. 게다가 백서발간위원회 위원장은 양규헌인데 나는 구속된 상태였으니 내가 백서팀을 조직할 수 있는 상황도 아니었다. 김종배 동지는 그래서 자신에게 책임을 부여하며 백서발간팀을 자청해 맡았다고 생각한다.

전노협백서를 마무리한 뒤에는 내가 김종배 동지의 진로에 관한 판단도 같이했어야 했는데, 동지는 혼자 공공부문노동조합대표자회의(공노대)를 찾아갔다. 이후 공공연맹 교육국에서 활동하던 중, 강릉병원에 계신 아버지를 간호한 뒤 밤잠 못 자고 다음 날 소속사업장 교육을 하러 서둘러 이동하다 고속도로에서 다시는 돌아올 수 없는 길로 가고 말았다.

김종배 동지는 늘 나의 처지를 앞서 생각하고 배려했으나 나는 김종배 동지에게 그렇게 하질 못했다. 그것이 그가 죽은 지 20년이 훌쩍 넘은 지금도 가슴 아프고 먹먹하다. 나도 나이가 있으니 머지않아 그를 만날지 모르지만 혹 만난다면 정말 미안했다는 말은 해주고 싶다.

공공연맹 동지들이 병원에 도착하면서 시신을 서울로 옮기기로 해 서울에서 장례 절차에 들어갔다. 하룻밤을 새우고 그다음 날은 운구 차량과 영정사진 준비 등으로 밤을 새우는 동지들이 많았다. 새벽이 되어 대부분이 잠든 시간에 나는 김종배 동지와 소주잔을 주고받으며 조용한 작별을 나누었다. 주마등처럼 스쳐 가는 동지와 함께했던 시간을 파노라마처럼 하나씩 넘기면서 "종배야~" 부르며 긴 글을 쓰는 동안 나는 취해있었다.

모란공원에서 하관식을 하며 김종배 동지와 가슴 아픈 이별의 시간을 숨 막히게 보냈다. 하관식을 마치고 종배 바로 위 누나가 잠깐 보자고 하더니 "양 위원장님, 우리 종배 잊으시면 안 돼요. 종배는 늘 양 위원장 자랑하는 걸 보람으로 생각하며 살았어요. 아마 부부 사이에도 그렇게 정겹게 생각하진 않을 것 같아요" 하며 펑펑 우신다. 나는 할 말을 잃었고 무슨 위로도 할 수가 없었다.

파란만장 종횡무진 권용목의 최후

1999년 4월로 기억한다. 노동조합기업경영연구소(노기연)에서 볼일을 보고 있는데 권용목이 급한 일이라며 찾아와서 본인도 울산에서 급하게 올라왔다고 한다.

권용목은 나를 만나자마자 내일 대통령이랑 중요한 약속을 잡았는데 나도 같이 가야 한다는 거였다. 권용목 얘기는 김대중과 두 번 만났는데 이후 장관이나 국회의원 자리를 보장해 준다고 했다면서 양규헌도 만나고 싶다고 했다는 것이다. 그러면서 내일 꼭 청와대를 함께 가자고 졸라댄다. 아울러 자신이 경험해 본 운동판은 인간미가 메말라 온갖 정이 다 떨어진다고 했다. 나아가 동지여도 자신의 마음에 들지 않으면 적보다 더 나쁜 놈으로 몰아간다면서, 가혹하게 배신하는 정서가 뿌리 깊게 자리하고 있는 노동운동과의 인연을 이 기회에 완전히 끊자고 했다. 나는 정신 나간 놈이라고 뭐라고 했지만, 권용목의 상처받은 마음이 조금은 이해됐다. 그의 생각은 이미 굳어진 것 같았다. 그렇다고 잘 가라고 하기에는 노동운동과 민주노총과 민주노동당이 입어야 할 정치적 타격이 걱정되기도 했다.

권영길 위원장과 천영세 지도위원에게 급히 전화해 여의도에서 권영길 위원장과 만나기로 했다. 권용목은 안 가겠다고 했지만, 여의도 국회 근처 커피숍으로 끌다시피 함께 갔다. 권영길 위원장, 천영세 지도위원, 오동진 동지가 함께 나왔다. 내가 권용목을 여의도로 데려간 이유는 권용목이 정치적 야망이 있는 것으로 이해했기 때문이다. 찻집에 나온 동지들도 같은 생각이었던 모양이다. 권영길 위원장이 정확한 표현을 하진 않았지만 이후 울산지역에서 정치적 교두보를 함께 고민해 보자는 쪽으로 얘기하면서 집권 여당으로 가면 안 된다고 했고 다른 사람들 생각도 일치했으나 권용목은 막무가내였다.

그 후 권용목은 이미 민주노총, 노동운동, 진보 진영에 대한 감정의 골이 너무 깊어 회복할 수 없는 상태임을 확인하게 됐다. 그는 같은 해(1999년) 민주당을 선택했고 울산 동구 선대본부장을 맡았다. 10월 16일 오전 내가 김병태의 결혼식장 가는 중에 권용목으로부터 전화가 왔다. 밑도 끝도 없이 그는 "오늘 내가 유세장에서 연설하는데 이것들 다 박살 내겠다"고 하면서 "운동초기에 그들과 같이 운동했기 때문에 상세하게 알고 있는 빨갱이 짓을 다 까발린다"는 것이다. 그게 뭐냐고 물었더니 실명까지 거론하며 "북한과 내통하는 놈들도 있고, 비밀리에 북한을 다녀온 놈들도 있으며 국가보안법을 밥 먹듯 어기고 있는 걸 내가 다 알고 있으니 오늘 연설에서 다 까발리겠다"는 것이다.

우선 설득했다. "사람이 살아가면서 운동을 하든 안 하든 지켜야 할 선이 있는데 그 선을 넘어버리면 그간 삶의 의미가 무너지는 거 아니냐? 그리고 국가보안법은 인간의 생각 자체를 억압하는 악법 중 악법인데 니 입으로 국가보안법 위반을 들먹이면 어떡하느냐. 너도 국가보안법으로 처벌받은 적이 있지 않냐"라며 한 시간 이상을 얘기했으나 소용없었다. 나중에 들리는 말로 그날 권용목은 연단에서 이름까지 거명하며 빨갱이라며 공격했고 그때부터 박종석과 합심하여 울산연합과 일대격전을 치렀다고 한다. 그 후 그의 행보는 걷잡을 수 없는 상황으로 치달았다.

결국 돌아오지 못할 다리를 스스로 건너간 권용목은 뉴라이트 신노동연합 대표를 하다가 1999년 뉴라이트 노동연합 체육대회에서 죽음을 맞게 된다. 권용목의 파란만장한 인생이 경계선을 벗어나며 종횡무진한 데에는 그에 상응하는 이유가 있었을 것이며 그것은 이른바 동지들로부터 큰 상처를 받은 데서 비롯되었다는 점은 생각해 볼 여지가 있다. 그렇다고 그것이 그의 균형 잃은 갈지자 행보를 합리화할 수는 없다.

목숨 건 투쟁에 정부 보상이 뜻하는 바

김대중 정권은 5.18 광주 문제를 정리하며 2000년 '민주화운동 관련자 명예회복 및 보상심의위원회'를 만들었다. 군사독재 정권 시절 피해를 본 노동자들을 명예 회복시키고 보상하겠다는 취지로 설치된 위원회다. 이후 상당수가 민주화운동 유공자증을 받기도 했고 보상도 받았다. 동일방직, 원풍모방은 물론 구로동맹파업 동지들도 명예회복과 함께 보상을 받았다.

큰아들이 학교를 졸업하고 취업을 준비하던 와중에 얘기 좀 하자고 한다. 어디서 들었는지 아들이 "아빠가 민주화 유공자로 인정받으면 그 자녀들은 취업이 쉽다는데, 아빠도 신청하시면 안 되나요?"라고 묻는다. 그 소리를 듣는 순간 숨이 턱 막혀 한동안 말을 잇지 못하다가 내가 살아왔던 과정을 설명하며 두 가지를 얘기했다.

첫째는 김대중 정부가 민주화 유공자를 보상할 자격이 없다는 점이다. 사회 구성원 다수의 권리가 보장되고 권력이 다수에게 주어지는 것이 진정한 민주인데, 정리해고 등으로 노동자의 일할 권리조차도 빼앗는 김대중 정권은 반노동자적이라는 것. 둘째는 그간 내가 했던 활동들은 누구로부터 보상을 받기 위함이 아니라 궁극적으로 올바른 길이라 판단해 많은 회유가 있었지만 다 뿌리치고 그냥 묵묵히 살아왔다고 했다. 따라서 지금 유공자로 인정해달라고 신청하는 것은 내 삶의 정신을 짓밟는 것이며, 동시에 함께 활동했던 동지에 대한 배신이라고 했다. 너도 다른 사람에게 의지하며 쉬운 방법을 찾지 말고 스스로 살아갈 길을 찾는 게 현명하며 누군가 혜택을 받으면 피해를 보는 상대방이 있는 건 뻔하지 않겠냐고 했다.

아들이 알아들었는지는 알 수 없다. 주변에 명예 회복을 신청하고 보상금을 받은 사람들이 많은가 하면 민주화 유공자증을 가보처럼 걸어놓기도 한다. 또 지금도 받고 싶어 하는 사람들이 있다고 들었지만, 나는 그것이 현명한 선택이라고 생각하지는 않는다. 노동자들과 민주 인사를 짓밟았던 군사독재 정권을 말끔히 단죄하지 않고 그들에게 입은 피해를 보상한다는 것은 형식적 배려 이상의 의미가 없다.

민주주의를 말살하고 노동자들에게 폭압적인 탄압을 자행한 자들을 용서하면서 또 한편으로는 노동자들에게 명예 회복을 시켜준다는 건 모순 아닌가. 나아가 명예회복과 보상을 한다는 정권은 노동자 탄압에 자유로울 수 있기 때문에 그들이 집행하는 명예회복과 보상을 거부할 수밖에 없었다.

예상 못 했던, 느닷없는 법정구속

2001년 4월 20일 밤새 덕트 청소를 하고 서울중앙지방법원으로 향했다. 이날은 5년 동안 끌어온 재판의 1심 선고가 있는 날이다.

지난 1월에는 같은 사건으로 재판받은 권영길 위원장이 징역 10개월에 집행유예 1년을 받았기 때문에 '나는 벌금형을 받으면 어떻게 하나'라는 걱정을 하고 있었다. 재판에 가는 도중 대우전자부품노조 사무국장을 했던 이만재에게 전화를 걸어 오늘 드디어 1심 선고를 받는다고 했다. 사무국장은 웃으면서 "면회 안 가게 재판 잘 받고 오라"고 한다. 법원 주차장에는 빈 공간이 없어서 법원 밖 유료주차장에 차를 세우고 법원으로 들어갔다.

한참을 기다려도 내 차례는 돌아오지 않더니 다른 사람들 재판이 다 끝나고 마지막에야 내 차례가 왔다. 방청석에 있던 사람들은 거의 빠져나갔다. 철야로 일하고 와서 졸린데 판사가 판결문을 읽기 시작했다. 판결문은 길기도 했다.

요약하면 "피고가 민주화 발전에 기여한 공로를 부정할 수는 없으나 피고의 죄질이 워낙 악질이고 무거워서 실형을 선고할 수밖에 없다"고 하면서 검찰 구형을 그대로 선고해 버린다. 전혀 예상하지 못한 결과여서 멍하고 있다가 교도관들에게 끌려 나가자마자 휴대전화를 압수당하고 서울구치소에 감금됐다.

이미 사문화된 제3자개입금지법의 마지막 구속자가 되었다. 국보위에서 만들어진 법, 그것도 사문화된 법의 잣대로 현상금과 체포 경찰관 특진까지 걸어 잡으려고 혈안이 됐던 명분은 민주노조 운동을 탄압하려는 의도 외에는 찾기 어려웠다.

죄명이 '3자 개입'이고 공범도 있는데 나만 법정 구속된 이유가 뭔지 변호사들에게 물어봤다. 전노협 신문에 쓴 주장기사와 '조합원 동지들께 드리는 글' 때문에 나를 악질로 봤다고 한다. 그렇지만 법리상 권 위원장과 나는 공범인데 선고 결과는 내가 마치 주범처럼 되었으니, 변호인단도 황당했던 모양이다. 변호인단이 재판부에 공정하지 못한 판결의 근거가 뭐냐며 항의하자 "질이 안 좋다"는 변명을 했다는 거다. 이어서 변호인단은 법정구속에 대한 법리적 설명을 요청했는데 재판부는 "실수로 그렇게 되었다"고 설명했다니, 웃기는 판사라고 할 수밖에.

실수를 인정하면서도 법률상 선고한 내용은 그대로 집행해야 한다니 정의와 평등과 자유라는 법원의 간판은 '개 풀 뜯어먹는 소리'밖에 안 된다. 저들의 실수는 있을 수 있는 일이 되고 노동자들의 절박한 요구와 투쟁은 구속이란 결과를 낳는다.

그런데 내가 구속된 사실을 아는 사람이 전혀 없으니 답답한 노릇이다. 구치소에 도착해서 재소자 중에 면회 가는 사람에게 집 전화번호를 알려주고 연락좀 해 달라고 부탁했다. 면회 왔던 사람이 전화번호를 정확히 적어서 연락한 거 같았다. 뒤에 들은 얘기인데 집에 손님들이 와서 얘기하던 중에 모르는 사람이 전화해서 양규헌이 지금 서울구치소 있다고 해서 "순간 누구 면회 간 모양이다"라고 생각하고 전화를 끊었다고 한다. 한참 있다 왜 직접 전화하지 않았는지 궁금해서 전화기에 기록된 발신 번호로 전화를 걸어 다시 확인했다가 내가 구속됐다는 걸 알게 된 것이다. 그날 밤늦게 법원 근처 주차장에서 차를 왜 안 가져가냐고 집으로 연락이 왔단다. 나에게 연락했으나 연락이 닿지를 않아 차적조회를 한 모양이었다. 강남 혹은 법원 근처 주차장은 주차비가 만만치 않았다. 면회 온 아내 말로, 차를 찾으러 갔더니 주차비가 10만 원이 넘었다고 했다.

구치소의 새벽은 여전히 요란한 새소리와 함께 하루를 열었다. 햇살이 떠오르면 꽃잎을 닫았던 민들레가 활짝 기지개를 켠다. 민들레도 밤엔 꽃잎을 드러내지 않는다는 걸 처음 알았다.

그다음 날, 구속 사실이 알려진 모양이다. 예상치 못했던 구속에 동지들이 어이없는 표정으로 면회를 왔다. 동지들이 모여 규탄 집회도 하고 면회도 조직하고 『한겨레신문』 광고도 조직하고 있다는 사실을 신문으로 혹은 면회 오는 동지들을 통해 알게 되었다.

반갑기보다는 부담만 배가 돼 곱징역을 사는 기분이었다. 운동에 손을 놓은 상태였기 때문이다. 모든 걸 외면하고 싶었으나 시일이 지날수록 진로에 대한 고민은 갈등으로 나타나 나를 괴롭혔다. 그럴 때마다 운동과 거리를 두려고 쓰잘데기 없는 글을 써대고는 했는데 내 의도와는 달리 바깥에서 부는 바람이 계속 나를 흔들었다. 정말 불편했다. 불편했다는 것은 부담이 너무 크게 다가온다는 뜻이었다. 면회 오는 동지들은 마치 입을 맞춘 듯 "운동을 안 해도 구속되는 상황이니 빨리 운동에 복귀하라"고 했다.

출소일이 다가올 즈음엔 면회 오는 동지들은 하나같이 "운동을 재개해야 한다"고 했다. 처음엔 스스로 냉소적으로 받으려고 노력했다. 그러나 시간이 경과하고 같은 말을 계속 듣다 보니 시름과 고민은 더욱 깊어졌다.

왜 노동운동을 하고 있나, 독방에서 곱씹어보니…

독방에서 지난 수십 년의 활동을 차근차근 곱씹기 시작했다. 나는 왜 노동운동을 하게 되었을까. 나의 성장과 삶에서 어떤 영향을 받아 운동을 결심했을까. 여느 동지들처럼 딱히 한 가지 이유나 계기로 운동을 시작한 건 아닌 것 같다.

첫째는 17살에 공장을 다니면서 몸소 느끼며 경험했던 일들이 노동조합운동에 몸을 담게 된 계기라는 생각이다. 나는 매사에 왼손을 움켜쥐는 버릇 같은 것이 있다. 잠을 자고 나면 왼손에 쥐가 날 때도 있다. 그것은 충격에 의한 보호 본능인지도 모른다. 어린 시절 공장에서 왼손을 다칠 때 가졌던 무의식적 보호 본능. 짧은 공장 생활에서 봤던, 한 주가 시작되면 토요일까지 계속되는 17~18시간의 장시간 노동과 열악한 작업 조건에 시달리던 10대들의 처절한 삶이 늘 내 의식의 중심에서 떠나지 않았다.

두 번째는 가발공장에서 보고 겪었던 저임금과 장시간 노동이다. 사생활은 팽개치고 오로지 돈을 벌어야 한다는 일념만 가졌던 10대 소녀들. 돈 벌어서 엄마에게 보내야 한다며 잔업·철야를 시켜 달라고 관리자들에게 매달리던 가발공장에서 만났던 10대 중후반의 노동자들. 그러한 과정을 체험하며 막연하게 '이건 아닌데…'라는 혼잣말을 되뇌었는데 수십 년이 지난 지금도 같은 혼잣말을 읊조리고 있으니….

세 번째는 1980년 5월의 한국노총 점거 사건이다. 1970년대 노동조합 활동에 대한 군사독재 정권의 탄압은 상상을 넘어섰다. 블랙리스트로 노동자 생존권까지 박탈할 정도로 야만적이었다. 반인륜적 탄압에도 모르쇠로 일관했던 한국노총의 태도는 노동운동사의 흑역사다. 엄혹한 탄압에도 물러서지 않고 한국노총을 규탄하며 단결과 연대를 통해 기본권을 회복하기 위한 절절한 목소리들이 나에게 또 다른 울림을 줬다. 나아가 한국노총 점거 투쟁은 노동자 문제를 정치 쟁점화시켰다. 나는 이 투쟁에 참여하면서 비로소 민주노조 운동에 대한 고민이 깊어졌다.

활동을 본격화한 데 또 하나의 계기가 있다면 서강대 부설 산업문제연구소에서 받은 1주일간의 합숙 교육이다. 그 교육을 통해 알게 된 노동조합운동이 추구하는 사회의 상이 오랜 기간 내 머릿속에 떠나지 않았다.

돌이켜 보니 내가 노동운동을 하게 된 계기는 이 네 가지 이유 때문이라는 결론에 이르렀다.

그때 그 노동자들과 현재 우리 삶의 형태가 달라진 것인가? 아니다. 전혀 다른 형태로 더욱 세련된 방식으로 혹은 합법을 가장한 착취와 억압이 계속되고 있을 뿐이다. 단위사업장 복직 투쟁과 전노협 시절, 직접적으로 또 물밑에서 눈에 보이지 않게 다가오는 회유를 거부했던 나는 어리석었나 현명했나. 그것은 어리석음도 현명함도 아닌 대중에 대한 약속일 뿐이었다. 단위노조 위원장을 할 때부터 대중들 앞에서 주장했던 말들을 책임진다는 것은 평생을 활동해야겠다는 결의의 표현이 아닌가. "노동해방 그날까지 끝까지 투쟁하자"고 했는데 노동해방은 우리 앞에 다가왔는가. 약속을 지킨다는 무언의 다짐은 여전히 의식에 담겨있는가, 아니면 세월의 흐름에 녹아 없어지는가. 무엇이 무엇인지 분간조차 쉽지 않은 어리석음도 어쩔 수 없었다. 이 시대와 역사라는 태산 앞에 티끌 하나만큼도 안 되는 고민으로 태산을 재겠다고 덤벼드는 어리석음은 정말 어리석음 아닌가.

어리석은 사람아!
무지의 세계를 따라 길을 나서네
언제나 걷는 길 목적지는 어딘가?
때로는 꽃길 때로는 가시밭길
어디는 영롱한 이슬 어디는 서릿발 돋친 험한 길을
무작정 걷기만 하는

아! 어리석은 사람아 어리석은 사람아

밤이면 건조한 손끝에 달빛을 담아

역사의 누적된 찌꺼기를 씻어낸다는 기대와 설렘으로

지금과는 다른 길을 걷고픈 소망과 그에 따른 고통

맑은 눈망울에 녹아내려 넘치는 촉촉한 이슬을

달빛에 말리려는

아! 어리석은 사람아 어리석은 사람아

창살 밖 싸늘한 콘크리트 담장에 비춰져

옥빛 하늘에도 어울져 번지나니

꿈과 사랑이 산화하지 못한 뜨거운 가슴에 불길이…

보이지 않아도 잡히지 않아도 하나만을 오직 하나만을

고집해온

아! 어리석은 사람아 어리석은 사람아

어떤 말도 할 수 없어

때로는 부둥켜안고 진저리 치며

설운 눈물 터뜨릴 때

솟구치는 분노와 북받치는 서러움을 함께할 사람이

있다는 것을

모르는가 잊었는가

어리석은 사람아 어리석은 사람아

신자유주의 구조조정에 맞서자, 철폐연대 결성

길지 않았던 징역, 그러나 어느 때보다 갈등과 혼란이 더 했던 징역이었다. '양규헌 석방 투쟁 대책위'에서 매일 조직한 『한겨레신문』 광고를 대면하기도, 면회 오는 동지들을 마주하는 것도 힘들었다. 구속 규탄 광고와 면회 온 동지들은 나를 압박하고 있었다. 갈등의 고통 속에 2년간 놓았던 고민이 시작되었다.

그간 걸어왔던 나 자신의 삶과 운동에 대한 회고는 몇 달간 계속되었고 차츰 운동의 관심은 비정규노동운동으로 집중됐다. 이미 시작된 신자유주의 구조조정이 노동자계급을 파편화시킬 수 있다는 위기의식도 비정규노동운동을 선택한 이유의 하나였다. 이런 생각과 판단은 혼자만의 판단은 아니었다. 광고 조직에 참여한 동지들, 면회 온 동지들, 편지를 보내온 동지들의 의견을 접하면서 내가 활동을 한다면 비정규노동운동에 함께하는 게 좋겠다는 생각을 굳히게 됐다.

IMF가 경제위기를 심화시키고 미국이 한국의 위기를 시장 개방에 이용했다면, 한국의 관료와 자본은 IMF 위기를 자신들의 개혁안 관철에 사용했다. 그 결과 산업 발전보다 금융적 수익성의 논리가 우위를 차지함으로써 한국의 자본주의는 과거와 달리 신자유주의적 발전 경로에 들어섰다.

　　경쟁력 조건을 만회하기 위해 노동력 착취, 중소기업이나 농업, 자영업 등 비독점 부문의 수탈, 정부의 강력한 재벌지원 정책과 이를 위한 억압 체제를 추구하고 있었다. 그러나 이 모델은 자본과 생산력의 위기를 극복할 수 없었다. 만성적인 국제수지의 적자와 대외채무의 누적, 그리고 외채, 외환 위기는 그 필연적인 결과였다. 자본의 위기 극복은 순전히 노동자를 희생시키는 바탕 위에서 마련되고 있었다. 신자유주의 구조조정의 바람은 노동자계급의 삶의 질을 파탄 내고 있었다. 김대중 정권의 정리해고는 금융위기라는 정세를 타고 몰아붙이는 신자유주의 전면화의 서막이었다. 정상적인 고용 형태는 파견법과 기간제로 허물어지고 있었다.

　　조팝나무가 하얀 꽃을 피우는 2001년 6월에 나는 출소했다. 오랫동안 만나지 않았던 동지들이 찾아왔고 자주 만났다. 영등포에서 이종회 동지를 만났다. 비정규노동운동에 관심이 있다고 하니 잘됐다며, 지금 전국불안정노동철폐연대(철폐연대)라는 조직을 준비하고 있다고 한다. 철폐연대 준비위 활동 기간 1년 정도를 거쳐 출범할 때 대표 역할을 맡았다. 파견철폐공대위 때부터 활동했던 동지들이 있는데 그 틈을 비집고 대표 역할까지 맡게 되니 겸연쩍은 마음에 책임감은 배가 됐다. 철폐연대는 우리의 삶과 노동을 빈곤과 위기로 내모는 불안정노동을 철폐하고 인간다운 삶을 함께 살아가기 위해 출범했다. 그간 비정규직 노동자들의 투쟁에 함께하고, 비정규직 철폐 운동의 전략과 정책을 수립하기 위한 현장 활동이 철폐연대의 존재 이유였다.

2003~2004년은 정부의 비정규악법 제도화에 맞서 선도적으로 문제를 제기하고 투쟁을 조직하기 위해 동분서주했다. 김대중 정권의 정리해고에 이어 노무현 정권이 비정규보호법안을 입법 예고하면서 철폐연대 업무에 많은 하중이 걸리기도 했다. 철폐연대는 민주노총과 금속산업연맹 등에 비정규보호법의 본질과 그 의미에 대해 설명회를 열기도 했고, 열린우리당 당사 점거 농성에 참여하기도 했다.

2005년에는 비정규운동 대토론회를 통해 비정규직 운동의 나아갈 방향을 모색했고, 정리해고에 따른 고용불안과 비정규노동자 양산이 가속화되는 상황에서 비정규노동자 권리선언을 조직하며 결의를 모으기도 했다. '비정규직 노동자 권리선언 대회'는 비정규악법에 대한 비판을 넘어 '인간'으로서 '노동자'로서 비정규노동자들의 권리를 선언하고 그 쟁취를 위한 직접 행동을 결의하는 자리였다.

파견철폐공대위 때부터 활동했던 철폐연대 상근자들은 투

쟁을 통해 불안정노동에 관한 깊이 있는 정책과 지식을 체득하고 있었다. 운동을 몇 년간 중단했던 나로서는 철폐연대에 몸담는 동안 이전과 같은 집중력은 물론 의지와 결의를 분명히 하기까지 오랜 혼란을 겪었다. 사업과 투쟁을 통해 공감대를 형성해 나가며 실천으로 극복하고자 노력했으나 비정규노동 운동의 전망을 확인하기까지는 많은 시간이 필요했다.

2006년 12월에는 비정규직철폐현장투쟁단(현투단)을 조직해 국회 앞에서 천막농성을 시작했다. 단식을 통해 투쟁 동력을 살려보고자 했고 여의도나 광화문 등에서 가두 투쟁도 계속했지만, 비정규 법안은 통과되고 말았다.

결과적으로 비정규보호법안은 비정규노동자를 보호하는 법이 아니라 정규직과 비정규직을 갈라치고 불안정노동을 고착화시키는 법안일 뿐이었다. 비정규 법안은 정상적인 고용 형태를 합법적인 비정상 고용 형태로 바꾸는 법안인데, 운동진영 내에서도 법안에 대한 긴장감에 차이가 있었다. 법안 자체를 막아내는 투쟁으로 가야 했음에도 민주노동당은 수정안을 내는 데 집중했고, 민주노총도 사안의 중대성에 걸맞은 투쟁을 조직하지 못했다. 누구나 얘기하고 관심이 큰 비정규 투쟁이었지만, 자본의 분할통제 정책에 맞서기엔 한계가 컸다. 그 한계는 행동, 실천이었다. 물론 나 또한 예외는 아니었다.

내가 철폐연대에 몸담은 기간은 7년으로 기억한다. 그동안 철폐연대가 활동할 수 있었던 동력은 법률위원회와 정책위원회라고 생각한다. 법률위원회는 철폐연대 출범 이전부터 비정규 문제에 대한 법률대응과 비정규 관련 정책 수립에 일조해 왔다. 매월 진행하는 워크숍은 비정규 운동에 자양분이 되었다고 해도 과언이 아니다. 법률단체들과 노동 탄압, 주요 사안에 공동 대응하며 활동했다. 정책위원회는 비정규운동에 대한 철폐연대의 주요 정책을 마련하고, 『신자유주의에 맞서는 노동운동』, 『비정규직 없는 세상』 등의 단행본을 펴내 철폐연대의 정책을 알렸다. 철폐연대가 힘든 가운데도 꾸준히 활동을 이어올 수 있었던 데는 바로 법률·정책위원회 동지들의 힘이 컸다.

2006년 3차 정기총회가 대전 민주노총 사무실에서 열렸다. 예산, 결산, 사업평가와 사업계획을 확정하며 투쟁을 결의하는 자리였다. 총회는 토요일로 기억하는데 회의를 마친 다음 월요일 오전 유재영 동지에게서 전화가 왔다. 앞뒤 설명도 없이 스타렉스 한 대를 가져가라고 한다. 무슨 말이냐고 물었더니 토요일 철폐연대 총회에서 설명한 사업계획을 보고 차량이 필요할 거 같아서 한 대 샀다는 거다. 사전에 어떤 언급도 없이 그렇게 했다는 사실이 못마땅하기도 했다. "그 차 받을 수 없으니 취소하라"고 했는데 이미 계약금을 500만 원을 냈기 때문에 안 된다는 것이다. 선택의 여지가 없다는 판단으로 차를 받았다. 그 차는 철폐연대 사업에 큰 도움이 됐다.

유재영 동지는 예전에 운동했던 사람들을 모아 이른바 '후원회'라는 것을 꾸려서 많은 운동단체에 도움을 주고 있었다. 노동운동과 사회운동에 직접 혹은 간접적으로 관여했던 그 동지는 그럼에도 변하지 않는 세상에 대한 좌절감과 절망을 이겨내지 못하고 허우적거리며 방황하다가 결국 한 줌의 재가 됐다.

최초로 부르는 비정규직 투쟁 노래

철폐연대는 문화 활동가들과 긴급히 간담회를 열고 비정규직 노동자들의 노래를 만들자고 의견을 모았다. 노동자 문제의 중심으로 떠오른 비정규직에 관한 노래가 하나도 없다 보니 선전 선동에 어려움이 있기 때문이다. 3개월 안에 노래를 만들어 보자고 했다. 불안정노동이 일반화되어 가는 시점에서, 비정규노동이 정상적인 노동 형태로 자리잡는 상황에서 문화예술을 통한 선전 선동은 시급하다고 판단해 내린 결정이었다.

1주일이 지났는데 문제가 생겼다. 유능한 작곡가에게 작곡을 부탁하러 갔다가 노래가 무슨 자판기에서 나오는 상품인 줄 아냐고 야단만 맞았다는 것이다. 사안의 긴박성과 녹아나야 할 예술성이 조화를 이루지 못한 탓이라고 생각했다. 그렇다고 1년씩 미룬다는 것은 그 취지를 무색하게 하는 것은 물론 사안의 시급성에도 맞지 않았기 때문에 그럴 수는 없었다.

예술의 완결성보다는 투쟁의 긴박성을 선택해 창작한 노래가 바로 김성만 동지가 만든 '비정규직철폐연대가'다. 최초의 비정규투쟁 노래였다. 그 후 이 노래는 모든 투쟁 현장에서 문화선동의 애창곡이 되었다.

운동단체가 활동하는데 무엇보다 중요한 것은 활동할 수 있는 조건을 갖추는 것이고 그 조건 중에 빼놓을 수 없는 것이 재정이다. 철폐연대 회원 수는 여타 단체와 비교할 때 적은 숫자는 아니었지만, 회비로 방대한 사업을 진행하기에는 부족했다. 더군다나 누적된 부채도 만만치 않았다. 회원들과 어우러지는 자리도 만들고 재정도 해결할 목적으로 2006년 12월에 일일주점을 하기로 했다.

일일주점에서 철폐연대 상근자들이 직접 문화프로그램을 만들어 보기로 했다. 밀려드는 과중한 업무에 지쳐가는 동지들이 많았는데 바쁠수록 취미활동을 하면서 여유를 찾았으면 하는 생각에 사무처 동지들과 논의해서 스스로 기타 치며 노래를 하기로 했다. 상근 동지들과 주변 동지들의 적극적인 조직과 관심으로 일일주점은 성황리에 마쳐 목적한 바를 이뤘다.

한경석 동지와 이별

2002년 봄 한경석 동지가 죽었다는 비보가 날아들었다.

한경석 동지는 지역의 투쟁사업장마다 찾아다니며 공권력의 탄압에 맞서기 위해 밤새며 고민하고 활동하던 과정에서 자기 몸을 돌볼 여유가 없었다. 그런 동지에게 무서운 병마가 찾아들었다. 동지들의 간절한 바람을 뒤로하고 동지는 결국 2002년 5월 21일 5시경 그의 나이 마흔에 운명했다. 결국 한경석 동지도 여느 동지들처럼 모란공원에 자리해 비석으로 대면하는 사이가 되었다.

전노협과 부천지역노동조합협의회(부노협)의 상징이기도 했던 한경석 동지는 덥수룩한 수염에 어울리게 소탈한 웃음을 지으면서도 진지함이 묻어났다. 그는 부노협과 함께 8년 동안 활동하며 민주노조 운동을 발전시키기 위해 자신의 모든 것을 다 던졌다.

내가 한경석 동지와 많은 시간 대화를 시작한 건 1992년경

조직 발전 전망 토론 때부터로 기억한다. 그는 내가 전노협 위원장을 하면서부터 나를 '대장'이라고 불렀다. "우리가 조폭도 아닌데 왜 그렇게 부르냐"고 물었더니 "그냥 그렇게 부르고 싶어요"라며 친근감의 표현 아니겠냐고 반문한다. 한경석 동지는 전노협 사업으로 내가 힘들어할 땐 종종 일부러 찾아와 나를 위로하기도 했다.

비보를 받고 부천 석왕사를 찾았으나, 한경석 동지는 말이 없고 미소 띤 영정사진만이 나를 반기고 있었다. 부천지역 동지들과 전노협에서 일했던 동지들이 그의 빈소를 찾아 한경석 동지의 짧은 삶을 안타까워했다.

전노협에서 활동했던 동지들은 그곳에서 거의 6년 만에 만나는 동지도 있었다. 오랜만에 봤다고 모두 반가운 사람들은 아니었다. 정치입문을 눈앞에 둔 어떤 동지는 내 옆자리로 일부러 찾아와 정말 죄송하다며 사과하기도 했지만, 그 자리는 사과하고 받는 자리가 아니었다. 노동운동을 한다고 다 같은 곳을 보고 같은 길을 걷는 것이 아니니 이런저런 일들이 생기게 마련이다. 그 속에서 나는 그저 내 길을 걸었다.

열사 정국에 민주노총은…

2003년 10월 26일이었다. 처음으로 전국의 비정규노동자들이 모여서 전국비정규노동자대회를 열던 그날, 근로복지공단 이용석 동지가 "비정규직 철폐하라"고 외치며 분신했다. 근로복지공단비정규직노동조합은 고용안정과 비정규직 차별 철폐 등을 내걸고 27일 총파업을 예고해 놓은 가운데 11차례 교섭을 벌였으나 진전은 없는 상황이었다. 열사투쟁으로 공공부문 비정규직 문제가 사회적으로 알려졌고 근로복지공단 비정규직 노동자들은 일정한 절차를 거쳐 정규직으로 전환됐다.

이용석 동지의 분신에 대해 노무현 대통령은 "분신으로 투쟁하던 시대는 끝났다"며 노동자를 질책했다. 비정규직의 아픔과 고통을 공유하기는커녕 비아냥거렸다는 사실을 잊을 수가 없다. 노무현의 태도에 분노한 노동자들은 거리로 뛰쳐나가 싸웠다. 노무현 정권 내내 열사 정국이 이어졌다.

비정규직 노동자가 줄줄이 죽어 나가는 열사 정국 책임은 바로 노무현 정권에 있다. 노무현 정권은 집권하며 비정규 양산법을 '비정규보호법'이라는 이름으로 통과시켰다. 같은 노동자를 정규직과 비정규직으로 분리하는 야만적인 법안과 제도에 대응하며 투쟁하는 과정에서 무수한 열사와 구속자를 양산했다.

그런데 2007년 10월 민주노총이 사용하는 대영빌딩에 대형 현수막이 내걸렸다. "노무현 대통령 각하 평양 방문을 축하합니다. 평안히 다녀오십시오"라는 문구를 읽으며 설마 했는데 그 현수막을 내건 주체는 민주노총이었다. 그런 대통령의 평양 방문을 축하하며 평안히 다녀오라는 민주노총이 노동자의 중앙조직인가 고민이 깊어졌다.

2003년 첫 전국비정규노동자대회에서 '철폐연대가'가 처음 발표되었다. '철폐연대가'는 철폐연대가 내부 문화 단위를 소집해 강요하다시피 해서 만들어 낸 노동가였다. 이용석 열사가 분신한 지 12년이 되던 2015년 조계사에서 '이용석 가요제'가 열렸다. '질라라비 밴드'는 이 가요제에 참가해 '열사가 전사에게'라는 곡을 연주했다.

류기혁 열사 국면 민투위 집행부의 오류

2005년 9월 초순 정부와 민주노총이 비정규직 문제를 놓고 첨예하게 대립하고 있던 시기에 현대자동차 사내하청에서 일했던 류기혁 동지가 스스로 목숨을 끊었다. 그는 비정규직 차별과 한 차례의 소속 변경, 해고를 당했고 비정규직이라는 이름으로 살다가 생을 마감했다. 그는 무원칙한 타협보다 투쟁하는 길을 선택했다. 그러나 투쟁의 길을 선택한 비정규직 노동자에게 닥친 고통은 너무나 컸다. 그리고 심지어 '노동운동'을 하는 사람들조차도 그 투쟁에 제대로 연대하지 못했다. 진실로 노동자 되기를 소망했고 사소해 보이는 결단조차도 너무나 어렵게 해야 했던 비정규노동자는 그런 현실에서 서서히 죽어갔다.

류기혁 동지에게 노동운동의 연대는 너무나 멀고 어렵게 느껴졌을 것이다. 같은 담장 안에 있는 정규직 노동자들이 함께 싸우지 않는 모습에 절망감을 느꼈을 것이다. 그래서 그는 죽었다. 류기혁 동지는 자기 목에 밧줄을 걸었지만, 유서 쓸 힘조차 없었던 그가 손으로 쓰고 싶었던 것은 바로 '투쟁'과 '연대'였다.

그런데 그의 죽음을 두고 현대자동차노동조합은 연대투쟁은 고사하고, 죽음의 성격을 두고 "열사다" "아니다" 왈가왈부하는 꼴이었다. 서둘러 울산으로 향했다. 내가 울산에 가야 한다고 생각한 이유는 당시 집행부를 맡은 현대차 현장조직 민주노동자투쟁위원회(민투위)의 오류에 내 책임도 있다는 판단에서였다.

그 책임은 1993~1994년으로 거슬러 올라간다. 민투위 초기 김 아무개 동지와 함께 울산에 내려가 1주일 머문 적이 있다. 저녁마다 민투위 동지들을 만나 현 정세와 노동운동의 전망, 현대차노조의 역할과 임무를 놓고 수련회를 진행했다. 그때 민투위라는 현장조직은 다양한 정파의 연합이었다.

당시 민투위 동지들은 학습과 투쟁에 대한 열정이 대단했으며 보안 의식도 철저하다는 걸 느꼈다. 1994년 수배 중 현대차 동지들을 만나려고 울산에 갔는데 김기수, 조용형 동지가 마중을 나왔다. 그 동지들은 나를 차에 태워 동광병원 영안실로 안내했다. 문상이 아니라 소독을 위해 영안실로 들어갔다가 후문으로 나가니 오토바이가 대기하고 있었고, 그 오토바이를 타고 골목길과 한적한 태화강 길을 돌아 지정된 장소로 가서 대기하던 승용차를 타고 모임 장소에 도착했다.

현대자동차 현장조직의 역사는 분열의 역사다. 민투위도 분열을 거듭했다. 당시는 이해를 못 했는데 나중에 생각해 보니 민투위의 다수는 노동운동 전반에 대한 고민보다는 현장 조직을 통해 노동조합 권력(선거)에 집중했다는 생각을 떨칠 수 없었다. 그러나 당시 나는 그 동지들이 노동운동에 대한 진지한 고민이 있다고 판단했다. 그 근거는 학습뿐 아니라 실천도 매우 적극적이었기 때문이다. 민투위는 소식지를 만들어 현장에서 선전 선동에 주력했으며 노동자대회에 참석한 민투위 동지들은 짱돌은 물론 화염병 들기도 마다하지 않았다. 그러한 투쟁의 결의와 실천은 활동가로서 모범이라고 생각했다. 아울러 투쟁의 선두에는 이상욱 동지가 서 있었고 그런 적극성과 전투성을 평가받아 민투위는 이상욱을 노조위원장 후보로 냈으며, 그는 현대차노조 위원장이 되었다. 나도 위원장 추천에 한마디 보탰으니 책임을 벗을 수 없다는 뜻이다.

울산에 도착할 즈음, 고속버스 안에서 조돈희 동지에게 전화를 걸어 내가 지금 류기혁 열사 문제로 현대차로 내려가는데 같이 들어가자고 했다. 조돈희 동지는 한숨을 내쉬며 "저는 오전에 다녀왔는데 씨알도 안 먹히니 혼자 다녀오소"라고 한다.

현대차노조에 들어가 이상욱 위원장과 김태곤 수석을 만났다. 이상욱 위원장은 사측과 협상 문제로 1주일째 단식 중이었다. 그 동지들도 내가 왜 울산에 내려왔는지를 직감하고 있었다. 짧지 않은 시간 동안 열사 논쟁이 펼쳐졌다. 고용 형태의 변화에 따른 정규직과 비정규직의 문제를 계급의 문제로 인식하지 못하고 정규직의 우월성을 조합원의 정서라는 이름으로 강조하고 있었다. 그러한 사고는 현대차노조의 기풍과 문화에도 관련이 있는 것으로 보였다. 열사라고 규정하는 순간 현대차노조는 파업을 포함한 투쟁을 회피할 수 없고 그렇게 하기에는 조합원의 동의가 어렵다는 것이 현차노조의 고민이라는 것이다.

생각 같아서는 논쟁의 평행선에 균열이 일어날 때까지 노조에 머물면서 끝을 보고 싶었지만 그렇게 한다고 달라질 것 같지도 않았다. 짧지 않은 시간 대화(토론)를 마치고 마지막으로 당부만 남겼다.

"류기혁 동지 문제는 매우 중요한 사안이다. 열사냐 아니냐의 협소한 사고에 머물 것이 아니라 그 동지가 왜 목숨을 끊었는지를 논의해야 한다. 전태일 열사를 노조에서 열사라고 인정해서 열사인 것은 아니잖냐, 정규직 노조에 열사 호칭을 부여할 자격증이 있는 것도 아니다. 노동운동의 관점으로 노조 내부에서 다시 진지하게 논의하기 바란다. 아울러 지금의 생각과 태도가 바뀌지 않는다면 나랑 짧지 않은 관계는 균열이 생길 수밖에 없다"고 말하며 일어섰다.

장대비가 울산을 덮쳤고 그 비를 흠뻑 맞고 싶은 마음이었다. 이상욱 위원장은 버스터미널까지 태워준다며 따라 나왔다. 명촌문 쪽으로 나오는데 엄청나게 쏟아지는 빗속에서 노조위원장 차를 확인한 경비들이 뛰어와, 거수경례를 한다. 이상욱 위원장에게 "이게 뭐 하는 짓이지?" 했더니 "하지 말라고 그렇게 얘기했는데도 이런다"고 혼자 투덜거린다. 명촌문을 지나는 길은 폭우에 차들이 둥둥 떠다니고 있었다. 물바다가 된 울산을 떠나는 머릿속은 복잡하게 얽혀 심한 두통이 견딜 수 없을 만큼 나를 괴롭혔다.

유랑생활 끝낸 노동운동역사자료

전노협 해산을 결의하면서 대의원들은 전노협청산위원회의 업무로 전노협 백서 제작과 노동운동사 집필을 결의했다. 전노협 백서 제작 기간이 1년 반을 훌쩍 넘은 관계로 백서 발간 외에 노동운동사 집필은 할 수 있는 여력이 없었다.

백서 제작을 위해 전국에서 모았던 자료들은 민주노총으로 이관하는 것으로 되어 있었다. 백서 제작을 마치고 자료를 이관하는 날 민주노총의 어떤 부위원장이 고물상에서 리어카(손수레)를 불렀다고 한다. 자료는 순식간에 폐지로 둔갑했고 이를 본 백서발간위원회 동지들이 이관 중단을 선언했다. 동지들은 노동운동 자료에 대한 인식은 고사하고 기본적인 관심조차 없는 민주노총에 이 자료를 보낼 수 없다고 판단해 5층에서 내려놓은 자료들을 다시 사무실로 올렸다. 지금도 자료를 대하는 관점에 한계가 있지만, 당시는 기록에 대해 너무 무지해 소중한 자료가 천덕꾸러기가 되곤 했다.

전노협은 노동자의 기본권과 노동자계급의 전망을 향해 지배 세력과 타협하기보다는 비타협 투쟁노선을 지향했다. 투쟁으로 목숨을 잃고, 수천 명이 해고되고 구속되면서도 전노협을 지키려고 했던 그 정신은 어느 단체를 지키려고 투쟁한 것이 아니라 우리들의 조직 민주노조를 지키기 위한 몸부림이었다.

지배권력이 전노협 탈퇴 공작에 집중할 때 전노협 소속 대우정밀노조 조합원은 "내가 전노협인데 어떻게 나를 탈퇴하느냐"고 외쳤다. 그런 동지들의 외침은 전노협이 민주노조 운동의 전부라고 생각했다는 걸 보여준다. 전노협은 평등세상, 노동해방 깃발을 움켜쥔 민주노조 운동의 중심인 동시에 희망이었다.

이렇게 버려질 뻔했던 전노협 자료들을 김종배 동지가 불의의 사고로 떠난 후 김종배 추모사업회에서 관리했다. 사무실은 성수동에 있었는데 자료실을 계속 운영하기엔 역부족이었다. 그 후 자료들은 10여 년간 유랑생활을 해야 했다. 자료를 이리저리 옮기는 일도 힘들었지만, 무엇보다 정신적으로 불안해서 힘들었다. 안정된 공간이 아니면 손상되거나 언제든 유실될 수 있는 것이 자료이기 때문이다.

성공회대 민주자료관에서 조희연, 김동춘 선생이 연락해 와서 만났는데 전노협 자료를 맡겨줄 수 없겠냐고 물었다. 안정된 공간이어서 양도하는 것이 아니라 맡기는 건 괜찮지 않겠나 생각하고, 내부에서 논의해서 답을 주겠다고 했다. 내부에서 상의해 보니 정경원 동지가 펄쩍 뛰고 김진균 선생님도 반대하셨다. 자료가 언제까지 유랑생활을 해야 할지 모르겠다고 했더니 정경원 동지가 시간이 좀 지나면 방안이 마련되지 않겠냐고 했다. 그렇게 힘들더라도 자료는 우리가 계속 보관하는 것으로 가닥이 잡혔다.

2007년 이승원, 정경원 동지가 노동운동역사자료실을 만들자고 했다. 반가운 제안이었지만 걱정이 앞섰다. 다량의 자료를 유지·관리하고, 또 새로 생산되는 자료를 모으려면 무엇보다 재정에 어려움이 따랐기 때문이다. 일단 운동적으로 문제를 해결해 보자는 방향으로 합의하고 김종배 추모사업회의 논의를 거쳐 준비위를 꾸려 영등포 전해투 사무실이 있던 허름한 건물에 자리를 잡았다. 그 후 발기인과 준비위원을 조직하기 시작했다. 발기인은 1인당 100만 원을 결의하고 준비위원은 10만 원 이상이라는 기준을 정했다.

동지들의 헌신적 노력으로 1억 5천만 원가량을 모아 그걸 종잣돈으로 영등포에 사무실을 얻었다. 민주노총 사무실 인근이니 관심을 두고 들를 사람이 있지 않을까 기대했지만 사실 그렇지는 않았다. 여전히 노동조합 활동가들은 노동운동 자료에 관심을 보이지 않았다.

백기완 선생이 '한내'라는 이름을 지어주셨다. 작은 물줄기가 모여 하나의 큰 물줄기가 되듯이 노동자 역사는 그렇게 흘

러야 한다고 말씀하시며 손수 글씨도 써주셨다. '한내'는 도도
히 흐르는 역사의 물줄기라는 뜻이라는 말씀도 함께.

2008년 8월 23일 서울시 동작구에 있는 보라매청소년수련
관에서 '노동자역사 한내' 창립대회가 열렸다. 사진 전시, 물
품 전시, 공연도 함께 진행했고 많은 동지가 참가했으며 회원
으로 가입하기도 했다.

'노동자역사 한내'는 전노협의 역사를 정리해 총 12권짜리
백서를 완성해 내고 안타까운 죽음을 맞이한 김종배 동지의
정신을 계승하기 위해 만들어진 '노동운동역사자료실'의 역
사를 이어받았다. 노동운동역사자료실을 운영했던 '김종배
추모사업회'는 추모사업을 뛰어넘어 더 많은 사람과 함께 노
동운동의 역사를 바로 세우기 위해 '노동자역사 한내'를 출범
했다. 재정문제를 운동적으로 해결해 본다는 것이 고작 어려
운 동지들 주머니를 턴 꼴이 되었다. 내가 대표를 맡았고 사무
처장 이승원, 자료실장 정경원, 그리고 이상훈, 양돌규 동지가
함께했다.

'노동자역사 한내'는 발기인, 준비위원, 회원들의 적극적인
호응과 열정으로 만들어졌고 국내 최초의 노동운동역사자료
실로서 노동박물관으로의 전망을 고민했다.

2012년 초봄, 이승원 사무처장과 정경원 자료실장이 우리
도 점심 식사 한번 하자고 한다. '느닷없이 왜 날짜까지 잡아
서 식사하자고 할까?'라고 생각하며 식당으로 갔다. 일반 식

당이 아닌 횟집이어서 좀 의아했고 식당에 들어서니 사무처장과 자료실장만 있는 것이 아니라 일부 운영위원과 이사들이 자리하고 있었다. 식사가 나오는 중에 누군가 축하한다는 말을 건네는데 뭘 축하하느냐고 했더니 환갑 아니냐고 한다. 놀라기도 하고 민망해서 몸 둘 바를 몰랐다. 놀랐다는 것은 내가 나이가 그렇게 됐나 라는 스스로에 대한 반문이었고, 민망함은 요즘 세상에 환갑을 쇠는 경우가 없기 때문이었다. 그런데 환갑이라는 생일 자리는 내가 자초한 면이 없지 않았다. 한 해 전, 조희주 선배의 환갑을 기억하겠다고 안양계원예술대학에서 공연 잔치를 한 것이 자충수였는지도 모른다.

어색함으로 자리 적응이 잘 안 되는데 사무처장이 작은 가방을 전해준다. 가방 속에는 비행기 표 2장과 용돈이 들어 있었다. 이승원 처장과 정경원 실장이 준비한 것으로 보이는, 우리 부부가 캄보디아와 베트남에 다녀오는 여행권이었다. 자리가 너무 불편했고 가방을 받는 것이 옳은지 아닌지 판단도 어려워서 절절매고 있는데 그 자리에 왔다가 볼 일이 있다고 먼저 나간 이종회 동지로부터 전화가 왔다. 옷걸이에 걸린 내 주머니에 봉투를 넣었으니 여행 가서 형수에게 밥 한 끼 사주란다. 엎치는 데 덮치는 격이었다. 설명할 수 없는 부끄러움이 깊게 자리했다.

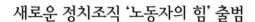

새로운 정치조직 '노동자의 힘' 출범

1996~1997년 총파업 이후 '진보정당 건설을 위한 원탁회의 준비위'가 꾸려졌고 원탁회의에서는 '국민승리21'이라는 조직의 명칭을 논의하고 있었다. 이 시기에 좌파들은 '새로운 정치조직'(새정조) 건설 예비모임과 준비모임을 진행하고 있었다.

새정조의 출발은 대중적인 진보정당의 흐름이 개량적으로 흘러간다는 우려에서 출발했다. 그 우려는 원탁회의에서 의견을 모아 내놓은 '국민승리21'이라는 명칭에 고스란히 드러났다. 국민승리21이 주창하는 '국민'은 '국민과 함께하는 노동운동'과 그 맥이 맞닿아 있다고 판단할 수밖에 없었다. 국민과 함께하는 노선은 그간 논의해 왔던 노동자계급의 정치세력화와 거리가 멀 뿐 아니라 민주노총 준비위에서 토론했던 '계급정당 지향'과도 거리가 멀어 보였다.

원탁회의에 이은 진보정당창당추진준비위원회가 추진하

는 노동자계급의 정치세력화에 대해 우려와 이견이 있는 동지들이 모여서 새정조 건설에 관한 토론을 진행했다. 새로운 정치조직의 향후 진로를 모색하기 위해 예비모임, 준비모임을 갖고 새정조의 정체성과 활동 방식 그리고 새정조가 추구하는 정치노선에 대한 논의를 가파르게 진행하고 있었다.

새정조에 '생각모임'이 참여할 것인지를 두고 간담회를 여러 번에 걸쳐 진행했다. 전체는 아니지만 생각모임 다수의 동지가 참여했다. 생각모임 성원들은 각 지역에서 노동조합운동을 하는 동지들이었다. 생각모임은 내가 전노협 위원장 수배 때 만들어졌다. 조직체라기보다는 정세를 비롯한 핵심사안과 쟁점에 대해 비정기적으로 가끔 모여 토론하는 모임이었다. 참여하는 동지들은 울산, 경남, 광주, 대구, 인천, 부천, 경기, 서울 등의 지역조직, 단위노조에서 활동하는 30~40여 명 정도였다.

새정조에 노조 활동가들(생각모임)이 참여하면서 토론은 더 복잡해진 측면도 있었다. 반합공개 활동인가 비공개 활동인가부터 정치조직의 독자적 활동의 상(노조와는 다른)은 무엇이며 사상, 이론적 문제까지 하나씩 정리해 내기란 쉽지 않았다.

또 1990년대 정파운동 이후에 새로운 실험이라고 했는데 무엇이 새로운지도 불명확했고, '국민승리21'과 성격과 노선의 차이가 있음에도 노선 차이에 대한 깊이 있는 토론보다는 의회 전술에 관한 논쟁으로 협소해지기도 했다.

새정조 내부에서도 비합(사회주의) 운동을 했던 동지들은 현장 활동가들의 노조주의적 경향과 태도를 비판하기도 했다. 논의에서 국민승리21과 관계를 어떻게 설정할 것인가가 쟁점이 되었다. 국민승리21에 전략적으로 참여하자는 주장은 주로 생각모임 성원들이 제기했다. 국민승리21에 민주노총이 참여를 결정했는데 민주노총에서 직책을 맡고 있는 동지들의 입지가 곤란해진다는 우려도 있었다. 정치조직 활동가들은 대중정당과는 함께할 수 없다는 등의 근거로 국민승리21과 함께할 수 없다고 주장했다.

새정조 내부에서 논쟁이 진행되고 있는 와중에 오세철 새정조 대표가 '국민승리21' 원탁회의에 가서 "새정조는 원탁회의 불참한다"는 발언을 했다. 원탁회의 참여 여부에 대해 아직 토론 중인 가운데 불참을 선언해 버리자 새정조 내부에서 격론이 벌어지기도 했다. 그러나 국민승리21의 "일어나라 코리아" 사건[41]으로 자연스럽게 국민승리21과 별도의 정치조직을 꾸리는 것으로 정리하게 됐다.

8~9개월의 논의를 거치며 새정조는 합법정당운동이 노동자 민중의 정치세력화를 온전하게 담보할 수 없다고 판단했다. 새정조는 이후 정치조직 건설 제안문을 내고 1999년 8월

---

41 '국민승리21'이라는 정당 명칭에 이어 '일어나라 코리아'라는 민족주의에 호소하는 선거 구호를 사용하는 바람에 새로운 논쟁이 벌어졌다.

전국의 현장, 노조, 노동단체, 좌파 지식인들이 모여 '노동자의힘' 준비모임을 건설했다. 8월 8일 노동자의힘 준비모임 발족식에서 오세철 대표, 조돈희·양규헌 상임운영위원, 김명희 선출직 운영위원, 김상복 집행위원장 체계를 구성해 조직화 사업을 시작했다.

노동자의힘은 △국가보안법 철폐 △노동자·민중 생존권 쟁취 투쟁 △계급적 노동조합운동 진영 조직화와 영향력 확대 △조직 운영의 안정화를 4대 목표로 설정해 사업을 진행했다. 노동자의힘은 10여 년 동안 계급정당 건설의 주체 형성을 위해 다양한 공동투쟁을 전개했고, 기본단위를 중심으로 활동을 확대했으며 한라중공업, 대우자동차 투쟁에 집중하기도 했다. 나아가 발전노조를 중심으로 한 국가기간산업 사유화 반대 투쟁, 김대중 퇴진투쟁, 한미 FTA 반대 투쟁을 이어가며 정치적 재조직화 사업에 매진했다.

노동자의힘은 그간의 노력과 투쟁의 성과를 모아 2008년 10월 '사회주의 노동자 정당 건설 준비모임(사노준)'을 발족했다. 나아가 노동자 계급정당 건설을 과제로 설정했던 노동자의힘은 2009년 2월 '사노준'에 적극 결합할 것을 결의하며 해산했다.

활동가조직으로 정치조직 토대 구축

신자유주의 세계화가 노동자계급의 목줄을 조여 오는 시기에 거리에서 집회에서 펄럭이던 노동해방 깃발이 내려지는 현상은 변혁운동에 있어서는 심각한 상황이었다. 노동조합운동을 뛰어넘어 현장 활동가들을 중심으로 변혁노선을 복구하겠다는 목표를 세우며 전국적 좌파 활동가조직을 만들기로 했다.

현장 실천을 강조하며 노동운동의 변혁성을 복구해 내는 것이 노동운동의 과제라는 판단으로 활동가조직 건설에 박차를 가했다. 2007년 4월 29일, 대전 평송 청소년수련원에서 전국활동가조직이 출범했다. 전국에서 7백여 명의 활동가들이 참석한 가운데 창립총회를 열어 집행부를 선출하고 회칙과 운동 방향, 사업계획 등을 확정했다. 활동가조직의 명칭은 현장에서의 실천에 큰 무게를 두고, 좌파 활동가들이 노조 운동에 편중돼 있다는 오해를 불식하고자 '사회변혁'을 강조하는 한편, 강하게 투쟁하자는 정신을 살려 '전선'을 넣었다. '현장실천 사회변혁 노동자 전선(약칭 '노동전선')'이라는 긴 명칭에서 알 수 있듯 좌파 운동의 반성인 동시에 노선투쟁 성격을 지니기도 했다. 과거보다 민주노조 운동의 정신도 점차 변질되고 있었으며 민주노조 운동 정신이 현장에서 점차 사라진 것에는 좌파의 책임이 크다는 평가가 활동가조직을 조직하는 이유이기도 했다.

노동전선은 우리 사회의 근본적 변혁을 추구하는 노동자·민중운동의 선봉대를 자임했다. 노동자·민중의 투쟁과 변혁운동은 국민의 99%를 개돼지로 비하해 온 우리 사회에서 불가피한 시대적 요구였다. 우리 사회를 옥죄어온 경제 양극화는 국민소득이 3만 달러를 훌쩍 넘긴 상황에서도 여전히 심화 고착되고 있었다. 극소수 재벌들이 천문학적 이윤을 챙기고 있지만, 노동자·민중은 인간으로서의 존엄은 고사하고 기본생존권조차 위협받는 상황으로 내몰려 있었다.

이런 상황에서 변혁노선의 소멸은 민주노조 운동 정신의 후퇴와 맥이 닿아 있었고 노동운동의 기본인 현장 동력의 부재에서 비롯됐다. 이는 곧 계급정당의 토대를 점차 허물어뜨릴 수밖에 없다는 데 상황인식을 공유했다. 노동운동의 민주성에는 절차적 민주주의도 포함되어 있지만 보다 중요하게는 현장에서 토론의 활성화가 시급한 상황이었다. 민주노총이 합법화되면서 현장 요구나 결의에 따라 투쟁방침이 수립되는 것이 아니라 중앙에서 하나의 지침으로 투쟁이 결정되는 것은 심각한 현상이었다. 대중의 분노와 결의가 빠진 투쟁은 형식에 머무를 수밖에 없다.

노동전선을 설립하는 과정에서 조직의 성격에 관한 토론은 이루어졌으나 정치적 방침과 전망, 정치조직으로의 이행에 관해서는 충분한 토론이 진행되지 못했다. 따라서 노동전선의 성격과 역할에 관해 집행부 구성원들의 생각에 차이가 있을 수 있었다고 생각한다.

내가 가졌던 노동전선의 전망은 첫째 전국의 좌파(계급적) 활동가들을 조직한다는 것이었고, 두 번째는 노동자계급의 정치세력화를 향해 현장 토대를 구축해야 한다는 생각이었다. 나아가 노동전선의 조직적 성과는 계급정당의 동력이 될 것이라는 기대도 담고 있었다.

활동가조직 준비위원장을 지낸 이경수 동지는 창립총회 대회사에서 "나로부터, 주변 동지와 함께 계급적 관점과 올바른 활동 기풍이 살아 넘치는 노동조합을 만드는 것이 혁신의 출발"이라며 "비정규악법과 구조조정 등을 활동가들이 방기하지 말고 지역에서 전국으로 투쟁의 기운을 만들어 내는 것이 어떤 성과를 낼지의 바로미터가 될 것"이라 말했다. 이경수 대표의 대회사는 노동전선 내부의 이견을 최소화하고자 하는 혁신선언이었다. 이날 참가자들은 이경수 대표와 함께 집행위원장에 김태연 동지를 만장일치로 선출했다. 선출직 운영위원으로는 나를 포함해 5명이 선출됐다.

이날 제출된 '노동전선'의 5대 운동 방향은 △사회 변혁적 노동운동의 확대 강화 △반신자유주의·세계화 투쟁 전선 확대 강화 △밑으로부터의 대중적 민주노조 혁신운동 강화 △자본통제 분쇄와 현장 권력 확대 강화 △활동가의 민주적 소통과 실천 강화 등으로, 이에 따른 사업계획도 통과됐다. 사업 기조는 노동자의힘 기조와 다르지 않았다. 다만 '정치조직'과 '활동가조직'이라는 차이가 있을 뿐이라고 해석했다.

노동전선은 '신자유주의·세계화를 분쇄하고 노동해방으로 힘차게 진군하는 10년'이라는 전망과 '현장으로부터 투쟁 전열을 강화하고 노동운동 혁신'이라는 3년의 계획하에 △1987년 노동자 대투쟁 20주년을 계기로 '노동해방' 재정립 △(가칭)노동해방선봉대 구성 △정치·정책토론회 △노무현 정권 퇴진 투쟁 △노동절 투쟁 △일점돌파 비정규 투쟁 △6월 중하순 전국 투쟁 전선 구축 △조직 확대 사업 등을 전개했다. 노동전선은 활동가조직으로 현장조직과 함께 노동해방선봉대를 만들어 비정규투쟁과 전국대회를 조직하는 성과를 모으기도 했다.

이후 노동전선에서는 노동자 정치세력화(계급정당)를 둘러싸고 치열한 논쟁이 벌어졌다. 정당에는 정치이념이 연관돼 있으며, 특정 이념의 원칙과 가치를 반영한다. 그러나 강령이 없는 활동가조직은 정치이념이 뚜렷할 수 없다는 사실을 다시 한번 확인했다.

정치세력화 그리고 사회주의운동에 대한 고민

노동조합운동은 1960년대부터 정치세력화를 주장해 왔다. 그러나 당시 정치세력화는 한국노총 간부 출신이 국회의원 자리를 차지하는 의미 이상도 이하도 아니었다. 이 시기는 나의 노동조합 활동에서 가장 암울했던 시기다.

그러나 1980년 서울의 봄, 민주노조 활동가들은 동일방직 해고자들과 함께 한국노총 점거 투쟁에서 민주노조의 희망을 발견했다. 그리고 농성장에서 벌어진 자유토론은 한국노총에 대한 비판은 물론 한국노총 출신인 국회위원들에게도 목소리를 높이는 장이기도 했다. 1970년대 박정희 정권에게 모진 억압과 탄압을 받으며 길거리로 쫓겨난 노동자들을 노동자 출신 국회의원들이 철저히 외면했다는 성토였다. 이 토론에서 '노동자 정치세력화'라는 용어는 등장하지 않았지만, "우리가 정치를 해야한다"는 주장이 제기됐다. 농성장 지도부는 한국노총 위원장 직무대행을 연단에서 끌어내리며 3김(김대중,

김영삼, 김종필)을 즉각 농성장에 데려오라고 했다. 노총 강당을 가득 메운 노동자들의 힘이 대통령 후보자들을 소환할 수도 있다는 착각에 빠지기도 했다. 그러나 3김은 한 명도 농성장에 오지 않았다. 1987년 노동자 대투쟁 이후 쟁점이 되었던 노동자 정치세력화는 노동계급정치라는 개념으로 재구성되고 있었다.

노동자계급의 정치세력화를 주도한 민주노조 운동은 초기 (민주노총 준비위) 정치위원회 논의에서 계급정당 지향점을 분명히 하자는 주장이 제기되기도 했다. 그러나 민주노총건설 이후 민주노동당, 정의당, 진보당 등의 노동자 정치세력화는 의회주의와 조합주의를 결합한 흐름으로 일관했다. 계급적 노조운동을 견인하는 지도력으로서 좌파의 결합이 미약한 가운데 '계급 형성'이란 과제는 갈수록 상실되었다. 노동자 정치세력화는 사실상 '노조'의 정치세력화였고, 이는 민주노조 운동의 성격과 한계를 그대로 안고 있었다. 계급보다 '노동자'가 강조되고 계급정치는 자유주의 정치로부터 독자성을 정확히 담보할 수 없었다. 이런 현상은 좌파 운동의 무능력에 기인한다는 점을 인정할 수밖에 없다.

1987년 노동자 대투쟁을 거치며 논의되었던 조직적 과제는 민주노조의 중앙조직인 전노협 건설이었다. 민주노조 운동의 성격은 민주, 자주, 투쟁성은 물론 계급성과 노동해방이었다. 민주성은 절차적 민주와 직선제의 의미도 포함되어 있지만 보다 중요하게는 토론과 논쟁이었다. 가령 토론과 논쟁 없는 조합 활동은 운동 자체의 역동성은 찾을 수 없고 무기력으로 일관할 수밖에 없다고 생각했다. 노동자가 왜 싸워야 하는지, 그 대상은 무엇인지를 묻고 답하는 것이 운동의 과제였다. 나아가 자본주의가 무엇인지 사회주의가 무엇인지에 대한 학습과 토론은 지루하지만 새로운 희망을 꿈꾸게 했다.

1987년 대선과 함께 '민중의 당'이 창당 준비를 하면서 노동자계급이 중심인 정당의 필요성에 공감하여 발기인으로 등록하게 됐다. '민중의 당'은 급조된 정당으로서 강령과 정책에 대한 깊이 있는 설명과 토론 기회는 부족했다는 게 내 생각이었다. 내부에서 공유했던 당의 성격은 자본주의에 맞서 싸우기 위한 정당이었고 그 과제는 사회주의적 관점의 노동운동 노선을 확보해야 하는 것으로 이해했다. 자본주의는 노동자계급에게 존재의 불확실성이자 두려움의 질서일 수밖에 없다. 내가 자본주의와 사회주의의 간극에서, 계급정당과 대중정당 사이에서 방황하며 갈등한 시기이기도 했다.

사회주의적 관점의 노동조합운동을 실천하기 위해 조합원 학습운동을 전개하며 노동자들의 계급의식 향상을 도모했다. 소모임(소조)를 조직하려고 문화활동 모임을 만들고 기능과 이론 학습을 병행했다. 체계적인 프로그램으로 외부의 교육과 세미나를 병행하며 의식향상에 주력하기도 했다. 러시아혁명사를 학습하기도 했고, 노동운동사를 공부하며 노동자계급의 정치세력화에 대한 세미나와 토론을 이어갔다.

자본주의의 대안은 사회주의라고 하지만 현장 조합원들은 물론 활동가들조차도 쉽게 받아들이지 않았다. 조합주의를 극복하고 반자본주의 정치투쟁을 강화하는 것은 대중조직인 노동조합이 주도하기는 불가능하다는 사실 때문이다.

단계적으로 접근하기도 했다. 사민주의 형태의 협동조합과 노동자 자율관리, 공공소유 또한 사회주의는 아니지만 자본주의적 요소 또한 아니라는 것과 사회정의 경제적 평등, 민주적 가치를 중심으로 하는 사회가 우리가 지향하는 사회라고 이해했던 것으로 기억한다.

'사회주의노동자계급정당' 건설을 향해

2008년 10월 '사회주의 노동자 정당 건설 준비모임(사노준)'
이 출범했다.

사노준은 사회주의 사회 건설을 목표로 하는 정당을 준비
하고 노동자계급정치를 실현하는 당이며, 당원이 주체가 되
는 당으로서의 위상을 강령으로 규정했다. 이를 위한 실천으
로 노동해방, 복지·의료·교육 등 각종 서비스의 사회화, 민주
적 권리의 쟁취, 여성·소수자 해방, 생태 사회로의 전환, 반제
국주의·반전 투쟁, 남북 노동자가 해방되는 통일, 민주적 계
획경제, 그리고 가장 중요한 노동자계급의 권력 수립 등을 내
용으로 담았다.

사노준은 노동자계급이 정치적으로 등장한 1987년 7~9월
의 노동자 대투쟁을 중요시하고 그 정신을 계승하기로 했다.
사노준 결성 이후 강령 수립을 위해 토론이 집중됐다. 나에게
사노준은 '민중의 당' 이후 10년의 공백을 딛고 새롭게 경험하

는 계급정당이었다.

출범 하루를 앞두고도 대표를 누가 할 것인지 결정되지 않았다. 나에게 대표를 하라는 요구가 있었지만 나는 할 수 없다고 했다. 나는 정치조직에 대한 지식이 짧으니 그간 정치조직 활동을 했던 동지가 맡는 게 옳다고 주장했다. 그 주장의 근거는 내가 정치조직의 대표를 할 수 있는 역량과 능력이 안 된다는 자기 평가 때문이다. 토론으로 정리되지 않으면 떠밀려서 책임을 맡게 되는 일이 종종 있었는데 나는 정말 그렇게 하고 싶지 않았다. 토론 중에 자리를 박차고 일어서면서 정말 이런 식으로 하지 말라고 화를 내고 집으로 왔다. 집으로 오면서 이렇게 강수를 두었으니 다른 방안을 모색할 것이라고 한시름 놓았다.

그런데 저녁 늦은 시간에 동지들이 집으로 찾아왔고 토론은 낮에 있었던 논쟁의 연속이었다. 동지들은 당장 내일 창립 총회인데 의견을 조율하고 조직을 이끌어 나갈 대표 없는 창립총회는 참여하는 동지들에 대한 책임도 예의도 아니라며 나를 계속 압박했다. 그 책임과 예의를 왜 내가 안아야 하냐며 고사했으나 해결의 실마리를 풀지 못하면서 시간만 흘러갔다. 토론답지도 않은 토론, 논쟁 같지도 않은 논쟁을 하며 시간을 보내다가 결국 '우선' 내가 맡는 데 동의했지만 흔쾌하지 않았다. 나 역시 자신이 없었고 준비되지 않았기 때문이다. 다음날 창립대회에서 나는 대표를 맡았고 부대표 이경수, 집행위원장 이종회 동지로 임원이 정리되면서 사회주의 노동자정당 건설을 향한 여정이 시작됐다. 이후 사노준은 사노위를 출범하며 발전적으로 해산했다.

NPA 창립총회 참여

프랑스 반자본주의 신당(NPA : Nouveau parti anticapitaliste)으로부터 사노준에 창립총회 초청장이 왔다. 사노준에서는 나까지 3명이 참석하기로 했다.

2008년 6월 프랑스에서는 각 정당과 트로츠키주의 운동진영의 통합 흐름이 NPA 창당으로 이어졌다. 이 정당은 2009년 유럽연합 의회 선거에 첫 후보자 배출을 목표로 삼고 있었다. 신당 준비가 진행되는 동안 NPA의 중심인물은 우체부로 활동하고 있는 브장스노였다. 브장스노는 프랑스 TV에서 "혁명에 이르는 것은 대중에게 달렸다"고 말했다. 또 혁명적공산주의동맹(LCR : Ligue Communiste Révolutionnaire) 회의에서 좌파가 야당 구실을 못하고 있다고 비판했다. 한 여론 조사에서 브장스노는 좌파인 사회당의 두 거물 루아얄(35%)과 프랑수아 올랑드(31%)를 훨씬 제치고 47%의 지지를 받았다. 어떤 언론에서는 브장스노와 NPA의 인기가 표로 전환돼 2002년 대선 때처럼 프랑스 좌파가 마르크스주의와 친시장주의로 갈라질 수도 있다고 보도하기도 했다.

바로 그 NPA가 LCR을 확대 재편하면서 창립총회를 여는 것이다. LCR의 조직원이 3천 명이었는데 NPA를 띄우면서 1만 명으로 확대됐다. 창립총회의 특이한 점은 규모가 작은 정당이 창립총회를 하는데 국영방송이 와서 취재하고 생방송을 한다는 것이었다. 프랑스의 정치 지형과 역사성과 문화를 엿볼 수 있었다.

한국에서는 사노준 외에도 진보신당에서 4명의 당원이 참여했는데 그중 한 명은 파리에 거주한다고 했다. 진보신당 동지들은 NPA 총회에 참석한 활동가들에게 노회찬 구명운동을 벌이고 있었다. 파리에서는 영어가 별 쓰임이 없어서 통역을 고민하던 차에 한국인을 만났다. '영희' 씨(일명 '영희할머니')였다. 성이 김씨였는지 이씨였는지는 정확히 기억하지 못한다. 영희 씨는 일찍이 독일 간호사로 파견되었다가 파리로 와서 결혼했다고 했다. 그는 매우 친절하게 안내와 통역을 해줬다.

우리는 한국에서 출발할 때 NPA 초청이기 때문에 돈이 들지 않을 것으로 생각하고 별로 준비를 안 했다. 내가 개인적으로 환전한 돈은 50만 원이었는데, 도착해서 확인해 보니 잠자리는 제공하지만 먹는 건 예외라고 했다. 당황스러웠다. 왜냐하면 도착하는 날 3명이 저녁 한 끼를 가볍게 먹었는데 15만

원이나 들었기 때문이다. 나는 출발할 때 캐리어에 컵라면을 잔뜩 담아갔는데, 그걸 보고 일행들이 처음엔 의아했으나 선견지명이었던 셈이다. 점심은 총회장에서 나눠주는 바게트로 때워야 해서 입안이 다 헐 지경이었다.

통역하는 영희 씨에게 미안한 생각이 들었는지 원영수 동지가 밥 한 끼 대접하기로 했단다. 그런데 주머니에는 돈이 거의 없었다. 다른 동지들도 조금씩 환전을 해오긴 했으나 책 사느라고 다 썼다고 한다. 파리에 있는 다른 동지들의 저녁 초대에 영희 씨를 데려가서 겨우 한 끼 대접할 수 있었는데, 사실 우리가 대접한 것도 아닌데 생색만 낸 꼴이다.

영희 씨와는 귀국한 후에도 이메일로 연락하며 지냈다. 한번은 파리에 있는 조카 로안이 한국에 온다고 해서 머물 곳을 알아봐 주기도 했다. 로안은 한국에 와 있는 동안 '사노준'에 가입했고, 용산 투쟁과 쌍용자동차 투쟁에도 함께했다.

용산 참사, 진상규명과 책임자 처벌은
결국 이후 과제로

2009년 1월 20일 새벽, 용산 남일당 건물 옥상에서 농성을 벌이던 철거민들을 경찰특공대가 진압하면서 망루에 불이 번져 6명이 숨지고 25명이 다치는 참사[42]가 벌어졌다. 아침 뉴스에 용산 참사가 대대적으로 보도됐다. 사노준은 비상회의를 열고 이 투쟁에 집중하기로 했다.

사노준과 정치·사회단체들은 용산 철도회관 예식장에서 대책을 논의하고 이 투쟁에 집중하기로 결의를 모아 '이명박 정권 용산 철거민 살인진압 범국민대책위원회'(용산범대위)를 꾸려 대응하기로 했다. 이종회 집행위원장은 둘이 있는 자

---

[42] 2009년 1월 19일 오전 5시 33분 용산 4구역 철거민과 전국철거민연합회 회원 등 30여 명이 서울특별시 용산구 한강로 2가에 있는 4층짜리 상가 남일당 건물 옥상을 점거하자 경찰이 경비 병력 3개 중대 300여 명을 투입, 다음날 오전 1시 22분, 망루 침탈을 시도하자 철거민들은 화염병을 던지며 저항했다. 오전 6시 12분에 경찰은 철거민들에게 물대포 살수를 시작했고, 6시 45분에 컨테이너에 경찰특공대를 태워 옥상으로 올려보내 7시부터 본격적인 진압을 시작했다.

리에서 이번 투쟁은 자신이 총대를 메겠다고 했다. 이 싸움은 공권력에 의해 발생한 사건이기 때문에 만만한 싸움이 아니며 사노준이 이 싸움에 집중하는 한 결의가 필요한 것은 당연했지만, 대표 입장에서 그렇게 하라고 할 수는 없었다. 그러나 이종회 동지의 뜻이 워낙 완강했다. 이종회 동지는 용산범대위 집행위원장으로서 용산 투쟁의 중심에 섰다.

용산 참사 초기에는 상당한 동력이 투쟁 분위기를 달궜으나 시간이 갈수록 집중도가 떨어졌다. 초기에 적극적으로 결합했던 단위들이 시간이 경과하며 회의 참여도 느슨해졌고 대책위에서 결의한 노숙 투쟁 등에도 참여율이 높지 않았다. 입장과 노선에 따라 전술이 다를 수는 있으나 투쟁에 집중력을 약화하거나 후퇴하는 것은 그에 따른 논리가 성립되어야 한다. 그렇지 않고 투쟁에서 한발 물러서는 태도는 투쟁 동력을 소진시키는 결과를 초래한다.

조희주 동지와 나는 계속 노숙 농성을 했다. 조희주 동지는 겨우내 교육청 앞에서 농성하다가 용산으로 농성 장소를 옮긴 상태였다. 당시 우리는 조희주 동지를 '농성의 달인'이라고 불렀다.

노숙 농성 장소는 남일당 앞 큰길가였다. 남일당 앞에 세워진 경찰버스는 날씨가 춥다는 이유로 공회전을 하고 있었다. 노숙 농성을 하는 동안 늘 버스에서 품어져 나오는 배기가스를 마셔야 했다. 하루는 조희주 동지와 남일당 뒤쪽 화장실에 가는데 경찰 무전기에서 "붙박이 두 점 이동 중"이라는 소리가 들린다. 계속 농성장에 있는 우리를 그렇게 부르며 늘 감시하고 보고해 왔다는 증거다.

서울시, 용산구청, 경찰이 건설 자본의 개발이익에만 몰두하고 철거민들을 사회적으로 테러 집단이라고 매도할 때, 검찰은 철거민들만 일방적으로 기소하며 구속하고 폭력진압으로 사건을 발발시킨 자본과 진압 책임자인 이석기에게는 책임을 묻지 않았다. 용산범대위의 정당한 투쟁은 지배권력의 탄압을 온몸으로 감내해야 했다.

용산범대위는 정치·사회단체들이 집중한 투쟁이었으나 용산 참사의 진상규명과 책임자 처벌은 해결해야 할 과제로 남길 수밖에 없었다. 용산범대위는 2010년 1월 9일 희생된 철거민 활동가들의 범국민장을 치렀고, 공동집행위원장을 맡았던 이종회·박래군은 구속됐다.

끝나지 않은 쌍용차 정리해고 반대 투쟁

용산 참사와 쌍용자동차 정리해고는 같은 시기에 벌어졌다. 쌍용자동차의 2,680명 인력 감축안이 발표된 이후 쌍용차노조는 2009년 4월 14일 부분 파업을 시작해, 5월 21일부터 공장을 점거하고 총파업에 돌입했다. 5월 31일에는 사측이 노조가 점거 중인 쌍용차 평택공장의 직장 폐쇄를 감행했다. 이후 노조와 사측은 대화와 협상을 거듭했으나 이견은 좁혀지지 않았다.

7월 6일 법원이 평택공장 압수수색 영장을 발부했고 20일에는 경찰이 공장을 점거 중이던 노조원들에게 강제해산 방침을 발표하고 본격적으로 공권력을 투입했다. 이에 반발한 공장 안 노조원들이 저항했지만 경찰이 최루액과 테이저건 등까지 쓰며 폭력적 진압 작전을 이어가는 바람에 대치 상황이 지속되었다.

연대단위들이 결집하는 가운데 사노준도 이 투쟁에 집중

했다. 사노준 회원이면서 금속산업연맹에서 활동하는 김혁 동지가 쌍용자동차 투쟁에 파견돼 있었다. 사노준에서 나와 최윤정 동지는 쌍용자동차 앞에서 김혁 동지를 만나 점심을 같이하며 쌍용차 투쟁에 대한 고민을 나누게 되었다. 7월 말을 넘기면서 쌍용자동차에 대한 공권력의 공세는 더욱 거세지고 있었다. 사노준을 비롯한 운동단체들은 하기휴가를 반납하고 쌍용자동차 앞으로 집결했다. 연일 헬기는 공중에서 최루액을 쏟아부었고 대규모 경찰병력은 쌍용자동차를 에워싸고 연대 단위를 차단하기에 혈안이 돼 있었다. 공장 안 동지들과 바깥은 완전히 차단된 상태였다. 심지어 물 한 통도 들여보낼 수 없는 상황이었다. 배낭에 육포와 담배 등을 잔뜩 담아 하수구를 통해 공장 안에 고립된 동지들에게 전달하는 해괴한 상황이 연출되기도 했다. 하지만 얼마 후 그런 방법도 시도할 수 없을 만큼 경비가 삼엄해졌다.

상황이 이러한 와중에 금속노조는 하기휴가를 갔고, 가장 엄혹한 시기에 금속 동지들의 참석이 너무 저조했다. 산별노조라는 것은 울타리가 달라도 같은 조합원이라는 뜻인데, 사활을 건 투쟁마저 이렇게 된다면 이후 산별노조 건설이 어려우리라 생각했다. 공권력 침탈이 임박한 시기에 쌍용자동차 앞에서는 연대 단위가 정문 돌파를 누차 시도했으나 경찰 벽을 뚫을 수 없어서 지리한 공방이 이어졌다.

그때 공장 안에 있는 김혁 동지로부터 연락이 왔다. 지금 옥상에서 나를 보고 있다면서 정문 앞에서 싸우는 모습이 다 보이는데 좀 더 치열한 투쟁을 해 줬으면 좋겠다는 당부였다. 밀고 밀리는 공방을 계속하면서 잠시 고민했다. 지금 방식으로 공장 안에서 투쟁하는 동지들에게 자신감을 주기는 어렵겠다는 판단으로 김 아무개 동지를 불렀다. 믿을 수 있는 동지 몇 명을 조직해서 꽃병을 좀 만들어오라고 했고, 함께 가는 동지들 휴대전화를 모두 맡기라고 했다. 이 문제는 다른 동지들과 상의하면 안 된다고 생각했는데 그 이유는 이후 책임 단위를 최소화해야 한다는 생각 때문이었다. 몇 시간 만에 김 아무개 동지는 임무를 완수했는데 문제는 투수가 없었다. 급하게 조직을 했으나 5명이 넘질 않았으니 이 정도 역량으로 꽃병을 쓴다는 건 불가능했다.

공권력을 향한 분노는 물론이고 투쟁 대오에 대한 서운함도 더해졌다. 휴가를 간 금속 동지들도 그렇고, 평소 투쟁을 외치던 조직과 동지들이 선뜻 선두에 나서지 못하는 현실이 안타까웠다.

그런 와중에 헬기는 연신 최루액을 뿌려대고 우리 대오는 경찰에 밀려 외곽으로 이동했다. 나는 망치를 들고 분노를 식히려고 보도블록을 깨기 시작했다. 사노준 상근 동지가 "왜 대표 동지가 돌을 깨고 있냐?"고 했다. 이어서 일부 집행위 동지들은 화염병 관련 상의를 안 했다고 항의하기도 했다. 던져보지도 못한 화염병 얘기에 짜증이 나기도 했고 그런 문제는 상의하지 않는 것이 상식인데 문제 제기까지 받으니 당황스럽기도 했다.

8월 4일과 5일 이틀 동안의 경찰 진압 작전은 살인적이었다. 경찰은 대테러장비까지 사용하며 쌍용자동차 동지들을 짐승 취급했다. 쌍용차노동조합은 이명박 정권의 폭력에 초토화되었다. 그 후유증으로 이후 사망자는 가족을 포함 30명이 넘어섰다. 농성장이 침탈되면서 쌍용차 투쟁은 소강 국면으로 접어들었다.

쌍용차노동조합 대협국장이 조만간 경찰에서 조사받으라는 출석요구서가 날아올 거라고 연락이 왔다. 그런데 한 달이 지나도 아무런 연락이 없다. 궁금해서 물어보니 경찰이 가지고 있는 명단에는 '양규헌'이 아니라 '양규현'이라고 적혀 있어서 조회를 못 하는 것 같다고 한다.

또 얼마 후 김은천 동지가 전화해서 내 앞으로 된 재산 있으면 빨리 명의를 바꿔줘야 한다고 한다. 손배 대상에 내가 들어가 있어서 수십억 손해배상이 떨어질 거라고 했다. 내 소유는 오래된 코란도 차밖에 없다고 했더니 그것도 다른 명의로 바꾸라고 한다. 재판이 거듭되면서 손배 대상에서 나를 포함한 외부인은 빠졌다고 한다. 자동차 이전하는데 들어간 돈만 버린 셈이다.

상하이차의 '먹튀' 논란은 물론 과잉 진압, 단전·단수, 식료품과 의료진·약품의 반입을 완전히 금지하는 조치 등 공장 안

노동자들에 대한 인권침해는 어떻게 해야 할까. 쌍용차 사태로 수십 명이 목숨을 끊게 된 이유는 분명하지만, 누구에게도 책임을 묻지 못했다. 오히려 자본과 권력은 살인적 진압을 막으려고 볼트와 너트를 준비했던 노동자들에게만 무거운 책임을 지웠다. 쌍용차 동지들에게 오랜 쟁점이었던 복직 문제는 이후 10여 년이 지나 마무리했다고 하나 이미 초토화돼 버린 노동조합을 복구시켜 내는 것은 단시간 안에 불가능해 보이며 손배 소송은 여전히 진행 중이다.

회원들 힘으로 '한내' 공간 마련·유지

2010년 국가기록원장이 한내를 방문했다. 그는 한내를 민주
노총이 운영하는 거냐고 물었고 국가기록원이 지원해 줘야
할 일이 없냐고도 물으면서 국가기록원에서 발주하는 프로
젝트를 할 의향이 있느냐고 물었다. "우리는 정부 돈 일절 받
지 않고, 그쪽 프로젝트는 관심 없다"고 했다. 기록원장은 프
로젝트를 당연히 받을 거라 생각했는데 의외라면서 회원들의
회비로 한내를 운영한다는 사실이 이해가 안 간다고 했다.

한번은 일본 오하라사회문제연구소 소장이 방문했다. 오
하라연구소는 국제적으로 자료관리에 정평이 나 있는 곳이
다. 소장은 노동자가 노동자 역사 자료를 수집하고 관리하는
것은 매우 중요하며, 노동운동역사자료실을 학교나 노동조합
이 아닌 개인들이(회원구조) 모여서 운영하는 것이 믿기지 않
는다고 했다.

한내는 영등포에 70여 평의 사무실을 얻어서 운영했으나

해가 거듭됨에 따라 자료량도 늘어나 정상적 관리가 어려워 사무실을 옮기기로 했다. 자료를 보관할 수 있는 공간을 마련하기 위해서는 여전히 모금을 해야 했다. 2014년 1월에 5년의 영등포 생활을 뒤로하고 자료는 일산에 공간을 얻어 옮기고, 사무실은 신촌으로 이사를 했다. 이때도 많은 동지의 관심과 참여로 1억 5천만 원가량을 마련했다.

한내가 정부·지자체 지원 없이 재정자립을 고집하는 이유는 노동자 역사를 계승·발전시키려고 하기 때문이다. 역사는 기록하고 관리하는 자에 의해 성격이 달라지며 왜곡되고 변형되기도 한다. 자본주의 사회에서 한내가 정부·지자체로부터 지원을 받는다는 것은 자본과 권력의 간섭에서 자유로울 수 없음을 의미한다. 정부나 자본에 의해 계급적 관점이 희석화되는 것은 노동자 역사가 가장 경계해야 할 부분이기도 하다. 노동자 역사와 관련된 기록물을 계급적인 관점 없이 관리·보존하고 활용하는 것은 노동자 없는 공장이나 마찬가지다. 이런 이유때문에 한내는 어렵고 힘들어도 재정자립 원칙을 강조했고, 그런 정신을 함께 실천하는 발기인과 회원을 조직해 지금까지 17년째 유지하고 있다.

노래로 보는 근현대사 공연

2012년 운동하는 동지들과 '노래로 보는 근현대사'라는 주제의 공연을 위해 밴드를 구성했다.

우선 보증금 없이 월 5만 원의 임대료를 내는 지하에 연습 장소를 마련했다. 연습 공간 유지, 악기 마련, 밴드 운영을 위해서는 돈이 필요했다. 악기를 배우겠다는 사람을 2~3명가량 개인지도 하면서 그들로부터 받은 회비로 연습실을 운영했다.

시기별 사건을 상징하는 곡을 선정하고 편곡해 약 2년간 연습을 하는 동안 일부 멤버가 충원되기도 했고, 일부가 이탈하기도 했다. 밴드명을 '질라라비'[43]로 정하고, 연습은 한 달에 한두 번 하며 호흡을 맞췄다. 각기 하는 일들이 다르고 지역도 서울, 부천, 수원 등으로 흩어져 있는 어려운 조건 속에

---

43 '해방자'를 뜻하는 순우리말로, 철폐연대가 발간하는 월간지 제호이기도 하다.

서도 연습을 이어갔다. 질라라비 밴드는 2013년에 이용석 가요제에 나가서 금상을 받았고, 쌍용차, 코오롱, 콜트콜텍을 비롯한 투쟁 현장에 연대를 이어나갔다.

2014년 4월 초에는 홍대 앞 공연장에서 '노래로 보는 근현대사' 공연을 하고, 현장녹음 방식으로 음반도 만들었다. 질라라비 밴드의 '노래로 보는 근현대사'는 궁중음악이나 군대 음악처럼 지배 이데올로기에 찌든 노래나 음악을 하고 듣자는 것이 아니었다. 그리고 역사 전반을 독해하자는 거창함도 아니었다. 노래를 통해 근현대의 민중사적 사건을 재현하겠다는 말도 어불성설이었다. 그렇게 완성도를 높이기에는 공간적 물리적으로 불가능하기 때문이다. 다만 역사를 다양한 장르와 형식을 통해 만나되 제대로 만나기를 희망했다. 공연을 통해 노동자·민중의 역사와 뜨겁게 만나고자 기획했다.

당일 공연장에는 많은 관객(노동자)이 분위기를 띄웠지만 무거운 노동자·민중의 역사를 음악으로 소화하기에는 부족했다. 질라라비 멤버는 나를 포함해 김애란, 김은천, 박윤선, 박준성, 성희영, 손진우, 이근택, 이영종, 이우상, 이종희, 최동민, 황금춘이었고 가수 레드 로우(김정현)가 객원으로 참여했다. 공연에서 백기완 선생님은 '님을 위한 행진곡'에 얽힌 사연을 포효하는 듯한 시 낭송으로 매듭지어 주셨다.

인연의 시작과 끝

이승원 사무처장과 인연은 김종배 동지 장례식을 통해서다. 그전에도 안면은 있었으나 둘이 대화를 해본 것은 김종배를 보내는 장소가 처음이었던 것으로 기억한다. 그 후 한내를 설립하고 함께 일하면서 상호 이해의 폭이 커졌다. 특히 이승원 처장은 LG유플러스에 복직이 됐음에도 노동역사자료에 대한 열정으로 복직하지 않고 한내 사업에 몰두했다. 꼼꼼하면서도 완벽한 성격이 업무에서도 그대로 드러났고 일 처리도 깔끔했다. 사실 나는 대표라는 직책을 맡고 있었으나 한 일이 별로 없었고 순전히 이승원 처장이 맡아서 했다.

그런데 그런 이승원 동지가 급작스럽게 죽었다. 그렇게 떠날 거라고 아무도 몰랐다. 그래서 더욱 안타까움이 크고 아픔이 전율처럼 전해왔다. 몸이 아프면서도 일에 대한 열정으로 당당함을 보이던 그도 자신의 운명에 변화를 일구지는 못했다.

제주 4.3항쟁 역사기행 때 휴대용 투석 기구까지 챙겨서 제주까지 왜 왔을까. 그 모습이 자꾸 눈에 밟히고 어느 날은 얼굴이 검게 그을린 모습, 황달기가 확연한 얼굴빛, 그런 모습으로 일에 매달렸던 그의 모습이 지금도 너무 아프다. 노동자역사 한내 사업이 뭐가 그렇게 중요하다고 자신의 건강조차 챙기지 못하고 일에 몰두했을까.

당시 동지가 기획했던 2017년 사업계획은 '노동자 대투쟁 30주년 기념' 3대 핵심사업으로 전시회와 역사기행, 그리고 <1987 노동자 대투쟁> 책을 펴내는 것이었다.

4월 초에 사무실에서 긴급히 의논해야 할 것이 있다고 해서 회의를 했다. 4월 초 책 원고를 받기로 했는데 필자에게 연락해 보니 못 쓰겠다고 하니 어떡하냐는 거다. 이승원 처장과 정경원 실장은 나보고 쓰면 어떻겠냐고 했다. 나한테 쓰라고 할거라고는 상상도 못 한 상태에서 자신도 없고 어안이 벙벙했지만 '오죽 답답하면 그럴까'라는 생각에 두 동지의 제안을 받기로 했다. 책은 그렇게 거칠게 쓰였다.

이승원 사무처장은 1987 노동자 대투쟁 역사기행과 전시회 준비에 몰두했다. 경복궁역 전시관을 확정하고 전시를 앞둔 상황에서 이승원 동지는 급작스럽게 우리 곁을 떠났다. 책 <1987 노동자대투쟁>은 이승원 동지가 나에게 맡긴 마지막 일인 셈이다.

이승원 동지는 일은 물론 사적인 배려도 지극했고 운동에 대한 열정도 매우 강했다. 그런 그가 부인과 지연이를 그리고 우리 모두를 두고 떠났다. 그의 죽음은 의료사고라는 의심이 강하게 일지만 진실을 규명하기가 쉽지 않았다. 장례는 공공연맹과 민주유플러스노조(현 공공운수노조 민주유플러스지부), 한내가 공동으로 치렀고 장지는 모란공원으로 정해졌다.

장례 전날 밤 늦은 시간 이승원 동지와 가장 긴 얘기를 나누었다. 그러나 그는 말 한마디 없었으니 순전히 나의 독백이었다. 하관식을 마치며 생각해 보니 동지는 나에게 최선을 다했는데 나는 그에게 배려한 게 없었다. 모란공원을 내려오며 이승원 동지의 딸 지연에게 이런 말을 했다. "아빠는 나에게 많은 걸 해주고 배려했는데 나는 아빠에게 해준 게 하나도 없다." 사실이었다. 이승원 동지와 이별이 엊그제 같은데 벌써 7년이 넘었으니 세월은 정말 빠르다. 한내 사업 전부에는 이승원 동지의 흔적이 진하게 묻어난다. 그래서 그가 더욱 그리워지기도 한다.

나는 시간이 갈수록 모란공원이 싫어진다. 물론 모란공원을 좋아서 찾는 사람은 없을 것이다. 김종배, 한경석, 정성범, 김명환, 이승원 동지 외에도 숱한 동지들, 너무 빨리 이승과 작별하지 않았는가. 젊은 그들, 그리고 나이 든 나. 그 후 떠나신 백기완 선생을 비롯하여 고인이 되어버린 그들은 한결같이 나에게 깊은 애정을 쏟았는데 나는 그들에게 무엇으로 어떤 사랑을 베풀었을까.

백기완 선생과의 인연

백기완 선생님과 처음 마주하게 된 건 1987년 대통령 선거 때였다. 그다음 해인 1988년 민중의당 시절 안양에서 몇 차례더 뵈었다. 개별적 만남이라기보다는 행사 때 인사를 드리는정도였다. 그러다가 1993년 전노협 수석부위원장을 하면서몇몇 사람들과 통일문제연구소에 들르면서 개별적 인연이 시작되었다. 명절에 찾아뵙고 인사드리면 반가워하셨다.

1996년 2월 구속되었을 때 몇 번 면회를 오셨고 재판에 빠짐없이 참석하신 걸로 기억한다. 재판이 끝나고 교도관과 같이 퇴정할 때는 예의 그 쩌렁쩌렁한 목소리로 "양 위원장 기죽지 말어!"라며 다가와 내 손을 잡았다. 교도관이 만류하면"이 자식들이 버르장머리 없이 어른을 몰라보고 까불어?"라며 호통치셨다. 나는 호송차를 타고 구치소로 돌아갈 때 그 장면을 생각하며 혼자 웃곤 했다.

6개월 만에 만기보석으로 풀려난 후, 백 선생으로부터 연구소에서 보자는 연락이 왔다. 용건은 장준하 선생 추모일에 꼭 참석하라는 말씀이었다. 당시 장준하 선생 추모제는 유족이 진행하는 추모제가 있었고 백 선생이 주도하는 추모제가 있었다. 파주 '장준하 공원'에서 진행하는 추모제를 백 선생은 싫어하셨다. 장준하 공원은 설립 그 자체부터 장준하 선생의 정신을 제대로 반영하지 못하고 왜곡한다며 비판하셨다. 그런 이유에서 그 추모제 참석을 안 하시고 약사봉 계곡으로 다니셨다고 했다. 백운계곡 건너편 약사봉 계속은 인적이 드물고 운치는 있었지만 올라가는 길이 험했다. 한참을 올라가면 장준하 선생이 암살되어 던져진 곳이 있는데, 울퉁불퉁한 돌 사이에서 장 선생을 추모했다. 장준하 선생과 백 선생과의 수십 년 인연에 얽힌 이야기며 죽임당한 당일 급한 비보를 받은 때의 아픔을 토로하실 때는 백 선생 눈에서 굵은 눈물방울이 뚝뚝 떨어지곤 했다.

장준하 선생 추모제 참석을 계기로 나는 백 선생과 가까운 인연이 되었다. 아니, 엮였다는 표현이 정확하다. 그날 이후로 노나메기[44] 관련 사업에 본의 아니게 관여하게 되었고, 가끔 강연이나 행사에 참여했다. 노나메기 마실집 준비위원장을 맡으면서 마실집 터를 찾아 여기저기 다녔다. 강원도 동해시에 땅을 구입하고 은행나무와 느티나무를 심으며 백 선생은

---

44 '노나메기'란, "너도 일하고 나도 일하고, 너도 잘 살고 나도 잘 살되, 올바로 잘 사는 세상"을 뜻하며, 노나메기 벗나래(세상)는 백기완 선생이 한살매 동안 실천해 온 바랄(꿈)이다.

마실집을 꿈꾸셨다. 그러나 동해시는 거리가 너무 멀어 마실집을 짓는다고 해도 효용성이 없다는 결론을 냈다. 가까운 대학로 쪽에 통일문제연구소보다 넓은 집을 사려고 했으나 사정이 여의치 않아 포기할 수밖에 없었다.

여든 중반을 넘기면서 백 선생은 여기저기 다치기도 하셨고 폐 질환으로 병원 신세를 자주 지셨다. 젊은 시절 전두환 정권 때의 고문 후유증도 심해졌다. 녹색병원이나 은평구에 있는 병원에 입원하시다가 서울대병원에 입원한 뒤 1년여 사투 끝에 2021년 2월 15일, 89세로 파란만장한 생을 마감하셨다. 나는 장례식에 호상을 맡았고 장례 후 만들어진 '백기완노나메기재단'에 상임이사와 운영위원장을 4년째 맡으며 백 선생과 인연의 끈을 이어가고 있다.

민주노조 운동의 숨결 이어가다

노동자역사 한내는 경복궁역 전시관에서 '1987 노동자 대투쟁 전시회'를 열고 북콘서트도 진행했다. '1987'을 주제로 몇 몇 지역 강연도 했고 재정을 마련하려고 그림, 글씨도 전시했다. 그리고 2019년 초 경기도 고양으로 사무실을 옮겼다.

　단병호 위원장(국회의원 시절에도 나는 '단위원장'이라 불렀다)으로부터 전화가 왔다. 전노협 30주년인데 한번 모여야 하지 않겠냐며 참가 범위를 어떻게 했으면 좋겠냐고 묻는데 답답했다. 고민 끝에 전노협 위원장, 사무총장, 직무대행으로 한정했고 지도위원과 후원회를 맡으셨던 교수님 정도로 해서 저녁 식사를 했다. 그날 모임에서는 조직 발전 전망에 관한 논의도 현 정세에 따른 투쟁 방안에 관한 토론도 필요 없었다. 오로지 오래된 지인과 만난 반가움만 있을 뿐, 수십 년 전 전노협을 건설하고 사수하기 위한 결기는 아련하게 흐려지는 세월 아래로 가라앉았다.

지금도 혹자들은 전노협 정신을 얘기하며 지난날의 투쟁을 평가하는데 전노협 창립 30주년을 기념하는 자리에 참여한 전노협 일부 임원들은 가는 길이 달랐다. 세월은 한 세대를 보냈고 모든 사물은 변화 발전한다는데 객관적으로 어떤 것을 발전이라고 판단하는지 궁금하다. 혹자는 우리가 흐르는 세월에 적응하지 못하는 아둔한 존재이고, 다른 길을 걷는 자들이 현실을 제대로 직시하는 능력을 가진 이들이라 말할지도 모른다. 다만 분명한 것은 역사가 변혁운동과 계급이라는 잣대로 평가할 것이라는 점이다.

　노동자역사 한내는 전노협 건설 30주년을 맞아 기념 전시를 야심차게 준비했으나 코로나19 때문에 개별참여로 할 수밖에 없었다. 전노협 30주년을 기념하는 이유는 한세대를 돌이켜 본다는 의미보다 민주노조 운동의 정신을 계승 발전하고자 하는 의미가 강하다.

　전노협은 1970~1980년대 민주노조 운동의 성과를 축적했고, 1987년 노동자 대투쟁의 성과로 만들어졌으며 투쟁성을 바탕으로 민주노조 운동의 정신(자주, 민주, 계급, 투쟁, 변혁지향)을 공식화시켰다. 나아가 전노협은 민주노총을 건설하는 기반이자 원동력이었다. 다시 말하면 민주노총 역사의 중심이 바로 전노협이었다는 것이다. 민주노조 운동에서 전노협 정신을 복원하지 않으면 민주노총은 한국노총 외에 또 하나의 중앙조직 이상의 의미를 부여하기 어렵다. 민주노조 운동은 역사적으로 운동의 연속성으로 그 정신을 이어가는 것이다. 자본과 권력에 대한 투쟁 의지와 노동해방 이념을 정해진 틀에 가두어 두는 것이 아니라 끊임없이 노동자계급의 심장에 순환시켜 내는 것, 그것을 민주노조 운동의 일상 사업으로 자리매김해야 한다. 지금도 한내 1층 사무실에는 30년 전에 건설하고 사수했던 전노협의 역사가 빛바랜 전시물로 놓여있고 2층 서고 전시장에도 일부 전시되고 있다.

한내 2층 서고로 가는 계단에 사진이 걸려 있다. 김진균, 김종배, 이승원, 이정원, 그리고 백기완. 나는 계단을 오를 때마다 고인이 된 이 사진들을 보는 것이 싫다. 그러나 떼자고 하지는 못한다. 한내의 숨결이고 역사이기 때문에 고통스러워도 마주해야 한다. 역사는 보고 싶은 것만 보는 것이 아니라 고통스러운 역사도 마주하며 고통 속에 담긴 의미도 되새겨야 하기 때문이다.

양규헌이 걸어온 길

1952년	경북 상주 출생
1967년	어머니 병환으로 별세
1968년	형님 군에서 의문사
	서울로 이사, 삼양동에서 아버지가 공동수도사업 시작
	기타를 만나다
1969년	고2 재학 중 서울 영등포 화남산업 입사, 손가락 산재
1970년	퇴학 후 선인종합고등학교 편입
1971년	대학 예비고사 합격했으나 한성실업(가발공장) 입사
	부산 영미산업 입사 후 입금 떼이고 다시 상경
1972년	성남 시즈통상(가발공장) 다니다 폭력사건 휘말리다
	정처없이 떠나 전북 무주에서 4H 구락부 활동
1973년	폭력사건 해결돼 성남 본가로
	서울에 있는 백산전문대 무선전자통신학과 입학
1975년	졸업 후 입대
1976년	삼영전자 입사
1977년	대한마루콘 입사
1978년	노동조합 활동 시작
1979년	결혼
1980년	대한마루콘→대우전자부품으로 회사명 변경
	한국노총 점거 농성 참여
1982년	서강대 부설 산업문제연구소 합숙 교육 참여
1988년	대우전자부품노조 위원장

1989년	노동법개정 촉구 민주당사 점거 농성 참여
1990년	전국노동조합협의회 출범
	안산 금강공업 원태조·박성호 열사 투쟁으로 수배 상태에서 활동
1991년	체포·구속(징역 2년), 수원구치소 수감, 해고
1992년	대선 기간 백기완선본 활동
	경기지역노동조합연합 의장
1994년	전노협 위원장(~1995년)
	전지협·전기협투쟁 제3자개입으로 수배 상태에서 활동
1995년	민주노총 수석부위원장(~1997년)
	전노협 해산
1996년	체포·구속, 서울구치소 수감
	구속 중 아버지 별세
1997년	보석으로 석방 후 굴뚝청소 사업 시작
2001년	전지협·전기협투쟁 1심에서 법정구속
	김종배추모사업회의 노동운동역사자료실 구축 주도
2001년	전국불안정노동철폐연대 대표(~2007년)
2008년	사회주의노동자정당건설준비모임 대표(~2010년)
2014년	질라라비 밴드 '노래로 보는 근현대사' 공연
2008년~현재	노동자역사 한내 대표
2021년~현재	백기완노나메기재단 상임이사